Y0-BVO-323

BURT FRANKLIN: RESEARCH & SOURCE WORKS SERIES
Philosophy & Religious History Monographs 106

JEAN-JACQUES ROUSSEAU

RACONTÉ PAR

LES GAZETTES DE SON TEMPS

PASTEL ATTRIBUÉ A LA TOUR

J.-J. Rousseau

raconté par

les gazettes de son temps

D'un décret à l'autre

(9 juin 1762 — 21 décembre 1790)

ARTICLES RECUEILLIS ET ANNOTÉS PAR

PIERRE-PAUL PLAN

AVEC UN PORTRAIT

BURT FRANKLIN
NEW YORK

Published by LENOX HILL Pub. & Dist. Co. (Burt Franklin)
235 East 44th St., New York, N.Y. 10017
Originally Published: 1912
Reprinted: 1972
Printed in the U.S.A.

S.B.N.: 8337-43260
Library of Congress Card Catalog No.: 72-80396
Burt Franklin: Research and Source Works Series
Philosophy & Religious History Monographs 106

Reprinted from the original edition in the University of Illinois at Urbana, Library.

AVERTISSEMENT

—

Au moment où des comités s'organisent, à Paris, à Genève et ailleurs, pour célébrer par des fêtes solennelles le deux-centième anniversaire de la naissance de Jean-Jacques Rousseau, j'ai voulu joindre mon hommage à l'hommage collectif et je viens offrir aux amis de ce grand homme une gerbe de documents dont la valeur intrinsèque est variée.

Il ne s'agit pas de textes littéralement inédits, puisque tous ont été imprimés au moins une fois, dans les périodiques d'où ils sont extraits, mais de textes pour la plupart oubliés et dispersés en des publications difficilement accessibles. Il m'a paru que, réunis dans un petit livre aisément maniable, ils pouvaient constituer un ensemble présentant l'intérêt de la nouveauté, utile à plusieurs points de vue et que l'on accueillerait avec plaisir.

Le nombre incalculable des ouvrages de toute nature auxquels le nom de Rousseau n'a cessé de donner lieu depuis 1878, nombre qui s'accroît et se multiplie de jour en jour, montre assez non seulement la faveur dont ce nom jouit auprès de notre génération, mais encore que le sujet est loin d'être épuisé. L'existence tragique et douloureuse du Citoyen de Genève n'a peut-être pas été plus tragique et douloureuse que celle de la moyenne des hommes. Mais elle nous a été révélée plus intensément que pas une autre, et de là vient, sans doute, l'intérêt persistant qu'elle excite en nous : plus nous sommes renseignés, plus nous voyons surgir de nouveaux problèmes à résoudre.

Nous savons qu'il existe dans nombre de collections particulières des pièces manuscrites que leurs possesseurs croient avoir le droit de conserver jalousement loin des regards du public. En attendant leur mise au jour, qui se produit partiellement de temps en temps, et qui finira bien par être un fait accompli, les glaneurs moins privilégiés peuvent encore avec fruit feuilleter les vieux imprimés négligés, oubliés ou simplement épars.

D'autres ont déjà recouru aux sources où j'ai

puisé; mais chacun d'eux a dû refaire pour son compte le travail de recherches de ses devanciers, parmi les livres dispersés que lui signalaient de sèches références ou des lambeaux de citations. On trouvera ici les textes dans leur intégralité.

Le titre du présent recueil me dispense d'une longue explication : j'ai demandé à plusieurs gazettes du temps les anecdotes, les comptes-rendus, les faits-divers, les commérages, les « échos », dirait-on aujourd'hui, relatifs à la personne et aux œuvres de Jean-Jacques Rousseau, durant la période qui a suivi l'apparition d'*Émile* jusqu'à celle des *Confessions*, et je les reproduis dans l'ordre où ils ont atteint leur premier public, de manière à faire revivre le personnage, non pas toujours comme il vécut réellement, mais comme le vit vivre au jour le jour la masse de ses contemporains.

Avec le recul du temps, le groupement de ces articles de journaux me semble évoquer d'une façon particulièrement saisissante la grande figure douloureuse accomplissant sa destinée tragique au milieu et à l'insu de l'insouciance frivole, de la curiosité tôt satisfaite d'une société que tant de choses intéressent à la fois et n'intéressent que sur l'heure.

Quelques-uns de ces textes ont été en partie ou en totalité reproduits dans l'une ou dans l'autre des éditions anciennes de Rousseau dont il n'est pas toujours facile aujourd'hui de rassembler les nombreux tomes. J'ai pensé qu'il n'était pas superflu de les reprendre aussi bien que ceux qui n'eurent que l'existence éphémère du journal; j'ai usé des points de suspension pour les passages que l'on retrouve partout, notamment dans la *Correspondance générale*. Quelques textes connus sont pourtant reproduits ici, en deux ou trois endroits où des raisons particulières de clarté le requéraient. Je n'ai pas fait d'emprunt à la *Correspondance de Grimm* dont la belle édition moderne qu'a donnée M. Maurice Tourneux est entre toutes les mains.

Ma première source est le recueil de trente-six volumes in-12 que l'on nomme familièrement les *Mémoires de Bachaumont* (1) bien que Bachaumont n'en ait

(1) *Mémoires secrets pour servir à l'histoire de la République des lettres en France depuis* 1762 *jusqu'à nos jours, ou journal d'un observateur...*, par feu M. de Bachaumont. A Londres, chez

vu rédiger que ce qui compose les cinq premiers tomes. Ces mémoires racontent l'histoire anecdotique des Lettres et des Arts de 1762 à 1785. Viennent ensuite, comme complément, des extraits de la *Correspondance secrète*, dite de Métra (1), qui renseigne sur les années 1774 à 1787. Puis j'ai puisé dans le *Journal de Paris* et pris divers articles au *Journal encyclopédique*, au *Mercure de France*, à *l'Année littéraire*, au *Journal polytype*, à la *Gazette de Littérature, des Sciences et des Arts*, etc.

Il me reste à dire un mot du portrait qui est ici en frontispice et que son possesseur, M. Desormes, marchand d'antiquités à Paris, a bien voulu me permettre de photographier, ce dont je lui exprime

John Adamson, 1777-1789, 36 vol. in-12. Les 5 premiers tomes, imprimés de 1777 à 1779, et embrassant les années 1762-1771, reproduisent les gazettes de Bachaumont, les tomes VI à XIV (1771-1779), celles de Pidansat de Mairobert, et les derniers (27 mars 1779-1787), celles de Moufle d'Angerville.

(1) *Correspondance secrète, politique et littéraire, ou mémoires pour servir à l'histoire des Cours, des Sociétés et de la Littérature en France, depuis la mort de Louis XV* [par Métra et autres]. Londres, chez John Adamson, 1786-1790, 18 vol. in-12.

ma gratitude. Il n'est donné qu'à titre d'ornement, puisqu'il représente un Rousseau plus jeune que celui dont il va être question, et aussi à titre de curiosité, parce que peu connu. Le pastel de M. Desormes n'a encore, en effet, à ma connaissance, été reproduit qu'une fois, et non pas très fidèlement, par une estampe à l'eau-forte, dans l'*Artiste* de décembre 1899, en tête d'un article de M. Élie Fleury, qui n'hésite pas à l'attribuer à Latour, et à le désigner comme le portrait exposé au salon de 1753 dont Rousseau fit présent au maréchal de Luxembourg. M. de Girardin le signale au nº 1044 *bis* de son *Iconographie*, et semble se ranger à l'opinion de M. Élie Fleury. Je n'oserais, pour ma part, prendre une semblable responsabilité et je crois qu'il serait prudent de faire toutes réserves, tant sur l'identification avec la pièce historique que sur l'attribution à Latour. Il existe d'ailleurs un autre pastel qui prétend aux mêmes titres et dont M. Hippolyte Buffenoir, son possesseur, doit parler longuement dans un ouvrage prochain.

Quoi qu'il en soit, le portrait appartenant à M. Desormes garde un intérêt documentaire. C'est un buste d'homme assis, représentant Rousseau dans la pose du Latour conservé au Musée de Genève, mais offrant de notables différences dans l'expression et les traits. Je l'ai reproduit fragmentairement, afin d'éviter une réduction trop accentuée, ce qui explique pourquoi la forme ovale du tableau n'est pas respectée ici. Dans l'original, le cadre coupe le corps à la hauteur du cinquième bouton du gilet et du quatrième de l'habit, et l'on aperçoit à gauche une des pommes qui surmontent le dossier de la chaise.

Paris, 5 février 1912.

Le 17 janvier 1762. Les Muses et les Arts pleurent la disgrace de deux de leurs plus illustres protecteurs : MM. le Riche de la Poupeliniere et La Live d'Epinay (1) viennent d'être rayés de la liste des Plutus de France. La gloire les dédommagera de cette disgrace; leurs noms plus durables seront à jamais écrits dans les fastes du Parnasse. Le premier, outre la munificence royale avec laquelle il encourageoit les Artistes et les Gens de Lettres, possédoit lui-même des talens précieux; il a fait un Roman, des Comédies. Ses bons mots qu'on pourroit recueillir, seroient seuls un titre au bel esprit. Le second tient sa maison ouverte à toute l'Encyclopédie; c'est un Lycée, un Portique, une Académie. Sa digne épouse a vu longtems enchaîné à ses pieds le sauvage Citoyen de Genêve (2), et tandis que son mari verse ses richesses dans le sein du mérite indigent, elle l'anime de ses regards, elle

(1) Ils étoient tous deux Fermiers généraux. Ils ont été remerciés par une Lettre de M. le Contrôleur général, au nom du Roi. (*Note du gazetier.*)

(2) M. Rousseau a été amoureux fol de Madame de la Live. (*Note du gazetier.*)

enflamme le génie et lui fait enfanter des chef-d'œuvres. (*Mém. secr.*)

22 mai 1762. Émile, ou de l'Éducation, par Jean-Jacques Rousseau, Citoyen de Geneve (1). Tel est le titre des 4 volumes in-8°, qui paroissent depuis quelques jours. Cet ouvrage, annoncé et attendu, pique d'autant plus la curiosité du public, que l'auteur unit à beaucoup d'esprit le talent rare d'écrire avec autant de graces que d'énergie. On lui reproche de soutenir des paradoxes; c'est en partie à l'art séduisant qu'il y emploie qu'il doit peut-être sa grande célébrité; il ne s'est fait connoître avec distinction que depuis qu'il a pris cette voie. La typographie de ces quatre volumes est exécutée avec beaucoup de soin, et ils sont décorés des plus jolies estampes. (*Mém. secr.*)

26 mai 1762. On assure que Rousseau a fait un roman nouveau, intitulé *Édouard.* Ce sont les avantures d'un Anglois qui joue un rôle dans le roman de *Julie* : on prétend qu'il en a déposé le manuscrit entre les mains d'un homme de la cour (2).

(1) Amsterdam, chez Jean Néaulme, Libraire. M.DCC.LXII, 4 vol. in-8° et in-12, avec 5 figures d'Eisen, gravées par Longueil.

(2) En 1763, quelques mois après son installation à Motiers, ayant voulu classer ses papiers, Rousseau constata des « déficits » dans les liasses. Nombre de lettres lui avaient été dérobées, avant son départ précipité de Montmorency, ainsi que le brouillon de la *Morale Sensitive*, et celui de l'Extrait des *Aventures de mylord Edouard.* « Ce dernier, je l'avoue, dit-il, me donna des soupçons « sur Madame de Luxembourg. C'était La Roche, son valet de « chambre, qui m'avoit expédié les papiers, et je n'imaginois

Le livre de Rousseau (*Émile*), lu à présent de beaucoup de monde, fait très grand bruit. Il est singulier, comme tout ce qui sort de la plume de ce Philosophe, écrit fortement et pensé de même; du reste impossible dans l'exécution, plein d'excellens préceptes, quelquefois minutieux, même bas; il pourroit être de beaucoup plus court. On remarque aussi que le tout n'est pas parfaitement lié : il y a des pièces de rapport, et qui ne sont pas bien fondues dans l'ouvrage, des choses très hardies contre la religion et le gouvernement. Ce livre, à coup sûr, fera de la peine à son auteur. Nous y reviendrons, quand nous l'aurons mieux digéré. (*Mém. secr.*)

31 mai 1762. Le livre de Rousseau occasionne du scandale de plus en plus. Le glaive et l'encensoir se

« qu'elle au monde qui pût prendre intérêt à ce chiffon. » (*Conf.*, livre XII.)

La note publiée par le gazetier le 26 mai 1762, c'est-à-dire quatorze jours avant le départ de Montmorency, annonçant qu'un manuscrit intitulé *Édouard* est entre les mains d'un « homme de la Cour », confirme les soupçons de Jean-Jacques.

D'autre part, la pièce a été imprimée — non d'après le *brouillon*, mais d'après le manuscrit définitif donné par l'auteur à la maréchale de Luxembourg — sous le titre : *Les Amours de milord Bomston*, au tome premier des *Œuvres posthumes de Jean-Jaques Rousseau, ou recueil de pièces manuscrites, pour servir de Supplément aux Éditions publiées pendant sa vie*, Genève. M.DCC.LXXXI, in-8°, pages 1 à 27 avec cette note :

« Cette pièce qui paroît pour la première fois a été copiée sur le « manuscrit original et unique de la main de l'Auteur, qui appar- « tient et existe entre les mains de *Mad. la Maréchale de Luxem-* « *bourg*, qui a bien voulu le confier. » Du Peyrou, l'éditeur, qui connaissait l'existence de ce manuscrit par les *Confessions*, non encore imprimées en 1781, avait sans doute pris l'initiative d'une démarche auprès de la maréchale.

Voyez plus loin, à la date du 27 août 1780.

réunissent contre l'auteur, et ses amis lui ont témoigné qu'il y avoit à craindre pour lui. Il se défend là-dessus, en prétendant que ce livre a été imprimé sans son consentement et même sans qu'il y eût mis la dernière main. Il y a longtems qu'il y travaille : sa santé ne lui a jamais permis de le continuer avec l'exactitude qu'il méritoit. Il en avoit laissé les lambeaux épars dans son cabinet : bien des gens l'ont pressé vivement de donner son ouvrage au public et se sont offerts de le rédiger : Rousseau a témoigné qu'il y avoit bien des choses qu'il vouloit supprimer, et l'on lui a répondu qu'on feroit tout cela. On n'en a rien fait, et il paroît *in naturalibus*. (*Mém. secr.*)

3 juin 1762. L'Émile de Rousseau est arrêté par la Police. Cette affaire n'en restera pas là. (*Mém. secr.*)

8 juin 1762. Rousseau a retiré 7.000 Livres de son livre. C'est Madame et M. le Maréchal de Luxembourg qui se sont mis à la tête de la vente, et qui en procurent un très grand débit. (*Mém. secr.*)

9 juin 1762. Aujourd'hui, suivant le Requisitoire de M. le Procureur-Général, *Émile, ou le Traité de l'Éducation*, a été brûlé avec les cérémonies accoutumées. L'auteur est décrété de prise de corps. Heureusement qu'il est en fuite (1). (*Mém. secr.*)

(1) Rousseau a quitté Montmorency le 9 juin au matin. On voit que le gazetier a été rapidement informé.

14 juin 1762. On ne cesse de parler de Rousseau et de raconter les circonstances de son évasion. On prétend qu'il ne vouloit point absolument partir, qu'il s'obstinoit à comparoir; que M. le Prince de Conti lui ayant fait là-dessus les instances les plus pressantes et les plus tendres, cet auteur avoit demandé à S. A. ce qu'il lui en pouvoit arriver? en ajoutant qu'il aimoit autant vivre à la Bastille ou à Vincennes, que partout ailleurs; qu'il vouloit soutenir la vérité, etc. Que le Prince lui ayant fait entendre qu'il y alloit non-seulement de la prison, mais encore du bucher, la stoïcité de Rousseau s'étoit émue. Sur quoi le Prince avoit repris : « Vous n'êtes point encore assez Philosophe, « mon ami, pour soutenir une pareille épreuve »; et que là-dessus on l'avoit emballé et fait partir (1). (*Mém. secr.*)

(1) *Cf. Confessions*, liv. XI.

On lit dans le journal historique de Collé, à la date de juin 1762 : « Le 9, arrêt du Parlement qui condamne le Livre de l'Éducation, par J.-J. Rousseau, citoyen de Genève, à être brûlé par la main du bourreau; par le même arrêt cet auteur est décrété de prise de corps. Il ne veut point, ou feint de ne vouloir point se sauver. Il se détermine pourtant à partir, sur les représentations de Mme la duchesse de Luxembourg, qui l'assure que le moins qu'il puisse luy arriver c'est d'être fouetté, marqué, et envoyé aux galères. Ce philosophe charlatan, a la bonté de se rendre à ces dernières instances, en protestant toujours cependant qu'il ne fuit que par amitié pour les gens qui l'en pressent. Personne n'en croit rien, et il part pour Genève, où il arrive le jour même que le Consistoire de cette ville condamne son livre de l'Éducation et une autre rapsodie de luy intitulée : *Le Contrat social.* J'appelle rapsodie, vieillerie, tout ce que cet homme a fait. Il n'a nul génie, nulle invention, nulle création. Ses écrits ne sont que des répétitions

20 juin 1762. On écrit de Genêve du 12 de ce mois, que ce jour-là même le livre de Jean-Jacques Rousseau avoit été arrêté et porté au Tribunal de la Ré-

éternelles, un rabâchage de vieilles thèses qui ont été cent fois agitées, et où l'on ne trouve rien de neuf que quelques détails extravagants et des paradoxes qui font grincer des dents.

« Je ne suis pas injuste, et j'avoue qu'il écrit avec beaucoup d'éloquence et de chaleur. Mais il a l'esprit faux, et sans suite, et, d'ailleurs, lorsque l'esprit sert continuellement à sophistiquer, et à tâcher d'établir des erreurs, cette sorte d'esprit est, à mon sens, pire que la bêtise. Ce n'est point là du véritable esprit. Il n'en est point sans la vérité et sans la nature.

« Cet esprit-là me révolte, et me fout, sans compter qu'il est fatigant et ennuyeux. On reviendra de ce cruel esprit-là. Cet impudent cynique, d'ailleurs, que nous recevons dans notre pays mieux qu'il ne mérite, qui est étranger *, et qui viole tous les droits de l'hospitalité, en nous mordant comme un chien enragé qu'il est ! Je n'entre point dans la question qui regarde la religion. Mais je diray simplement que si j'allois à Constantinople donner un livre métaphysique contre l'Alcoran, et publier ce que je pense de Mahomet, je ne serois point surpris qu'on m'empalât; et, qui plus est, je m'avouerois que je l'ay mérité. Et encore dans le fond de mon âme, je ne me croirois pas un grand homme pour cela, malgré la célébrité que cela m'acquerroit, à coup sûr, et quelque éloquence que je suppose même que j'eusse mise dans mon ouvrage. Tous les sots, d'entre lectures, auroient beau me loüer, ils ne me feroient pas tourner la tête à cet égard; je demeurerois persuadé de mon néant et de la vanité de ma réputation usurpée; attendu que je n'aurois rien inventé, rien créé, rien fait, qui tienne au génie. Je conviendrois seulement que j'ay beaucoup d'esprit de détails, de la chaleur, de l'éloquence; mais cent fois plus de folie d'être obligé de me prêter à me laisser empaler pour un ouvrage qui n'auroit aucun but, car il n'y a point de Mahométan un peu sensé qui ne me demandât *Cui bono?*

* On voit que ce grief bouffon n'est pas une sottise exclusive à certains de nos contemporains qui l'invoquaient naguère à titre d'argument. M. Louis Dumur y a répondu avec la bonne humeur qui convient dans son bel et substantiel article : *Les détracteurs de Jean-Jacques* (*Mercure de France*, tome LXVII, n° 240, 15 juin 1907, p. 577-600).

publique, pour y être statué ce qu'il appartiendroit.

On ne sçait point au juste où est cet illustre fugitif. On le dit chez le Prince de Conti, on le dit à Bouillon, on le dit en Hollande, on le dit en Angleterre. (*Mém. secr.*)

« Le Parlement va faire, à ce vilain-là, son procès; et le jugera par contumace; j'en parleray lorsque l'arrêt sera rendu.

« J'ai dit vilain, parce que je sais que Rousseau est un méchant, un homme sans mœurs, et un hypocrite fieffé de probité.

« Je joins ici la brochure cy-après qui a été faitte contre cet homme qui a voulu être singulier sans être né tel. Il l'a pourtant persuadé à bien des gens.

« Beaucoup d'autres le croient un génie, un aigle; ce n'est cependant, au fond, qu'un charlatan qui a de l'esprit, de l'éloquence et de la chaleur.

« J'ignore l'auteur de cette brochure-cy; c'est un réchauffé des Prophéties. Elle a paru dans le temps de son Roman.

« Le Parlement n'a point suivi le procès de Rousseau, il l'a décrété de prise de corps, l'a voulu faire arrêter, l'avoit fait avertir qu'il le feroit. Rousseau s'est sauvé en Suisse. Il a voulu jouer encore le héros, et a fait semblant d'avoir envie de se laisser prendre; mais, pourtant à la fin, il n'a pas osé pousser la prétendue singularité jusqu'à la Grève. » (*Journal historique inédit de Ch. Collé pour les années* 1761 *et* 1762, *publ. sur le ms. original par Ad. van Bever et G. Boissy*. Paris, Mercure de France, 1911, *in-8o.*)

Suit le texte de la *Prédiction tirée d'un vieux manuscrit*, sans lieu ni date (1762), in-12 de 21 pages, que Servan réimprima en 1783, à la suite de ses *Réflexions sur les Confessions* *, en l'attribuant à Charles Borde « extrait, dit-il, de ses œuvres récemment imprimées à Lyon chez Faucheux ». Les éditeurs du *Journal de Collé*, se fondant sur le fait qu'on trouva une version *incomplète* de cette pièce (peut-être une copie?) parmi les autographes de Voltaire, pensent qu'il faut la restituer à ce dernier.

* *Réflexions sur les Confessions de J.-J. Rousseau, sur le caractère et le génie de cet écrivain et l'étendue de son influence sur l'opinion publique, enfin sur quelques principes de ses ouvrages, insérées dans le Journal Encyclopédique de l'année* 1783. Par M. Servan, ancien avocat général au Parlement de Grenoble. A Paris, chez les libraires qui vendent les nouveautés M. DCC.LXXXIII, in-12 de 147 pages.

21 juin 1762. Les Comédiens françois se disposoient à donner dans la semaine la *Mort de Socrate*, tragédie en trois actes, de M. de Sauvigny, ancien garde du corps du Roi de Pologne Stanislas (1). On craint qu'elle ne soit arrêtée par la Police, à cause de la circonstance de l'affaire de Jean-Jacques, qui présente la même scene que cet illustre Grec offroit à l'Aréopage d'Athenes. Dans le Drame nouveau, l'auteur, qui n'avoit pas pu prévoir ce qui arrive aujourd'hui, a, dit-on, traité cette situation de façon à faire croire qu'elle est adaptée à l'aventure du moment (2). (*Mém. secr.*)

25 juin 1762. On parle beaucoup du livre de Rousseau qui doit servir de cinquième volume à son *Traité de l'Éducation* : c'est le *Contrat Social.* On prétend qu'il y en a des exemplaires dans Paris, mais

(1) Edme de Sauvigny, auteur du petit roman-pastiche des *Amours de Pierre Le Long et de Blanche Bazu*, à la lecture duquel Jean-Jacques prenait plaisir, avec ses amis d'Escherny, Pury, Du Peyrou et Gagnebin, lors de son séjour à Brot. (*Cf.* D'Escherny cité par Fritz Berthoud, *J.-J. Rousseau au Val de Travers*, Paris, Fischbacher, 1881, in-18, p. 188.)

(2) On lit, dans le *Journal historique inédit* de Collé, à la date du 18 juin 1762 :

« L'on devoit donner ces jours-cy, *La Mort de Socrate*, tragédie en trois actes, de M. de Sauvigny, garde du Roy. Elle est arrêtée à la police; et il y a toutte apparence, qu'on ne permettra pas aux comédiens de la joüer.

« La circonstance de l'affaire de Rousseau en est la cause. Socrate est condamné à la mort, pour avoir parlé contre les dieux des Athéniens; le parlement va juger Rousseau sur la façon légère dont il a écrit contre la Révélation, les prophéties, etc. La conformité des jugements empêche la représentation de Socrate. Mais Socrate étoit un sage; et Rousseau n'est qu'un fou. »

en très petit nombre. On le dit extrêmement abstrait. (*Mém. secr.*)

27 juin 1762. On sait à présent où s'est retiré Rousseau. Il est chez un de ses amis dans le pays de Vaud, en Suisse, canton de Berne, près Neuchatel, à Yverdun. (*Mém. secr.*)

30 juin 1762. Actuellement que le livre de Rousseau est fort répandu, puisque tout Paris l'a lu, on peut former un résultat des jugemens sur ce livre, qui ne sont point aussi divers qu'on pourroit le présumer à l'égard d'un ouvrage aussi singulier.

Tout le monde convient que ce traité d'éducation est d'une exécution impossible, et l'auteur n'en disconvient pas lui-même. Pourquoi donc faire un livre, sous prétexte d'être utile, lorsqu'on sait qu'il ne servira de rien? Ensuite, les seules choses judicieuses qui y soient, sont en grande partie des remarques faites généralement, tirées des différens livres écrits sur cette matiere, et surtout de celui de Locke, que Rousseau affecte de mépriser. En troisième lieu, l'auteur ne fait dans tout son livre que détruire l'objet pour lequel il écrit. C'est un traité d'éducation, c'est-à-dire des préceptes pour élever un enfant dans l'état social, lui apprendre ses devoirs vis-à-vis de Dieu, et de ses semblables; et dans ce traité on anéantit toute religion, on détruit toute société. Cet Eleve, orné de toutes les vertus, enrichi de tous les talens, finit par être un misantrope dégoûté de tous les états, qui n'en remplit aucun, et va planter des choux à la campagne et faire des enfants à sa femme.

Dans le premier volume l'Auteur prend son Eleve *ab ovo*. Il veut qu'on ne *l'emmaillotte point*, et qu'une mère nourrisse son enfant. Il déclame beaucoup contre la Médecine, et fait le Médecin à chaque instant; il ne veut point se charger d'un Eleve qui seroit délicat; ainsi son traité est à l'usage des enfans bien faits et vigoureux. La plupart des préceptes qu'il débite, sont très bons, mais tirés de toutes les theses soutenues dans la Faculté depuis plusieurs années. Il ne veut pas que l'homme mange de viande, parce qu'il veut traduire un morceau très éloquent prétendu de Plutarque, où il peint la gent carnassiere sous l'aspect le plus cruel. Il a oublié d'avoir démontré antérieurement dans son *Discours de l'inégalité des conditions*, que l'homme étoit un carnivore par sa construction physique. Enfin, il laisse son Eleve sans rien faire jusqu'à l'âge de puberté. Il veut qu'il joue, et fasse ses volontés, afin que s'il vient à mourir, il n'ait point à se plaindre de n'avoir vécu que dans les larmes. On sent que ce premier volume pourroit se réduire à peu de chose, si l'on s'en tenoit aux simples maximes usuelles qu'il y débite. C'est donc par un talent rare qu'il a le secret d'enchaîner son Lecteur et de l'empêcher de voir le vuide de ce livre. Son éloquence mâle, rapide et brûlante, porte de l'intérêt dans les plus grandes minuties. D'ailleurs, l'amertume sublime qui découle continuellement de sa plume, ne peut que lui concilier le plus grand nombre des Lecteurs.

Le second volume prend l'Eleve dans l'état de puberté commencée. Alors Rousseau lui met entre les mains Robinson Crusoé. Il lui apprend un métier et commence à faire germer chez lui toutes les sciences.

Dans le troisieme, il lui permet de choisir une religion, s'il en trouve une qui lui convienne, sinon il n'en aura point. Il admet l'ignorance invincible de la Divinité, et son Eleve peut être un Athée, sans que cela le surprenne. Enfin les passions se développent; il le fait sortir de Paris, ville de boue et de fumée, et ils galopent par monts et par vaux pour chercher une compagne.

Le quatrieme volume présente une Sophie, qui donne lieu à une dissertation sur lá maniere d'éduquer les filles. Il faut avouer que celle-ci est un chef-d'œuvre d'autant plus séduisant, qu'il ne paroît point hors de la nature. On est attendri jusqu'aux larmes, dans ce morceau de détails les plus intéressans. Aussi Emile en devient-il amoureux, L'impitoyable gouverneur ne le laisse point à sa passion : il l'arrache; il veut qu'il cherche avant le domicile où il voudra s'établir. De là, l'histoire du droit public, et des assertions très dangereuses contre les Puissances. Cet Eleve, après avoir bien voyagé, bien couru, reconnoît qu'il n'y a point dans le monde un seul coin de la terre où il puisse dire qu'il y a quelque chose à lui : il revient à sa Sophie; il l'épouse, et le gouverneur les quitte, après leur avoir donné d'excellens préceptes pour rendre cette union durable.

Il suit de cet exposé, que ce livre, plein de belles et sublimes spéculations, ne sera d'aucun usage dans la pratique. On le lit, et on le lira sans doute avec avidité, parce que l'homme aime mieux le singulier que l'utile. Il faut avouer aussi que l'auteur possede au suprême degré la partie du sentiment. Eh ! que ne pardonne-t-on pas à qui sait émouvoir? (*Mém. secr.*)

7 juillet 1762. La Sorbonne a mis sur le bureau le livre de Jean-Jacques, et va travailler à sa censure. (*Mém. secr.*)

8 juillet 1762. On écrit de Neufchâtel que Milord Maréchal, Gouverneur de cette principauté, a reçu une Lettre du Roi de Prusse, qui lui marque d'avoir tous les égards possibles pour Rousseau, de l'assurer de sa protection, et de lui offrir tous les secours dont il pourroit avoir besoin.

Il y a à Genêve une fermentation considérable, occasionnée par la condamnation du livre de Rousseau. Les Ministres de l'Eglise Réformée prétendent que les Séculiers ne l'ont condamné que par esprit de parti, à cause qu'il soutient dans le *Contrat Social* les vrais sentimens de la *Démocratie*, opposés à ceux de l'*Aristocratie*, qu'on voudroit introduire. A l'égard de la doctrine théologique renfermée dans *Emile*, ils disent qu'on pourroit la soutenir en bien des points; que d'ailleurs on ne lui a pas laissé le tems de l'avouer ou de la rétracter. Ils ajoutent que l'on souffre dans l'Etat un homme (M. de Voltaire) dont les écrits sont bien plus repréhensibles, et que les distinctions qu'on lui accorde sont une preuve de la dépravation des mœurs et des progrès de l'irréligion, qu'il a introduite dans la République depuis son séjour dans son territoire. (*Mém. secr.*)

21 juillet 1762. Refutation du nouvel ouvrage de Jean-Jacques Rousseau, intitulé Emile (1). C'est un in-8° qui ne contient encore qu'une Lettre, où l'on prétend répondre à l'article du troisieme volume, dans lequel l'auteur attaque la révélation et en général sappe la religion par ses fondemens. Pour sentir la platitude et l'ineptie du critique, il suffit de dire qu'il appuye ses argumens sur l'Ecriture Sainte. On voit que c'est un ergoteur qui a voulu faire un

(1) L'ouvrage dont il est ici question est attribué à l'abbé André, ex-oratorien, bibliothécaire de d'Aguesseau : *Réfutation du nouvel ouvrage de Jean-Jacques Rousseau intitulé Émile ou de l'Éducation*, A Paris, chez Desaint et Saillant, libraires, rue Saint-Jean-de-Beauvais, vis à vis le Collège. M.DCC.LXII, avec approbation et privilège du roi. L'approbation est datée du 23 juin 1762. In-8° de 277 pages.

Cet ouvrage a été suivi de : *La Divinité de la religion chrétienne, vengée des sophismes de Jean-Jacques Rousseau, seconde partie de la Réfutation d'Émile ou de l'Éducation.* Paris, chez Desaint, etc., (*ut supra*). *M.DCC.LXIII.* xxxii et 258 pages, plus une *troisième partie*, avec nouveau titre, la pagination continuant jusqu'à p. 532. Le privilège est daté du 5 octobre 1762, et l'approbation, du 31 décembre 1762. [De l'imprimerie de Lottin, 1763.]

Les deux dernières parties sont attribuées au bénédictin Jean-Pierre Déforis.

livre. Louons son zele, et souhaitons lui du talent ! Il promet deux autres Lettres, dont on le dispense, s'il n'a rien de mieux à dire. Recourons aux grands et solides ouvrages faits en faveur de la religion Chrétienne, c'est dans ce sublime arsenal qu'on trouve des armes toujours prêtes et toujours victorieuses. (*Mém. secr.*)

11 août 1762. Les États Généraux ont aussi défendu chez eux l'introduction d'*Émile*. Si Rousseau a voulu faire parler de lui et se singulariser, il a pris une excellente route. Du reste, son livre est qualifié de toutes les épithètes mal sonnantes qu'il pouvoit désirer. (*Mém. secr.*)

12 août 1762. On ne peut s'empêcher de consigner ici un bon, ou plutôt un grand mot de M. le Dauphin. On lui faisoit la lecture, pendant qu'il étoit dans le bain, de la gazette de Hollande, où étoit la proscription du livre de l'Éducation. « C'est fort bien fait, dit M. le Dauphin : ce livre attaque la religion, il trouble la Société, l'ordre des citoyens; il ne peut servir qu'à rendre l'homme malheureux : c'est fort bien fait. — Il y a aussi le *Contrat Social*, qui a paru très dangereux, ajouta le lecteur. — Quant à celui-là, c'est différent, reprit Monseigneur, il n'attaque que l'autorité des Souverains; c'est une chose à discuter. Il y auroit beaucoup à dire : c'est plus susceptible de controverse. » (*Mém. secr.*)

28 août 1762. Il se publie dans les rues un long

Mandement (1) de M. l'Archevêque contre le livre de l'*Éducation* de Rousseau, fort bien fait. Les raisonnemens ne sont pas d'une force peremptoire, et de ce côté-là le livre ne reste pas pulvérisé : mais on lance les foudres de l'église sur quiconque oseroit lire un pareil ouvrage. Cette Censure vient un peu tard, *Émile* étant entre les mains de tout le monde, et ayant produit tout le mal dont le Lecteur est susceptible. Au reste, c'est une affaire de forme. (*Mém. secr.*)

3 septembre 1762. Le *Contrat Social* (2) se répand insensiblement. Il est très important qu'un pareil ouvrage ne fermente pas dans les têtes faciles à s'exalter : il en résulteroit de très grands désordres. Heureusement que l'auteur s'est enveloppé dans une obscurité scientifique, qui le rend impénétrable au commun des lecteurs. Au reste, il ne fait que développer des maximes que tout le monde a gravées dans son cœur ; il dit des choses ordinaires d'une façon si abstraite, qu'on les croit merveilleuses.

Rousseau cite plusieurs fois un manuscrit, qu'il loue beaucoup, ainsi que son auteur. Il est intitulé :

(1) *Mandement de Monseigneur l'archevêque de Paris* [Christophe de Beaumont], *portant condamnation d'un Livre qui a pour titre : Émile ou de l'Éducation, par J.-J. Rousseau citoyen de Genève. A Amsterdam chez Jean Néaulme, Libraire,* 1762. A Paris, chez C.-F. Simon, imprimeur de la Reine et de Monseigneur l'Archevêque, rue des Mathurins, M.DCC.LXII, avec privilège du Roi, in-4°.

(2) *Du Contract social ou principe du droit politique,* par J.-J. Rousseau, citoyen de Genève, Amsterdam, 1762, in-12.

Des intérêts de la France, relativement à ses voisins, par M. le M... d'A... (1) Il insinue que c'est d'un homme qui a été dans le Ministère, et qui s'y est distingué.

Il résulte du *Contrat Social*, que toute autorité quelconque n'est que la représentation collective de toutes les volontés particulières, réunies en une seule. De là, toute puissance s'écroule, dès que l'unanimité cesse, du moins relativement aux membres de la République, qui réclament leur liberté : de-là, tout citoyen peut, quand il veut, quitter un État, emporter tous ses biens et passer dans un autre, à l'exception près du moment où l'on seroit à la veille de combattre; Rousseau regarderoit cela comme une désertion : on ne sçait pas pourquoi. (*Mém. secr.*)

18 septembre 1762. M. Formey vient de donner au public *l'Esprit de la Nouvelle Héloïse* (2), en un volume. Il prétend que cet ouvrage peut être utile à la jeunesse; il n'en adopte pourtant pas tous les principes et toutes les maximes. Comme la chaleur et le sentiment sont le premier mérite d'un roman, on conçoit que l'analyse de M. Formey doit être des plus seches, et ne pas mériter tout le cas qu'il en pourroit faire. (*Mém. secr.*)

(1) Le marquis d'Argenson. Voyez aux dates du 21 juillet 1764 et du 11 avril 1765.

(2) *L'Esprit de Julie, ou Extrait de la Nouvelle Héloïse, ouvrage utile à la Société et particulièrement à la Jeunesse*, par Formey. Berlin, Jean Jasperd, 1762, in-12.

20 septembre 1762. On a fait aujourd'hui capture de différentes éditions de livres prohibés. On en a arrêté une du *Contrat Social* venant de Versailles; une autre de la *Suite du Colporteur* : on prétend même qu'on en a arrêté une des *Trois Nécessités.* On regarde cependant ce dernier livre comme chimérique. (*Mém. secr.*)

23 septembre 1762. On ne cesse de faire des perquisitions du *Contrat social.* Un nommé de Ville, Libraire de Lyon, vient d'être arrêté et conduit à Pierre-Encise. On a trouvé chez lui une édition qu'il faisoit de ce Livre. (*Mém. secr.*)

*28 septembre 1762. Lettre à M. D*** sur le Livre intitulé Émile* (1). Cette Critique sage et assez bien écrite n'a rien de saillant. L'auteur dit à peu près ce que tout le monde a pensé du livre de Rousseau. Il paroît cependant trop affecter de relever les inductions qu'on pourroit tirer des assertions de cet Auteur sur l'Autorité et les Puissances. On sent que si l'autre a frondé avec trop d'amertume et d'indépendance, celui-ci peut être taxé de servitude et d'adulation. (*Mém. secr.*)

5 octobre 1762. Il court une caricature, où l'on représente MM. de Voltaire et Rousseau, l'épée au côté, en présence l'un de l'autre, faisant le coup

(1) *Lettre à M. D*** sur le livre intitulé Émile, ou de l'Éducation, par J.-J. Rousseau, citoyen de Genève* (attr. au P. Griffet). Amsterdam, et Paris, Grangé, 1762, in-8° de 84 pages.

de poing. Au bas est un dialogue en vers entre ces deux auteurs. Les Poëte demande au Philosophe pourquoi il l'a critiqué si durement? Il lui fait des reproches sur sa bile trop amere. L'autre répond qu'il est en possession de dire la vérité envers et contre tous. Enfin la querelle s'échauffe. Rousseau gesticulant des poings, Voltaire lui reproche de ne pas se servir de son épée en bon et brave Gentilhomme. Celui-là prétend que ce sont les armes de la nature. Telle est la substance de cette conversation, où tous deux sont tournés dans le plus parfait ridicule, quoiqu'en très méchante poésie (1). (*Mém. secr.*)

30 octobre 1762. Les amateurs ont dans leurs porte-feuilles deux Lettres de Rousseau : l'une adressée au Bailli de *Moitié-Travers* (2), petit en-

(1) L'estampe, non signée, porte comme légende, sur deux colonnes, les vers suivants :

— Toi qui veux usurper le sceptre du Parnasse,
Qui contre mes écrits parlas avec audace,
Sur toi, de mes malheurs, ces poings me vengeront.
— M'attaquer sur tes pieds ! eh ! bon Dieu, que diront
Les quadrupèdes tes confrères,
Te voyant des humains prendre ainsi les manières?
Mais, l'épée au côté se battre en porte-faix !...
— Pourquoi non? les brocards te donnent des allarmes?
Un sage, si tu l'es, ne s'écarte jamais
Des loix de la Nature, et mes poings sont des armes.

(2) Il faut lire : adressée de Motiers-Travers au bailli d'Yverdon.

La première de ces lettres est du 21 juillet 1762, à M. de Gingins de Moiry : « *J'use, Monsieur, de la permission*, etc. » L'autre, du 24 août 1762, est adressée à M. de Montmollin, pasteur de Motiers : « *Le respect que je vous porte et mon devoir comme paroissien*, etc... »

droit près de Neufchâtel où il réside : l'autre au Pasteur dudit lieu. Dans l'une, il remercie le premier des secours généreux qu'il lui a donnés ; dans l'autre, il fait sa profession de foi, et demande à être admis à la cène comme bon Protestant.

Ce grand Philosophe s'occupe actuellement à faire des lacets. Il proteste qu'il renonce à écrire, puisqu'il ne peut pas prendre la plume sans allarmer toutes les Puissances. (*Mém. secr.*)

3 novembre 1762. Il paroît des *Lettres sur l'éducation* (1) par M. Pesselier. Quelque peu praticable, quelque hétéroclite que soit le traité de Rousseau sur la même matière, il est manié si supérieurement qu'il doit alarmer quiconque courroit la même carriere. Celui de M. Pesselier est plus à la portée de tout le monde et n'en sera pas plus goûté. (*Mém. secr.*)

7 mars 1763. On a joué à la Cour *le Devin de Village.* Quelques acteurs de la Comédie Italienne y ont chanté avec Geliotte, entr'autres Caillaud, qui a le bonheur de plaire au Roi. S. M. a les plus grandes bontés pour lui.

Mlle Le Mierre, aujourd'hui Mme Larrivée, ayant voulu chanter à ce divertissement, a trouvé sa voix en défaut. On attribue cet événement à un accident

(1) *Lettres sur l'Éducation* [par Ch.-Et. Pesselier]. Paris, Buache. 1762, 2 vol. in-12. (Trompé par une annotation manuscrite, Barbier a attribué cet ouvrage à Turpin.)

survenu dans le voyage, elle est grosse d'ailleurs. (*Mém. secr.*)

12 mars 1763. Caillaud est dans la plus haute faveur auprès du Roi. Ce Monarque goûte ses talens et son esprit : il est admis aux petits appartemens pour divertir S. M.

L'Opéra n'est point content de voir la Comédie Italienne admise à jouer ce qui la concerne devant le Roi. Mlle Villette et autres ont représenté *le Devin de Village*, dans lequel le seul Geliotte figuroit pour le premier spectacle. (*Mém. secr.*)

7 avril 1763. M. Rousseau de Genève travaille actuellement à un Mémoire pour la fille (1) du Pre-

(1) Mlle de Monnier, aimée par Le Beuf de Valdahon. *Cf.*, Lettre de Rousseau à Loyseau de Mauléon, de novembre 1762. « *Voici, mon cher Mauléon*, etc. » Voyez plus loin, les articles des 22 février 1764 et 4 avril 1765.

Musset-Pathay résume comme suit le fait-divers : « Fils d'un « mousquetaire, M. de Valdahon s'enflamma pour Mademoiselle de « Monnier, qui répondit à son ardeur; il fut surpris par le père (qui « était président de la Chambre des Comptes de Dôle), et surpris « pendant la nuit. Il se sauve : procès criminel. On met la fille au « couvent. M. de Monnier perd successivement à Dôle, à Besançon, « au Conseil du Roi. M. de Valdahon offrait toujours sa main; « le père refusait toujours, voulant le conduire sur l'échafaud. « Après sept ans de persécution, la fille, devenue majeure, fait « ses soumissions. Refus de les recevoir; opposition au mariage; « publications nouvelles de factums et de mémoires, telles sont les « réponses d'un père qui ne respirait que la vengeance. Le public « fut indigné de cette espèce de rage, et les tribunaux partagèrent « les sentiments du public. »

(Musset-Pathay, *Histoire de la vie et des ouvrages de J.-J. Rousseau*, tome II, p. 323.)

mier Président de la Chambre des Comptes de Dôle, qui à la veille d'être forcée à un mariage qui lui répugnoit, a introduit secrétement dans sa chambre son amant, et a rendu ses père et mère témoins, malgré eux, de son mariage physique. Ce fait extraordinaire fournit beaucoup à l'éloquence libre et mâle de l'orateur. Le Magistrat poursuit criminellement le jeune homme, officier, comme séducteur, ravisseur, voleur même, car il avoit de fausses clefs, etc. (*Mém. secr.*)

7 mai 1763. On vend sourdement une Lettre singuliere, d'un auteur toujours singulier : elle est intitulée *Lettre de J.-J. Rousseau à Christophe de Beaumont* (1). Cet auteur y discute le Mandement de M. l'Archevêque, et défend son *Émile* avec sa force et sa chaleur ordinaire. (*Mém. secr.*)

18 mai 1763. La *Lettre de J.-J. Rousseau, Citoyen de Genêve, à Christophe de Beaumont, Archevêque de Paris*, commence à transpirer. Nous venons de la lire : même simplicité, même force de logique, même énergie dans le style, que dans ses autres ouvrages. L'auteur donne à entendre qu'on riroit beaucoup de sa façon de penser noble et généreuse,

(1) *Jean-Jacques Rousseau, citoyen de Genève, à Christophe de Beaumont, Archevêque de Paris, Duc de Saint Cloud, Pair de France, Commandeur de l'Ordre du Saint-Esprit, Proviseur de la Sorbonne, etc. Avec sa lettre au Conseil de Genève. Da veniam si quid liberius dixi*, etc. A Amsterdam, chez Marc-Michel Rey, M.DCC.LXIII, in-8°, XL et 131 pages, les trois dernières non paginées.

si l'on lui laissoit la liberté de détailler deux anecdotes qui ont donné lieu à la persécution qu'il essuye. Il prétend en gros que c'est pour avoir refusé de prêter sa plume aux Jansénistes contre les Jésuites; que M. l'Archevêque a servi, dans cette occasion, sans le savoir, l'animosité de leurs adversaires communs. Il est surpris que n'ayant point fait de mal à M. de Beaumont; ayant, au contraire, toujours exalté sa fermeté, quoique mal employée, il en soit ainsi récompensé; il devoit s'attendre à un traitement plus doux; et il refute ensuite le Mandement de M. l'Archevêque, en prouvant (dit-il) que partout où M. de Beaumont a attaqué son livre, il a mal raisonné; que partout où il a attaqué sa personne, il l'a calomnié : il finit par assurer Monseigneur de son très profond respect. (*Mém. secr.*)

24 mai 1763. Il faut se rappeler ce qui s'est passé à Genêve touchant l'*Émile* de Jean-Jacques Rousseau. Voici la Lettre que ce moderne Diogene a écrite au premier Syndic, pour abdiquer le titre et la qualité qu'il a toujours affecté de prendre, de Citoyen de cette République.

Revenu du long étonnement où m'a jeté de la part du magnifique Conseil le procédé que j'en devois le moins attendre, je prends enfin le parti que l'honneur et la raison me prescrivent... (1) (*Mém. secr.*)

26 mai 1763. La Lettre de J.-J. Rousseau au

(1) Suit la fin de ce texte bien connu.

premier Syndic de Genêve, ayant été donnée au magnifique Conseil, il y a eu plusieurs voix pour sévir contre l'auteur; mais la pluralité a été de faire transcrire la Lettre sur les registres et d'octroyer la demande à l'auteur. Ainsi le voilà Cosmopolite. (*Mém. secr.*)

5 juin 1763. On continue à s'entretenir de la Lettre de J.-J. Rousseau : en rendant justice à la force du raisonnement, à l'énergie du style de l'auteur, on ne le trouve pas ici plus exempt de contradiction que dans ses autres ouvrages. En discutant exactement celui-ci on y sent des paralogismes, qui induisent à juger qu'il n'est pas intimément convaincu de tout ce qu'il dit pour conserver son systême de singularité : il veut allier à sa façon de penser la plus libre et la plus indépendante une sorte de religion incompatible : il se dit Chrétien, et il ne croit pas au péché originel : il rit de nos dogmes et de nos mystères, il les appelle un *vrai galimathias*; il n'adopte que notre morale : mais les Déistes, les Athées même en font autant. On entrevoit que la fermeté du ci-devant Citoyen de Genêve se dément en quelque chose; tout courageux qu'il veut paroître, il n'a osé donner sa profession de foi, purement Socratique. Il est plus hardi et plus sincere dans son *Contrat Social.* On doit s'en tenir à cet ouvrage pour apprécier ses vrais sentimens. (*Mém. secr.*)

13 juillet 1763. J.-J. Rousseau, qui devoit suivre

Milord Maréchal en Ecosse, n'y passera point; il reste dans les environs de Neufchâtel, à Môtiers, où il est depuis sa sortie de France. (*Mém. secr.*)

19 juillet 1763. On a imprimé depuis quelques jours une Lettre de J.-J. Rousseau de Genêve, qui contient sa renonciation à la société civile et ses adieux aux hommes. C'est une déclamation des plus vives contre l'espèce humaine, qu'il taxe de tous les vices et qu'il abandonne à ses mœurs corrompues. Libre par la proscription qu'on a faite de sa personne, il se regarde comme sans maître et sans patrie. Il y déclare qu'il préfere les forêts aux villes infectées d'hommes cruels, barbares, méchans par principes, inhumains par éducation, injustes par des loix qu'a dicté la tyrannie. On seroit presque tenté de croire que cette Lettre n'est point de Rousseau, tant elle est extraordinaire; que c'est une plaisanterie de quelqu'un qui a voulu l'imiter: mais le style soutenu qui y regne, toujours mâle, toujours nerveux, ne laisse presqu'aucun doute que l'ouvrage ne soit de ce moderne Diogène (1). (*Mém. secr.*)

(1) Il s'agit sans doute de la *Lettre de J.-J. Rousseau, de Genève, qui contient sa renonciation à la Société et ses derniers adieux aux hommes, adressée au seul ami qui lui reste dans le monde*, 1762, in-8° *, pastiche généralement attribué à Pierre-Firmin de Lacroix, avocat toulousain.

Ce qui nous fait signaler ici cette pièce avec un semblant de

* On trouve cette lettre imprimée à la suite de plusieurs contrefaçons du *Contrat Social*, portant la date de 1762 et données comme sortant de chez Marc-Michel Rey, d'Amsterdam.

2 août 1763. Rousseau écrit à un de ses amis qu'il y a une grande fermentation à Genêve sur son compte : les citoyens ne sont point contents de la conduite du magnifique Conseil, et peut-être sera-t-on forcé de réintégrer ce membre dans tous ses droits, privileges, etc. (1). Il faudra voir comment cet illustre misanthrope se comportera dans cette occasion : c'est ici la pierre de touche de sa modestie, il est à craindre qu'il ne dévoile un orgueil dont on le croit paîtri. (*Mém. secr.*)

31 août 1763. Catéchisme de l'honnête homme, ou Dialogue entre un Caloyer et un honnête homme, traduit du Grec vulgaire par J. J. R. C. D. G. (2).

réserve, c'est qu'elle avait paru l'année précédente et que le gazetier en parle comme d'une publication toute récente. Il y a lieu de rappeler qu'à peu de jours de là, Jean-Jacques a subi une crise très aiguë de désespoir. (*Cf.* Sa lettre à Duclos, datée de Motiers le 1er août 1763 : « Depuis ma lettre écrite, ma situation physique a « tellement empiré et s'est tellement déterminée, que mes dou- « leurs, sans relâche et sans ressource, me mettent absolument « dans le cas de l'exception marquée par Milord Edouard en « répondant à Saint-Preux : *Usque adeone mori miserum est?* « J'ignore encore quel parti je prendrai », etc., et sa lettre à Martinet, que l'on suppose avoir été écrite le même jour : « Vous ne « m'aimez point, Monsieur, je le sais », etc.)

(1) Nous ne voyons pas à quelle lettre le gazetier fait ici allusion, lettre qui aurait vraisemblablement pour destinataire quelque ami habitant Paris. Ce ne peut être celle du 30 juillet, adressée de Motiers à Duclos : « *Bien arrivé, mon cher Philosophe*, etc... », qui n'avait pas eu le temps de parvenir à son adresse, et où il est question des incidents de Genève, mais où n'est pas relaté ce que dit le gazetier.

(2) [Par Voltaire] in-12 de 68 pages. Paris, 1764. (Les lettres *J. J. R. C. D. G.* veulent faire entendre *J.-J. Rousseau, Citoyen de Genève.*) Voyez l'article du 7 mai 1767. L'abbé L. François

Tel est le titre d'une très petite brochure fort rare. Il paroît qu'on veut la mettre sur le compte de Rousseau : bien des gens la donnent à M. de Voltaire. Les personnes un peu instruites ne l'imputent ni à l'un ni à l'autre. On prétend que cet ouvrage n'est que le précis mis en dialogue d'un plus ancien, connu de tous les gens de Lettres, attribué à Saint-Evremond, quoi qu'il y ait bien de l'apparence qu'il n'en soit pas. On a lieu de le soupçonner du Roi de Prusse, ou peut-être de la Métrie, mort à la cour de ce Prince. Quoi qu'il en soit de la génération de cet écrit peu répandu, mais fort recherché, il est du nombre de ceux qui n'auroient jamais dû voir le jour; malheureusement il est imprimé et conséquemment indélebile. (*Mém. secr.*)

5 septembre 1763. M. l'Abbé Yvon, ce fameux proscrit comme complice et auteur de la these de l'Abbé de Prades, revenu depuis quelque tems en ce pays avoit annoncé qu'il faisoit un ouvrage capable de surprendre. Il paroît cet ouvrage, et il étonne en effet, non par la maniere dont il est traité, mais par son but extraordinaire dans un pareil homme : c'est une *Réponse à la Lettre de J. J. Rousseau à Christophe de Beaumont, Archevêque de Paris* (1). On est

a publié un *Examen du Catéchisme de l'honnête homme ou dialogue entre un Caloyer et un homme de bien*, à Bruxelles, et se trouve à Paris, chez Rabuty père, rue S. Jâques, à S. Chrisostôme. M.DCC.LXIV, in-12 de VIII et 182 pages.

(1) *Lettres à M. Rousseau pour servir de réponse à sa lettre contre le Mandement de Monsieur l'Archevêque de Paris* [par l'abbé Yvon].

tout-à-fait émerveillé de voir un Apôtre de l'Athéisme tourner casaque et servir de bouclier à M. de Beaumont.

Il ne paroît encore que la premiere partie de cet ouvrage; il doit contenir quinze Lettres; elle renferme une préface fort longue, suivant l'usage de ce verbeux métaphysicien, et la premiere Lettre; c'est-à-dire que, pour refuter une brochure très mince, ce champion volumineux se dispose à donner au public une suite de trois ou quatre volumes in-12. Quant au style, personne n'osera le mettre en parallele avec la plume brûlante de Rousseau. (*Mém. secr.*)

13 septembre 1763. Profession de Foi Philosophique (1). C'est le titre d'une brochure légere, où l'on cherche à tourner en ridicule les ouvrages de M. Rousseau. Il est fort aisé de le faire, rien ne prêtant plus à la parodie que le sublime, soit en style, soit en action, soit en morale. On ne peut se dispenser de rendre justice à l'esprit et à la bonne plaisanterie de l'auteur. On n'en dit pas le nom; mais c'est un des meilleurs ouvrages faits contre l'immortel Rousseau; il est plein des égards et des considérations qu'on doit au grand homme. (*Mém. secr.*)

Amsterdam [en réalité Paris], M.DCC.LXIII, in-8° de 376 pages. Dans la préface, l'auteur annonce quinze lettres, dont il donne une analyse alléchante. Il n'en a fait paraître que deux.

(1) *Profession de foi philosophique* [par Ch. Borde]. Amsterdam, Marc-Michel Rey et Lyon, Périsse, 1763, in-12 de 35 pages. Voyez à la date du 13 juin 1781, *note*).

16 septembre 1763. On a affecté de réimprimer depuis quelque temps une piece de poésie de J.-J. Rousseau; elle a pour titre l'*Allée de Silvie* (1). Ce n'est pas assurément le meilleur de ses ouvrages, on sent bien que la galanterie n'est pas son fait, on y trouve cependant une façon de penser libre qui fait plaisir, et qui donne un caractere original à cette production, toute médiocre qu'elle soit. (*Mém. secr.*)

8 octobre 1763. Lettre de l'homme civil à l'homme sauvage (2). Cette sage production est de M. Marin, Censeur Royal. Il a voulu faire quelques efforts pour repousser les dangereux sophismes du Philosophe de Genêve; et cet athlete estimable mérite en cela des éloges. A-t-il réussi? Il convient lui-même que c'est le pot de terre contre le pot de fer. Pourquoi donc vouloir être brisé? (*Mém. secr.*)

28 octobre 1763. M. Hume, ce Philosophe Anglois si connu dans la République des Lettres, vient d'arriver à Paris; il est Secrétaire intime du Lord Hereford, Ambassadeur d'Angleterre en France. (*Mém. secr.*)

10 novembre 1763. M. l'Évêque du Puy (3) ne cesse de s'élever contre la philosophie moderne avec plus

(1) Genève, et Paris, Panckoucke, 1763, in-12 de 8 pages.

(2) [Par L.-Cl.-Fr. Marin], Amsterdam (Paris), 1763, in-12.

(3) [Lefranc de Pompignan] *Instruction pastorale de l'Évêque du Puy sur la prétendue philosophie des incrédules modernes*, 1763, in-4°.

de mission que son frere. Il est à craindre qu'il n'ait pas plus de succès. Il attaque courageusement et avec force plusieurs de nos auteurs vivans et même morts; il en veut spécialement à M. Rousseau de Genêve. *Estime des Sciences Naturelles*, *Esprit de Doute*, *Tolérantisme*, *Patriotisme*, voilà les qualités que M. l'Évêque du Puy attribue à la Philosophie moderne, et qu'il prétend refuter dans son Instruction Pastorale. Cet ouvrage est traité supérieurement dans son espece, il est d'un homme instruit et pénétré de son état. (*Mém. secr.*)

29 décembre 1763. Vers sur Jean-Jacques Rousseau, ci-devant Citoyen de Geneve.

Rousseau prenant toujours la nature pour maître,
Fut de l'humanité l'apôtre et le martyr;
Les mortels qu'il vouloit forcer à se connoître
S'étoient trop avilis pour ne pas l'en punir.
Pauvre, errant, fugitif et proscrit sur la terre,
Sa vie à ses écrits servit de commentaire.
La fiere vérité dans ses hardis tableaux
Sçut en dépit des grands montrer ce que nous sommes.
Il devoit de nos jours trouver des échafauds;
Il aura des autels quand il naîtra des hommes!

(*Mém. secr.*)

29 janvier 1764. On vient de publier encore un livre contre M. Rousseau, intitulé *le Christianisme de Rousseau* (1). Dans cet ouvrage, où l'on emprunte

(1) Il s'agit sans doute des *Lettres sur le Christianisme de M. J.-J. Rousseau, adressées à M. J.-L.* [agisse]. [Par Jacob Vernes] Genève, 1763, 128 pages, in-8°.

le rôle d'un ami Philosophe, on cherche à démontrer qu'il n'est pas même Chrétien, malgré la profession qu'il fait de l'être. (*Mém. secr.*)

8 février 1764. Il paroît un Roman Philosophique, intitulé *l'Eleve de la Nature* (1). Ce livre, fait d'après les principes de Rousseau, a le mérite d'être écrit avec beaucoup de chaleur et d'onction. La premiere partie se lit avec le plus grand plaisir : on l'attribue à M. Diderot. Il n'en est pas de même de la seconde, elle est froide et systématique, elle traite de l'origine des arts : on seroit tenté de la croire d'une main étrangère. (*Mém. secr.*)

22 février 1764. Nous avons annoncé, il y a longtems, que M. Rousseau s'étoit chargé de faire un Mémoire en faveur de M. de Valdahon (2), Mousquetaire accusé de séduction à l'égard d'une Demoiselle de Dole. Cet ouvrage paroît enfin. On a rendu compte de l'aventure, et ceux qui la savent ne seront pas surpris que le Philosophe Genevois ait pris un sujet si susceptible de faire valoir ses singulieres assertions. Au reste, on ne le juge point digne de ses autres ouvrages. (*Mém. secr.*)

(1) *L Élève de la Nature* est de Gaspard Guillard de Beaurieu. Il en existe une édition de 1773, sur le titre de laquelle Rousseau est nommé comme auteur de l'ouvrage.

(2) Voyez ci-dessus, à la date du 7 avril 1763. Le gazetier parle sans doute par ouï-dire et non pour avoir eu entre les mains cet ouvrage dont il annonce l'apparition. Nous ne connaissons aucun mémoire de Rousseau sur cette affaire. Voyez, d'autre part, l'article du 4 avril 1765, qui restitue à Loyseau de Mauléon ce qu'on attribue ici à Jean-Jacques.

12 mai 1764. Il paroît dans le monde une Lettre datée de Neuchâtel du 15 mars 1764, qui a pour titre : *Jean-Jacques Rousseau, Citoyen de Genève, à Jean-François Montillet, Archevêque et Seigneur d'Auch, Primat de la Gaule Novempopulaire et du Royaume de Navare, Conseiller du Roi en tous ses Conseils* (1). Cet écrit, in-12, de 22 pages d'impression, est pour répondre à la Lettre soi-disant Pastorale de l'Archevêque d'Auch (2) par laquelle ce Prélat s'éleve contre l'*Emile*, et en prend occasion pour invectiver M. de Voltaire et les auteurs du siecle qui se sont écartés des maximes de l'Eglise, et qui n'ont pas respecté, comme ils devoient, les dogmes de la religion. L'auteur, qui emprunte le nom de Rousseau, refute assez bien la Lettre Pastorale, quant au fond; mais il est bien éloigné du style qu'il veut imiter. On ne singe jamais bien un auteur aussi original que Rousseau. (*Mém. secr.*)

3 juin 1764. Il court une lettre imprimée de J.-J. Rousseau, Citoyen de Genève, où il désavoue authentiquement celle prétendue écrite de lui à M. l'Archevêque d'Auch. Il n'était pas besoin de prendre la plume pour cela, et tous les gens de goût lui avoient déjà rendu justice (3). (*Mém. secr.*)

(1) Cette pièce apocryphe est attribuée à Pierre-Firmin de Lacroix, de Toulouse. Voyez l'article suivant.

(2) *Lettre pastorale de Monseigneur l'Archevêque d'Auch au clergé séculier et régulier de son Diocèse.* M.D.CC.LXIV, in-4° de 56 pages. (Rousseau, pages 17, 18 et 19.)

(3) A M***, Motiers, 28 mai 1704 : « *C'est rendre un vrai service*

22 juin 1764. Nous apprenons par une Lettre de Neufchâtel que Rousseau est toujours aux environs de cette ville. Il y fait des lacets et dit qu'il devient femme, puisqu'on ne veut pas qu'il soit homme: il passe les soirées avec une espece de fermier, qu'il a affectionné. Quand il entre chez ce bon homme, il souffle la chandelle de celui-ci, et la rallume à la sienne quand il veut revenir; sans doute pour faire tout au rebours des autres. (*Mém. secr.*)

21 juillet 1764. Il paroît un ouvrage qui a pour titre : *Considérations sur le gouvernement ancien et présent de la France*, par M. le Marquis d'Argenson, vol. in-8° de plus de 300 pages (1). Cet écrit, dont Rousseau parle avec éloquence dans son *Contrat Social*, traite des intérêts de la France avec ses voisins, et propose un plan de gouvernement intérieur qui obvie aux abus qui règnent dans l'administration. Cette œuvre posthume d'un homme qui a été à même d'en connoître les vices par les places qu'il a remplies, paroît être du plus grand sens et présente un tableau que tout autre que lui auroit eu peine à tracer; mais il part de la paix de 1748. Quelle différence d'époque à celle d'aujourd'hui !

On ne doit la publication de cet ouvrage qu'à une infidélité. (*Mém. secr.*)

2 novembre 1764. On vient d'imprimer plusieurs

à un solitaire », etc. Le destinataire de cette lettre et son éditeur est le libraire Duchesne.

(1) Voyez les articles des 3 septembre 1762 et 11 avril 1765.

Lettres de J.-J. Rousseau, ci-devant Citoyen de Geneve. Ce petit recueil n'est remarquable aujourd'hui que par la premiere sans date adressée à M. de Voltaire. Elle répond à l'envoi qui lui avoit été fait des Poëmes sur *la Religion Naturelle* et *sur le Désastre de Lisbonne*, ce qui fait croire que cette Epitre est ancienne (1); elle contient plus des deux tiers de la brochure [39 pages] qui est de 56 pages in-12. Les autres sont connues. Rousseau, en applaudissant à l'art séducteur avec lequel M. de Voltaire sait présenter ses opinions, prétend qu'il n'est rien moins que d'accord sur la solidité de ses preuves, les refute avec cette énergie qui n'appartient qu'à lui : mais en combattant les divers systèmes hazardés par M. de Voltaire, il tombe lui-même dans des écarts qui ne permettent pas au Gouvernement d'en tolérer la publicité. (*Mém. secr.*)

(1) *Lettre à M. de Voltaire au sujet de son poème sur le désastre de Lisbonne*, datée, du 18 août 1756, et imprimée pour la première fois à Berlin (sans l'indication du lieu), en 1759, petit in-8° de 60 pages.

Rousseau écrit de Motiers au libraire Duchesne, le 6 mars 1763 : « Cette lettre a été imprimée par M. Formey, dans ses recueils, « et séparément à Berlin en 1759; elle est extrêmement rare. Si « vous ne pouvez la trouver, je vous en enverrai un exemplaire que « j'ai recouvré avec beaucoup de peine, mais il faudra me le rendre. »

L'édition de 1764, en 56 pages in-12, dont parle ici le gazetier, est au moins la troisième impression séparée; nous en avons eu sous les yeux une de l'année précédente, que M. Eugène Ritter nous dit être vraisemblablement sortie d'une presse génevoise : *Lettre de J.-J. Rousseau à Monsieur de Voltaire*, 1763, in-12 de 60 pages plus 4 non chiffrées pour la *Lettre de J.-J. Rousseau à M. le Professeur de Montmollin, pasteur de Motier* (du 12 mai 1763), la *Lettre de J.-J. Rousseau à M. le Premier Syndic de Genève*, et 7 lignes d'*Errata*.

21 novembre 1764. Les noms de Jean-Jacques Rousseau et de Diderot sont si connus dans le monde qu'il n'est pas besoin de rappeler leur célébrité : il vient de se passer un fait trop singulier pour ne pas le rapporter. Les rebelles de Corse leur ont député pour les engager à leur dresser un code qui puisse fixer leur gouvernement, ayant en horreur tout ce qui leur est venu de la part des Genois. Jean-Jacques leur a répondu que l'ouvrage étoit au dessus de ses forces, mais non pas de son zele et qu'il y travailleroit. Quant à Diderot, il s'en est défendu sur son impuissance à répondre à cette invitation, n'ayant point assez étudié ces matieres pour pouvoir les traiter relativement aux mœurs du pays, à l'esprit des habitans et au climat, qui doivent entrer pour beaucoup dans l'esprit de Législation propre à la confection d'un code de loix.

Il ne paroît pas étonnant que les Corses se soient adressés à Rousseau, auteur du *Contrat Social*, où dans une note très avantageuse il prédit la grandeur inévitable de cette République : mais à l'égard de Diderot, on ne voit pas en quoi il a pu mériter une distinction aussi flatteuse. (*Mém. secr.*)

25 décembre 1764. On annonce dans le monde une nouvelle production de M. Rousseau de Geneve, *les Lettres de la Montagne* (1). Cet ouvrage, magnifi-

(1) *Lettres écrites de la montagne*, par J.-J. Rousseau, première (et seconde) partie. *Vitam impendere vero.* A Amsterdam, chez Marc-Michel Rey. M.DCC.LXV. 2 vol. in-8º et in-12 de IV plus 236 pages et de II plus 156 pages.

quement imprimé en deux volumes, roule sur le gouvernement de Geneve. On se doute bien que l'auteur y déploye toute son amertume contre une patrie ingrate à laquelle il a été obligé de renoncer. Il y fait en conséquence l'apologie de ses ouvrages surtout de ceux qui lui ont attiré des persécutions si violentes. On prétend qu'il n'y dément en rien ses principes hétérodoxes et sa maniere d'écrire hardie et pleine de feu. (*Mém. secr.*)

Le 1er janvier 1765. Depuis la proscription faite à Geneve du livre d'*Emile* et la rénonciation de M. Rousseau à son titre de citoyen, la fermentation a été si grande dans cette ville, ses parens et ses amis s'y sont remués avec tant d'activité et de persévérance, qu'ils ont presque forcé le gouvernement à députer vers lui pour le prier de reprendre sa qualité de Bourgeois. Le Conseil a été obligé de faire son apologie par l'organe d'un M. Tronchin, Procureur-général, lequel, dans les *Lettres écrites de la Campagne* (1), justifie les démarches du gouvernement, et fait voir que le livre flétri le méritoit sous toutes sortes de points de vue : qu'à l'égard de l'auteur on ne l'a point attaqué, qu'on lui a laissé toute liberté de comparoître, de se défendre, ainsi que son ouvrage, et que c'est lui-même qui s'est en quelque sorte jugé par son abdication.

M. Rousseau n'a pas vu tranquillement un pareil

(1) *Lettres écrites de la campagne* (par J.-R. Tronchin) proche Genève, 1765, in-8o et in-12.

manifeste : il vient de publier une *Réponse* en deux volumes in-4° (1), dit-on. Ce livre fort rare n'a fait qu'accroître les troubles de la République, et l'on regarde avec raison, le Philosophe moderne comme un orateur si éloquent que tous ses ouvrages excitent des tempêtes. (*Mém. secr.*)

9 janvier 1765. Nous venons de lire les *Lettres écrites de la Montagne par J.-J. Rousseau*, avec cette devise : *Vitam impendere vero.* L'ouvrage est divisé en neuf Lettres : les six premieres roulent sur les procédures faites contre son ouvrage; l'importance de l'auteur forme tout l'intérêt du livre : la troisieme Lettre est plus curieuse que les autres, elle roule sur les Miracles; et l'on voit dans une Note singuliere, que Rousseau se regarde comme aussi sorcier que J. C. Il rapporte un tour très-merveilleux qu'il prétend avoir fait étant premier Secretaire de l'Ambassadeur de France à Turin.

La seconde partie contient trois Lettres, qui concernent le Gouvernement de Geneve. L'auteur y chante la palinodie sur cette République, qu'il a nagueres exaltée comme le modele des Gouvernemens : suivant lui cette République n'a plus que le nom et une ombre de liberté; ses citoyens gémissent en effet sous le plus affreux Despotisme. Toujours même énergie de style, même vigueur de sentimens, même paradoxes. (*Mém. secr.*)

(1) Les *Lettres écrites de la montagne*, 2 vol. in-8°, et non in-4°. Voyez l'article du 25 décembre 1764, *note*.

16 janvier 1765. On a publié à Geneve une *Réponse aux Lettres de la Montagne*, sous le titre de *Sentimens des Citoyens* (1). Cet écrit est un libelle infâme contre J.-J. Rousseau, et si digne de mépris que ce célebre proscrit n'a pas cru devoir mieux s'en venger qu'en invitant son Libraire (2), par une

(1) [Par Voltaire] Rousseau attribuait à tort cette misérable brochure à Jacob Vernes (et non Vernet, comme l'écrit le gazetier). S'il est revenu de son erreur, nous ne sachons pas qu'il l'ait manifesté par écrit. (*Cf. Confessions*, livre XII, lettre à d'Ivernois, du 20 juillet 1765, et *Déclaration de J.-J. Rousseau relative à M. le pasteur Vernes*, imprimée pour la première fois par Du Peyrou, à Neuchâtel, en 1790, au tome III du *Supplément*, édition originale des livres VII-XII des *Confessions*, et reproduite par Petitain, sans les notes de Vernes, à la suite des *Confessions*.)

Cependant, on lit au tome VII de l'édition des *Œuvres diverses* publiée à Neuchâtel (*à Neuf-Chastel*) en 1768, page 7, la note suivante, qui est répétée au tome XXVII de l'édition de Genève de 1782, page 166 : « L'auteur de cette pièce (le *Sentiment des* « *Citoyens*) avoit si bien imité le style de M. de Vernes, que « M. Rousseau parut croire qu'elle pouvoit être de lui. *Ce ne fut* « *qu'au bout de quelque tems qu'il apprit que son véritable auteur* « *étoit M. de V...* »

D'autre part, Du Peyrou dit en 1790 : « Il est notoire à Genève « que ce libelle est de Voltaire, et de Voltaire irrité jusqu'à la « fureur, non sans raison, cette fois, contre l'auteur des *Lettres* « *sur la Montagne*, qui, vers la fin de cet écrit, l'avoit attaqué « vivement et mal à propos. Le cachet et l'écriture de la suscrip- « tion, employés pour l'enveloppe sous laquelle ce libelle fut « adressé à Rousseau, enveloppe conservée parmi ses papiers, « portent jusqu'à l'évidence que cet envoi venoit de Voltaire, et « non de M. Vernes. *Malheureusement, ce n'est que depuis la mort* « *de Rousseau que cette preuve a été acquise* par M. Du Peyrou, « dépositaire de ses papiers et rédacteur de cette note ». (*Supplément* cité, tome III, page 7.) Il n'est pas très aisé de concilier ces dernières lignes avec la note reproduite dans l'édition de 1782, dont l'éditeur est également Du Peyrou.

(2) Lettre à M. Duchesne, libraire à Paris, Motiers, le 6 janvier 1765 : « *Je vous envoie, Monsieur, une pièce imprimée à*

Lettre du 6 de ce mois, à le réimprimer avec quelques Notes, qui en démontrent l'atrocité et la calomnie. Il pense que l'auteur de cette brochure est M. Vernet, Ministre du Saint Evangile et Pasteur à Seligny (1). Il reproche à Rousseau les maladies les plus infâmes et les débauches les plus honteuses. A la fin est un *Postscriptum*, où l'on annonce le désaveu des Citoyens de Genève, et que ce pamphlet a été jetté au feu comme un libelle. (*Mém. secr.*)

1er février 1765. Extrait d'une Lettre de M. de Voltaire, des *Délices*... Janvier 1765 :

« Nous avons dans ce moment-ci une petite esquisse à Genève de ce qu'on nomme *Liberté*, qui me fait aimer passionnément mes chaînes. La République est dans une combustion violente : le peuple, qui se croit souverain, veut culbuter le pauvre petit Gouver-

« *Genève*, etc... », servant de préface à la réimpression annotée par Rousseau : *Réponse aux Lettres écrites de la Montagne; publiée à Genève sous ce titre : Sentiment des Citoyens.* Genève et Paris, Duchesne, 1765, in-12 de 22 pages. Dans la *Déclaration relative à M. le pasteur Vernes* citée ci-dessus, on apprend que cette réimpression fut rapidement supprimée : « J'écrivis au libraire qu'il supprimât la pièce qui ne faisoit que de paroître; et il me marqua m'avoir si bien obéi qu'il ne s'en étoit pas débité cinquante exemplaires. » Au XIIe livre des *Confessions*, Rousseau s'exprime autrement : « Ce prince (Louis de Wirtemberg), Du Peyrou et d'autres parurent douter que Vernes fût l'auteur du libelle et me blâmèrent de l'avoir nommé trop légèrement. Sur leurs représentations, le scrupule me prit et j'écrivis à Duchesne de supprimer cette feuille. Guy (l'associé de Duchesne) m'écrivit l'avoir supprimée; je ne sais pas s'il l'a fait; je l'ai trouvé menteur en tant d'occasions que celle-là de plus ne seroit pas une merveille. »

(1) Lisez Céligny.

nement, qui assurément mérite à peine ce nom. Cela fait de Ferney un spectacle assez agréable. Ce qui le rend plus piquant, est de comparer les différentes façons de penser des hommes et les motifs qui les font agir : souvent ces motifs ne font pas honneur à l'humanité. Le peuple veut une Démocratie décidée; le parti qui s'y oppose n'est point uni, parce que l'envie est le vice dominant de cette petite ruche, où l'on distille du fiel, au lieu de miel. La nature de leur querelle n'est pas prête à finir; la Démocratie ne pouvant exister, quand la nature des fortunes est trop inégale. Mais je prédis que la ruche bourdonnera jusqu'à ce qu'on vienne manger le miel. C'est Rousseau qui a fait tout ce tapage : il trouve plaisant du haut de sa montagne de bouleverser une ville, tel que la trompette du Seigneur qui renversa les murs de Jéricho...» (*Mém. secr.*)

9 février 1765. Offrande aux Autels et à la Patrie (1). Cet ouvrage de M. Roustan, Ministre du Saint Evangile, est une espece de réfutation d'un article du *Contrat Social* de Rousseau, dans lequel il prétend qu'un Etat composé de Chrétiens ne

(1) *Offrande aux Autels de la Patrie, ou défense du Christianisme.* Par A.-J. Roustan, Amsterdam, 1764, in-8°. L'auteur, au cours d'une visite qu'il fit à Motiers en septembre ou octobre 1762, avait soumis son manuscrit à Rousseau, qui en parle en ces termes à Moultou, dans une lettre du 21 octobre 1762 : « ...Vous avez très « bien vu l'état de la question sur le dernier chapitre du *Contrat* « *Social*, et la critique de Roustan porte à faux à cet égard; mais « comme cela n'empêche pas d'ailleurs que son ouvrage ne soit bon, « je n'ai pas dû l'engager à jeter au feu un écrit dans lequel il « me réfute; et c'est cependant ce qu'il auroit dû faire si je lui « avois fait voir combien il s'est trompé. Je trouve dans cet écrit « un zèle pour la liberté qui me la fait aimer. Si les coups portés « aux tyrans doivent passer par ma poitrine, qu'on la perce « sans scrupule, je la livrerai volontiers... »

sauroit subsister. L'auteur refute Rousseau comme un ami : il n'a pas la véhémence et l'énergie de l'autre. Il roule sur des matieres fort délicates à manier. On y trouve des assertions fort hardies, pour ne rien dire de plus, et qui rendent ce livre très-prohibé.

Le même auteur a fait *Examen historique des quatre beaux siecles de M. de Voltaire*. Il entreprend de faire voir qu'il n'y a point eu de siecle qui ait produit plus de tyrans et de flatteurs, et moins de grands hommes.

Il y a en outre un *Discours sur la maniere de réformer les mœurs d'un peuple corrompu*. En général cet auteur écrit foiblement et avec peu de coloris : il y a quelques morceaux d'enthousiasme. (*Mém. secr.*)

3 mars 1765. Les *Lettres écrites de la Montagne par J.-J. Rousseau*, dont on a parlé, qui représentent Geneve comme gémissant sous l'oppression, le Conseil comme un amas de tyrans exerçant le plus dur despotisme, le magnifique Conseil des Deux Cent comme un vil fauteur de la tyrannie, ont excité la plus grande fermentation dans cette petite République, et porté les membres outragés par ces qualifications odieuses à inviter les Citoyens et Bourgeois à déclarer publiquement s'ils les regardoient comme bons et fideles Magistrats? Ce que le plus grand nombre a fait, en leur donnant un témoignage de leur estime, de leur respect et de leur confiance. (*Mém. secr.*)

21 mars 1765. Le Parlement avant-hier a enfin accordé au *Dictionnaire Philosophique* et aux *Lettres de la Montagne*, les honneurs de la brûlure (1); mais on les a accouplés malheureusement à trois libelles obscurs et fanatiques, qui déparent cette apothéose : *Avis important*, *le Cosmopolite* et *les Réflexions impartiales*. (*Mém. secr.*)

7 avril 1765. Il paroît un mémoire de M. Loiseau, jeune avocat, qui traite son métier plus en orateur qu'en jurisconsulte. Cet ouvrage fait grand bruit, comme littéraire. C'est l'histoire des amours de M. le Bœuf de Valdahon, mousquetaire de la première compagnie, avec Mlle de Monnier, fille du premier Président de la Chambre des Comptes de Dole. Il fait parler le jeune homme, il raconte d'une manière tendre et touchante toute son intrigue, qu'il ne revèle qu'à la derniere extrêmité et contraint à le faire, pour repousser les imputations atroces du père de la D[lle]. Rien de plus agréablement écrit que ce roman, plein d'incidens et de peintures voluptueuses. C'est le même sujet qu'on avoit annoncé devoir être traité par J.-J. Rousseau (2).

Ce jeune homme s'étoit déjà laissé condamner

(1) *Cf. Conf.* livre XII : « L'effet des *Lettres de la Montagne*, à « Neuchâtel, fut d'abord très-paisible. J'en envoyai un exemplaire « à M. de Montmollin; il le reçut bien, et le lut sans objection... « Cependant, la rumeur commençait : on brûla le livre *je ne sais* « *où...* »

(2) Voyez aux articles des 7 avril 1763 et 22 février 1764.

par contumace au Parlement de Franche-Comté à vingt ans d'absence et à 20.000 livres de dommages et intérêts. M. de Monnier n'a point cru cette peine assez grande et a voulu se pourvoir en cassation du jugement : ce qui augmente encore l'intérêt pour le malheureux amant. (*Mém. secr.*)

11 avril 1765. On a laissé passer en France depuis quelque temps le livre de *M. d'Argenson*, intitulé *Considérations sur le gouvernement de France.* On y a mis des cartons. Ceux qui ont eu l'ouvrage manuscrit entre les mains et qui étoient amis de l'auteur, tels que plusieurs membres de l'Académie des Belles-Lettres, conviennent que ni celui-là, ni l'autre, imprimé en Hollande, ne sont le véritable texte. Tout a été altéré, jusqu'au titre, qui étoit : *Jusqu'où la démocratie peut s'étendre dans un état monarchique.* On prétend que c'est à Rousseau de Genève qu'on doit cet ouvrage, tout imparfait qu'il soit, et que M. le Marquis de Paulmy, fils de l'auteur, a le véritable manuscrit (1). (*Mém. secr.*)

29 avril 1765. On lit dans une *Vie de M. Rossillion de Bernex, évêque et prince de Genève*, par le Rev. père Boudet, chanoine régulier de Saint Antoine, etc., une anecdote singulière sur un prétendu miracle, opéré de son vivant par ce prélat. C'est un

(1) Voyez aux dates du 3 septembre 1762 et du 21 juillet 1764.

certificat (1), signé J.-J. Rousseau, par lequel ce philosophe atteste d'avoir été témoin d'un feu éteint à ses yeux, cet évêque s'étant mis à genoux. Il est assez singulier de voir un homme qui écrit contre les *miracles*, dresser un mémoire comme témoin oculaire d'un fait qui peut être l'ouvrage du hasard. (*Mém. secr.*)

7 mai 1765. On apprend de Neufchâtel qu'il s'étoit assemblé un consistoire à Moutiers, où réside le célèbre Rousseau, qu'il avoit été question de procéder contre lui comme l'*Antichrist*; mais que le gouvernement avoit décidé que ce consistoire n'avoit rien à voir à la religion de M. Rousseau, et avoit arrêté toute procédure ultérieure contre lui. (*Mém. secr.*)

Le 26 mai 1765. On a donné aujourd'hui pour la seconde fois au concert spirituel un petit motet à voix seule, de la composition de J.-J. Rousseau. Malgré l'exécution rendue par Mlle Fell, il apparoît qu'on n'y a pas reconnu l'auteur du *Devin de vil-*

(1) *Mémoire remis le* 19 *avril* 1742 *à M. Boudet, antonin, qui travaille à l'histoire de feu M. de Bernex, évêque de Genève* (recueilli dans les œuvres de Rousseau).

Le gazetier reproduit ici une information de l'*Année littéraire* qui venait d'être insérée dans le tome II de 1765. Rousseau ne s'affligea pas de la publication malicieuse de Fréron. « M. Fréron, « dit-il, déterra ce certificat, je ne sais comment, et en fit usage « dans ses feuilles. Il faut avouer que la découverte étoit heureuse, « et l'à-propos me parut à moi-même très-plaisant. » (*Conf.*, liv. III.)

lage. Cette production n'a point eu de succès. (*Mém. secr.*)

2 juillet 1765. On voit dans le commencement du *Mercure* de Juillet une Correspondance entre M. Vernet (1), Ministre du Saint Evangile, et le fameux J.-J. Rousseau. Celui-ci avoit paru regarder le premier comme auteur du libelle intitulé *Sentimens des Citoyens.* Ce Ministre en a envoyé à M. Rousseau une rétractation authentique; à laquelle il a répondu laconiquement, et comme n'étant pas persuadé. Replique de M. Vernet, etc. Il résulte de ce commerce que celui-ci a fait tout ce qu'il a pu pour se réconcilier avec l'autre, qui s'est toujours refusé aux différens termes d'un accommodement. On ne peut connoître le fond de ce procès, et quelles raisons rendent M. Rousseau si *récalcitrant.* (*Mém. secr.*)

1er août 1765. Nous avons rendu compte, à l'article du 7 mai, des différens troubles survenus à Neuchâtel, à l'occasion de J.-J. Rousseau et des persécutions qu'y essuyoit cet homme extraordinaire; nous avons ajouté que le Conseil de Neuchâtel avoit décidé en sa faveur. On vient d'imprimer

(1) *Vernes*, et non pas *Vernet.* Cette correspondance est reproduite par Rousseau dans sa *Déclaration relative à M. le pasteur Vernes.* Elle se compose de quatre lettres de Vernes et des réponses de Rousseau aux trois premières (*Genève*, 2 février 1765, réponse : *Motiers*, 4 février 1765; *Genève*, 8 février, réponse : *Motiers*, 15 février; *Genève*, 20 février, réponse : *Motiers*, 24 février et *Céligny*, 1er mars 1765, sans réponse).

les pieces originales de ce procès, où l'on voit toutes les manœuvres sourdes et insidieuses, conduites par une vengeance réfléchie qui arme le Fanatisme en sa faveur. Cette brochure est terminée par un Rescrit de S. M. le Roi de Prusse au Conseil de Neuchâtel, daté de Berlin le 11 Mai 1765. Ce prince ferme et judicieux, en ordonnant un silence général, témoigne le mécontentement le plus sage du zele amer d'une piété intolérante. (*Mém. secr.*)

Le 14 août 1765. Hier l'académie royale de musique a donné pour spectacle des fragmens composés du prologue des *Fêtes de Thalie*, de l'*acte du Bal* et du *Devin de Village.* Le premier et le second sont de la Font et musique de Monet. Ils n'ont pas eu le moindre succès, l'acte surtout... Le *Devin de Village* a fait la plus grande sensation. Mlle Durancy joue le rôle de Colette avec intelligence et une naïveté qui doivent la faire mettre au rang des premières actrices.

Le public étoit de fort mauvaise humeur ce jour-là, l'opéra ayant commencé plus tard qu'à l'ordinaire; il s'est fait une émeute dans le parterre; on a apostrophé Rebel et Francœur : « Rebel et Francœur, commencez », leur a-t-on crié; « Commencez, Rebel et Francœur »; Messieurs les cordons de Saint Michel ont trouvé leur dignité compromise, mais il a fallu en passer par là. (*Mém. secr.*)

8 octobre 1765. L'Anti-Contract Social, par M.

P.-L. de Beauclair, citoyen du monde (1). Ce livre, où l'auteur a voulu mettre un ton plaisant et cavalier, est une critique fort au-dessous de Rousseau, il y a cependant quelques endroits pensés assez fortement. Il est en général peu neuf et ne refutant en rien son adversaire. (*Mém. secr.*)

16 octobre 1765. Rousseau, retiré à Moitié-Travers près de Neuchâtel, pour se soustraire aux décrets prononcés contre lui, tant en France qu'à Geneve, ne s'y est point encore trouvé à l'abri de ses ennemis; on apprend que la persécution suscitée contre lui par les ministres du Saint Evangile a poussé quelques fanatiques à tenter de violer l'asyle de sa retraite; ils sont venus pour l'accabler d'injures et de pierres; ils ont voulu enfoncer la porte et massacrer M. Rousseau. Eveillé en sursaut, il a crié au secours; le Châtelain, qui logeoit à quelques pas de là, est accouru, accompagné de beaucoup d'honnêtes gens. Les coquins avoient disparu. Ils ont cherché à engager Rousseau à fuir.

Ce Philosophe a paru décidé à tous événemens. Le gouvernement de Neuchâtel a pris des précautions pour prévenir de nouvelles insultes, et mettre ordre

(1) *Anti-Contract Social, dans lequel on réfute, d'une manière claire, utile et agréable, les principes posés dans le Contract-Social de J.-J. Rousseau, Citoïen de Genève,* par P.-L. de Bauclair, citoïen du monde. A La Haye, chez Frédéric Saatman, libraire sur le Kalwermarkt, vis-à-vis le *Maréchal de Turenne.* M.DCC.LXIV (1764). XII plus IV, plus 271 pages in-12.

au zele dangereux des enthousiastes (1). (*Mém. secr.*)

1er novembre 1765. On apprend que J.-J. Rousseau s'est retiré dans une petite isle du Canton de Berne, appelée *l'Isle Saint-Pierre*. Les persécutions qu'il a essuyées ont noirci son imagination, il est devenu plus sauvage que jamais. Le Roi de Prusse lui fait beaucoup d'instances pour le faire venir à Berlin. On croit qu'il s'y rendra. (*Mém. secr.*)

31 octobre 1765. Un Bénédictin très-savant, nommé *Dom Casot*, fait imprimer actuellement une *Histoire détaillée des Plagiats de J.-J. Rousseau* (2). Il démontre que cet auteur a pillé des pages entieres, et qu'en lui ôtant tout ce qu'il a pris de part et d'autre, il ne lui resteroit rien de ses systêmes hardis, ni de ses pensées fortes et vigoureuses. Le Bénédictin est un Savant déja connu par *l'Histoire des Cocqueluchons*, également curieuse par les recherches, et rare pour son style tudesque et ridicule. (*Mém. secr.*)

(1) C'est la nuit du 6 au 7 Septembre que la scène s'est passée au village de Moitié-Travers. (*Note du gazetier.*)

(2) *Les Plagiats de M. J.-J. R. de Genève sur l'Éducation* (*Grandia verba ubi sunt? Si vir es, ecce nega*, Martial. L. 2. Épigr.), D. J. C. B. (c'est-à-dire *dom Joseph Cajot, bénédictin*, et non *Casot*, comme dit le gazetier). A la Haye. Et se trouve à Paris, chez Durand, rue Saint-Jacques, à la Sagesse, M. DCC.LXVI. XXIV et 378 pages. (L'édition a été tirée dans le format in-12 et en même temps dans le format in-8o « pour servir de suite à l'édition des Œuvres de Rousseau, in-8o », dit une annonce du libraire Durand).

23 novembre 1765. Le Canton de Berne, comme allié de la République de Geneve, a cru ne pouvoir tolérer Rousseau sur son territoire; il a fait signifier à cet illustre proscrit qu'il eût à sortir de ses terres. En vain a-t-il fait valoir les droits de l'humanité; en vain a-t-il demandé qu'on lui laissât passer l'hiver dans sa retraite, jusqu'à ce que la saison lui permît de se rendre en Prusse, le Canton s'est montré inexorable; il a poussé la dureté jusqu'à refuser l'offre que faisoit Rousseau, de se constituer prisonnier tout ce tems-là, de se laisser resserrer étroitement, et de ne communiquer avec qui que ce soit. Il a fallu partir : il s'est rendu, tant bien que mal, à Strasbourg. Le Maréchal de Contades, qui commandoit dans cette ville, l'a fort bien accueilli, et lui a permis de se retirer dans un village auprès de Strasbourg, jusqu'à la belle saison, où il se rendra aux instances du Salomon du Nord. (*Mém. secr.*)

14 décembre 1765. On trouve dans le *Journal Encyclopédique* du premier de ce mois, des Anecdotes et Lettres de M. J.-J. Rousseau au sujet de son émigration de la Suisse. On y retrace le détail de ses aventures à Moitiers-Travers, telles à peu près que nous les avons déja racontées. Quant aux Lettres, au nombre de trois, elles sont datées de l'Isle Saint Pierre, les 17, 20 et 22 Octobre (1) : elles

(1) « *Anecdotes et lettres de M. J.-J. R. au sujet de son émigration en Suisse.*

« La nuit du 6 au 7 septembre, quelques coquins du village de Motiers-Travers, où il y avoit eu foire le jour précédent, échauffés

paroissent adressées à une espece de médiateur entre les Excellences du Canton de Berne et le

sans doute par le vin, autant que par le zèle fanatique du Ministre de ce village, s'attroupèrent devant la maison de M. Rousseau, et lancèrent avec fureur une grèle de pierres contre ses fenêtres et dans une galerie pratiquée le long du bâtiment, et, se mettant en devoir d'enfoncer la porte, ils ne se proposoient pas moins que de massacrer M. Rousseau, qui, éveillé en sursaut, cria au secours. Le Châtelain, qui logeoit à quelques pas de là, accourut accompagné de toutes les honnêtes gens qui avoient entendu les cris de M. Rousseau : mais les coquins avoient disparu. Informé de cet événement, le Conseil d'Etat de Neufchâtel d'abord ordonna les enquêtes les plus sévères, et même promit une récompense pour quiconque lui décéleroit un ou plusieurs complices de l'attentat, déclarant en même tems que la Communauté de Motiers-Travers seroit responsable de tout ce qui pourroit arriver désormais contre la personne ou les biens de cet homme célèbre; néanmoins, il prit le sage parti de se retirer au plutôt dans l'Isle Saint-Pierre, et c'est de cet endroit qu'il a écrit les trois lettres suivantes à un des principaux membres du gouvernement.

« *Monsieur, j'obéirai à l'ordre de leurs Excellences*, etc... »

(A l'Isle Saint-Pierre, le 17 octobre 1765, à M. de Graffenried, bailli à Nidau.)

« *Monsieur, le triste état où je me trouve*, etc... »

(Ile Saint-Pierre, 20 octobre 1765, au même.)

« *Monsieur, je puis quitter samedi l'Isle Saint-Pierre*, etc... »

(Ile Saint-Pierre, 22 octobre 1765, au même.)

« Il faudroit avoir l'âme bien peu généreuse pour ne pas s'attendrir sur le sort de cet homme célèbre, qui malheureusement a trop abusé de ses rares talens et voulu trop paroître plus singulier que philosophe. Voici ce qu'un de nos amis nous a écrit le 15 du mois dernier :

« Quelques ministres évangéliques ont trouvé le secret de soulever
« le peuple contre le fameux Ex-Génévois, et vous sçavés jusqu'où
« peut aller la haine des gens de cette robbe. Il est actuellement en
« route pour se rendre à Berlin, où le Monarque Philosophe permet
« qu'il fasse sa résidence. Dieu veuille qu'il s'y tienne; mais les
« pasteurs de la capitale du Brandebourg sont en grande rélation
« avec ceux de nos cantons, et on a vû la haine théologique se

malheureux exilé; elles roulent sur ses instances pour y séjourner encore l'hiver, à cause de ses infirmités; il offre, comme nous l'avons déja dit, non-seulement de se laisser enfermer pour quelque tems, mais même tout le reste de sa vie. On trouve dans ces Lettres des complimens, une onction peut-être trop affectueuse pour un homme comme Rousseau, qui annonce une ame pénétrée de ses malheurs, et qui cherche à faire passer dans celle des autres tout l'attendrissement qu'elle éprouve : du reste, une grande soumission aux Puissances, etc. Suit *l'Extrait du* 15 novembre, où l'on annonce que cet illustre proscrit est passé à Bâle le 8 novembre, avec sa gouvernante et son bagage littéraire; qu'il est en route pour se rendre à Berlin, mais qu'on craint que les Pasteurs du Brandebourg ne soient pas plus tolérans que les autres. (*Mém. secr.*)

18 décembre 1765. Le fameux *Jean-Jacques Rousseau* de Geneve est à Paris depuis quelques jours : il a d'abord logé dans la rue de Richelieu, et s'est ensuite retiré au Temple à l'hôtel Saint-Simon, sous la protection du prince de Conti. Il est habillé en Arménien, et doit passer à Londres avec M. Hume.

« communiquer plus loin. Le 8 de ce mois (novembre) il est passé « à Bâle avec sa Gouvernante et son bagage littéraire. J'ai beau- « coup vêcu avec lui; il m'a fait présent de son estampe au bas de « laquelle j'ai mis quelques mauvais vers que je n'ose vous commu- « niquer. On assure qu'il va à Strasbourg, où il attendra la belle « saison pour se rendre à Berlin. » (*Journal Encyclopédique*, 1er décembre 1765.)

il paroît que le Parlement veut bien fermer les yeux sur son séjour ici. (*Mém. secr.*)

20 décembre 1765. Le Pasteur, M. Vernet (1) dont nous avons eu occasion de parler à l'égard d'une contestation qu'il a eue avec Jean-Jacques Rousseau, vient de publier un *Examen de ce qui concerne le Christianisme, la Réformation Evangélique et les Ministres de Geneve, dans les deux premieres Lettres de M. J.-J. Rousseau, écrites de la Montagne* (2). Cet ouvrage, divisé en *deux Entretiens, entre Eraste* et *Eusebe*, établit dans le premier *l'utilité de la Religion Chrétienne relativement à la Politique* : dans le second il prouve que par son *Emile* M. Rousseau avoit autant blessé la Réformation que les Dogmes des Catholiques-Romains. Ce qu'il y a de mieux dans ce livre, sont des *Réflexions sur l'Enthousiasme*, dont plusieurs semblent neuves. Quant au raisonnement, il est relatif à la façon de penser de l'auteur; le style sera toujours inférieur à l'éloquence nerveuse et entraînante du Philosophe Genevois. (*Mém. secr.*)

27 décembre 1765. Il court une lettre très singulière du Roi de Prusse au célèbre Jean-Jacquet Rousseau : si elle est authentique, elle peut expliquer les motifs du changement de ce philosophe sur le lieu de sa retraite. Voici l'épitre

(1) Lisez *Vernes.*

(2) Par M. J. Vernes, pasteur de l'Église de Céligny. A Genève, chez Claude Philibert, 1765, in-8°.

attribuée au Salomon du nord (1). (*Mém. secr.*)

19 janvier 1766. On apprend par les Gazettes de Londres que le fameux J.-J. Rousseau a débarqué à Douvres, le samedi onze janvier, et que cet homme célebre, las de faire parler de lui, paroît vouloir se retirer à la campagne et y vivre dans l'obscurité. (*Mém. secr.*)

17 février 1766. Dans les *Affiches de provinces*, feuille sixième, du 5 février 1766, article 2, à l'occasion du livre intitulé *les Pensées de J.-J. Rousseau, citoyen de Genève* (2), on lit un éloge assez détaillé de cet ouvrage. L'auteur ajoute :

« L'annonce insérée dans le premier volume du *Mercure* de janvier 1766, met cet ouvrage fort au-dessous du livre intitulé : *Esprit, maximes et principes de M. Rousseau* (3). Mais il est très aisé de

(1) Suit le texte de la lettre d'Horace Walpole : « *Vous avez renoncé à Genève, votre patrie* », etc., dont la dernière phrase : « *Je cesserai de vous persécuter quand vous cesserez de mettre votre gloire à l'être* », avait été inspirée par Hume. Le texte des *Mém. secr.* est conforme à celui qu'on connaît; il manque seulement les quatre premiers mots : « *Mon cher Jean-Jacques* ».

(2) *Les Pensées de J.-J. Rousseau, citoyen de Genève*, tome premier (et second). A Amsterdam, et se trouve à Paris, chez Prault, petit-fils, libraire, quai des Augustins, à l'Immortalité, M.DCC.LXVI, 2 vol. in-12, de xx et 336 pages et 350 pages [par l'abbé Joseph de La Porte]. C'est de cette édition qu'il est ici question. L'ouvrage avait paru précédemment à Amsterdam et Paris, 1763, et en 1764, et a été plusieurs fois réimprimé depuis : à Paris en 1773, in-8°, à Avranches, chez Lecourt, en 1792, in-12, etc.

(3) *Esprit, maximes et principes de M. Jean-Jacques Rousseau de Genève* [recueil formé par le libraire Prault, avec une Introduction

voir que ce n'est point un jugement porté par l'auteur du *Mercure ;* il est trop judicieux et trop éclairé pour décider de cette manière une pareille préférence, sans en indiquer les motifs. On sait qu'il se sert assez souvent, pour rédiger quelques annonces de livres, d'un certain *distillateur d'esprit* devenu fameux par sa seule fécondité. Or, comme il est très-vraisemblable que ce compilateur éternel, auteur de l'*Esprit de M. Rousseau*, est l'homme qui juge ici l'ouvrage de son concurrent, on voit de quel poids est son témoignage : *faber fabri invidex.* »

Ce *distillateur d'esprit* est l'abbé de la Porte, et l'auteur des *Affiches* est M. Meunier de Querlon. (*Mém. secr.*)

26 mars 1766. Dans le *Journal Encyclopédique* du 15 février 1766, on lit une *Apologie en raccourci de la conduite de la Compagnie des Pasteurs de la*

préliminaire anonyme, œuvre de l'abbé Joseph de La Porte]. A Neuchâtel et en Europe, chez les libraires associés. M.DCC.LXIV, in-12 de XXII et 444 pages. Portrait de Rousseau gravé d'après Latour par Cathelin et daté 1763 (Girardin, nº 161).

Ces deux titres couvrent au fond le même ouvrage remanié et augmenté, et l'abbé de La Porte a pris part aux deux publications. Sa protestation contre l'édition intitulée *Esprit*, *maximes*, etc..., qui se retrouve d'ailleurs dans la préface de celle de 1766 en 2 vol., est une simple malice de publicité. Il est curieux de rappeler le jugement que Rousseau portait sur cet ouvrage : « J'ai parcouru « le recueil de M. Prault, écrit-il le 5 juin 1763 au libraire Duchesne, « et je le crois fait avec beaucoup de bonne volonté, mais non pas « avec beaucoup d'intelligence. Il est de toute manière au-dessous « du médiocre. Rien n'étoit plus aisé que de faire infiniment « mieux avec aussi peu de peine. Ces pensées-là sont bien de moi, « mais ce ne sont pas mes pensées. »

Principauté de Neuchâtel, à l'occasion de M. J.-J. Rousseau.

Ces Messieurs démontrent la validité de leurs raisons pour refuser d'admettre à leur communion ce célebre Incrédule. Refutant tout ce qui a été dit là-dessus dans une Lettre qu'on suppose écrite de Goa (1), et dans d'autres écrits clandestins, etc., ils désavouent en même tems les violences exercées contre M. Rousseau, qu'ils regardent comme tout-à-fait contraires à l'esprit de la religion et au vrai zele, toujours unis à la plus tendre et la plus vive charité, etc. (*Mém. secr.*)

4 juin 1766. Les Anglois qui écrivent tout, ont inséré dans le *Saint-James Chronicle* une Lettre prétendue du Roi de Prusse à J.-J. Rousseau. Nous avons déja fait mention de cette Lettre (2), que le même Journal assure être de l'invention d'un grand Seigneur Anglois, très-connu dans la Répu-

(1) *Lettre à M**** [le comte de Wemyss] *relative à M. J.-J. Rousseau* [par Du Peyrou]. A Goa, 1765. *Seconde* [*et troisième*] *lettre relative à M. J.-J. Rousseau* [par le même]. A Goa, 1765, in-8°. (Reproduites dans le XXVIIe tome de l'édition de Du Peyrou, avec les réfutations du pasteur de Montmollin, qui avaient paru en 1765 sous ce titre : *Lettre à M*** relative à J.-J. Rousseau, à Goa, aux dépens du Saint-Office, M.DCC.LXV. Avec la réfutation de ce Libelle par le professeur de Montmollin, Pasteur des églises de Motiers-Travers et Boveresse, Comté de Neûchâtel en Suisse, et dix Lettres à M. N. N.* (Jean Sarasin, le jeune). *Conscia mens recti Famæ mendacia ridet.* Ovide. *Une Ame droite rit de la Calomnie.* M.DCC.LXV, in-8°, de 198 pages.)

(2) Voyez l'article du 26 décembre 1765.

blique des Lettres, à Paris dans le tems dont on parle.

Le célebre Misanthrope a été si sensible à ce badinage, qu'il a écrit au Journaliste la Lettre suivante, datée de Wooton le 3 mars 1766 :

«Vous avez manqué, Monsieur, au respect que tout particulier doit aux têtes couronnées», etc... (1) (*Mém. secr.*)

8 juin 1766. Fréron [dans sa Feuille No. 8] rapporte trois pieces qu'il prétend être imprimées dans les papiers Anglois, et qui ne servent qu'à confirmer le peu de sensation qu'a fait dans ce pays-là, composé d'êtres singuliers, J.-J. Rousseau, qui aspire si fort à la singularité. La premiere est traduite de l'Anglois, et a pour titre *Lettre d'un Anglois à J.-J. Rousseau.* Elle roule sur la sensibilité qu'a témoigné ce Philosophe à la plaisanterie prétendue du Roi de Prusse. Il y a du bon sens dans cette Lettre, mais peu de légereté et un sarcasme très-amer. La seconde est une *Lettre d'un Quakre*, beaucoup meilleure, pleine de raison et de sentiment. La troisieme a pour titre *Fragment d'un ancien manuscrit Grec.* C'est une allégorie, où l'on décrit, sous le nom d'un charlatan de Grece, le caractere de J.-J. Rousseau, et les traits généraux de sa vie. (*Mém. secr.*)

3 juillet 1766. Le célebre proscrit, Jean-Jacques

(1) Suit le texte de la lettre, conforme à celui que reproduit la *Correspondance*.

Rousseau, n'a pas fait en Angleterre la sensation que sa réputation sembloit lui promettre; il paroît même par les écrits publics anglois, qu'on n'y a pour lui qu'une très-médiocre estime, et qu'on y a cherché plus à le ridiculiser qu'à l'admirer. Soit dégoût ou dédain, il s'est éloigné de la capitale peu de tems après son arrivée, et il s'est retiré à la campagne, où il vit presque ignoré. Malgré la singularité de son être, on ne peut s'empêcher de le plaindre et lui refuser beaucoup d'esprit. (*Mém. secr.*)

8 juillet 1766. On doit se rappeller que le fameux J.-J. Rousseau est passé en Angleterre, sous les auspices de M. Hume, Auteur célebre de la Grande Bretagne et qui y jouit de la Réputation la plus flatteuse pour un homme de Lettres. On avoit imaginé d'abord que l'arrivée de l'Ex-citoyen de Geneve à Londres y feroit sensation, et tout le monde a été trompé sur cette attente. Rousseau s'est retiré à la campagne, où il menoit une vie fort ignorée : mais ce à quoi l'on ne s'attendoit pas, c'est à la Lettre qui vient d'être écrite par M. Hume à un homme de ses amis à Paris (M. le Baron d'Olbac). Il n'entre dans aucun détail sur les motifs qui lui donnent lieu de se plaindre du prétendu Philosophe Genevois, mais il marque que c'est un serpent qu'il a porté dans son sein et un monstre indigne de l'estime des honnêtes gens. On attend avec bien de l'impatience le détail de cette querelle. (*Mém. secr.*)

14 juillet 1766. Les détails qu'on a reçu jusqu'à

présent sur les plaintes que forme M. Hume contre J.-J. Rousseau, ne sont pas assez clairs pour qu'on puisse en inférer l'opinion que ses antagonistes veulent faire prendre sur son compte, et l'on doit suspendre son jugement sur cet homme singulier, jusqu'à ce que cette discussion soit éclaircie. La Cabale Encyclopédique jette les hauts cris et met tout le tort du côté de M. Hume. Cependant on réveille une anecdote sur le compte de M. Rousseau, qui rendroit tout croyable de sa part.

On prétend qu'il a été autrefois colporteur de Dentelles en Flandres (1), et que Mme Boivin, fameuse marchande en ce genre, fut chargée, il y a déja long-tems, d'une Lettre de change et Contrainte par corps contre lui. Il avoit enlevé la marchandise et l'argent. M. Rousseau demeuroit alors dans la rue de Grenelle Saint-Honoré. C'étoit dans le tems où son discours couronné par l'Académie de Dijon commençoit à le rendre célebre. Mme Boivin s'en étant informé et ayant appris sa célébrité et la médiocrité de sa fortune, ne voulut point se charger de mettre à exécution contre lui les pouvoirs qu'elle avoit, et renvoya le tout à ses Correspondans. (*Mém. secr.*)

25 juillet 1766. Si l'on en croit les Nouvelles de Londres sur la personne du célebre Genevois, ses

(1) Nous ne connaissons aucune autre mention d'un séjour de Jean-Jacques Rousseau dans les Flandres, et nous ne croyons pas nous compromettre beaucoup en jugeant l'anecdote dépourvue de fondement.

torts sont relatifs à la nature de son caractere, dont l'orgueil et l'amour-propre font la base. M. Hume, qui l'a conduit en Angleterre, ayant cherché à lui être utile, avoit obtenu une pension qui lui assuroit un bien être pour sa vie. M. Hume prétend n'avoir fait des démarches pour obtenir cette grace que de l'aveu de M. Rousseau, qui loin d'en convenir, s'est répandu en invectives sur ce qu'on cherchoit à le deshonorer, en lui prêtant une avidité qu'il n'avoit pas, qu'il n'avoit besoin des bienfaits de personne, qu'il n'avoit jamais été à charge à qui que ce soit, qu'il ne prétendoit pas qu'on mendiât sous son nom des graces qu'il dédaignoit. M. Hume, justement piqué de ces reproches, a rendu publiques des Lettres qui démontrent la fausseté de Rousseau; ce cynique personnage lui témoignant sa reconnoissance des soins qu'il vouloit bien se donner pour lui ménager une Pension du Roi d'Angleterre. Voilà le fond assez bien éclairci de la querelle, qui divise ces auteurs, d'après les Lettres venues de la Grande-Bretagne. (*Mém. secr.*)

30 juillet 1766. La Religion Chrétienne prouvée par un seul fait, ou dissertation où l'on démontre que des Catholiques à qui Hunéric, Roi des Vandales, fit couper la langue, parlèrent miraculeusement le reste de leur vie ; et l'on déduit les conséquences de ce miracle contre les Ariens, les Sociniens et les Déistes, et en particulier contre l'auteur de l'Émile, en répondant à leurs principales difficultés ; avec cette épigraphe : *Ecce, ego admirationem faciam populo huic, miraculo grandi et stupendo.* Nous n'avons rien à ajouter à ce titre original : il indique suffisamment la nature de l'ouvrage et quel il peut être. (*Mém. secr.*)

27 septembre 1766. Il ne paroît pas qu'on soit parvenu à réunir les esprits de M. Hume et de J.-J. Rousseau, quoiqu'on ait fait pour les reconcilier : l'aigreur du dernier a forcé le caractere pacifique de l'autre, et l'on assure qu'ils vont rendre le Public juge de leur différend, en faisant imprimer ce qui l'a occasionné. La singularité de Rousseau n'a fait nulle sensation en Angleterre, et ses ouvrages n'y sont pas accueillis avec la même fureur qu'en France. L'énergie de son style, principal mérite de ses ouvrages, ôte beaucoup de leur prix aux gens qui n'entendent pas parfaitement notre langue. (*Mém. secr.*)

20 octobre 1766. On vient enfin de publier l'exposé de la contestation qui s'est élevée entre M. Hume et M. Rousseau, avec les pieces justificatives (1). Cette brochure de plus de cent pages ne laisse aucun doute sur le fond de la guerre. Il paroît que la premiere cause est la Lettre supposée du Roi de Prusse à Rousseau, écrite et avouée par M. Horace Walpole, imprimée dans tous les Journaux, et particulièrement dans les papiers anglois,

(1) *Exposé succinct de la contestation qui s'est élevée entre M. Hume et M. Rousseau, avec les pièces justificatives* (trad. de l'anglais de Hume, par Suard). Londres et Paris, 1766, in-12, de 127 pages.

M. Rousseau, d'un caractere inquiet et peu commun par sa bisarrerie, a cru voir l'auteur de cette plaisanterie dans la personne de M. Hume, et dès-lors l'a regardé comme un traître et le plus méchant des hommes. Il lui a écrit dans cette idée avec toute la chaleur qu'on connoît au Démosthene moderne. Vainement M. Hume lui a opposé le sang-froid que donne la défense d'une bonne cause, et cherché à le ramener par la douceur et les bons procédés, M. Rousseau n'y a répondu que par une réponse encore plus outrageante; il a forcé le caractere de M. Hume, et celui-ci s'est cru obligé de rendre publique la nature de ses liaisons avec Rousseau, les motifs qui l'ont porté à l'obliger, et l'injustice pour ne rien dire de plus, de Jean-Jacques Rousseau. (*Mém. secr.*)

23 octobre 1766. L'*Exposé succint* publié par M. Hume contre Jean-Jacques Rousseau, n'a pas le suffrage général. On reproche à M. Hume de n'avoir pas conservé le noble dédain qu'il avoit témoigné d'abord, et qu'une âme plus philosophique eût montré jusqu'au bout. On y lit des reproches sur des objets de reconnoissance qu'il eût été plus honnête de taire. M. d'Alembert y figure par une lettre de sa façon, qui lui fait honneur. Rousseau l'inculpoit dans cette querelle comme un des Coopérateurs de la Lettre. Il se justifie ou plutôt s'explique avec tout le flegme du vrai Philosophe. La Lettre de M. de Walpole est ce qu'il y a de plus remarquable pour la fierté, et peut-être l'insolence avec laquelle il traite Rousseau. (*Mém. secr.*)

15 novembre 1766. Le Docteur Pansophe, ou Lettres de M. de Voltaire (1). Ce Docteur Pansophe est l'opposé du Docteur Pangloss. Celui-ci affirme que tout est bien, l'autre nous crie depuis douze ans que tout est mal; et ce Docteur Pansophe, comme on le devine aisément, est J.-J. Rousseau.

Ces Lettres sont au nombre de Deux. Dans la premiere, adressée à M. Hume, M. de Voltaire parle surtout du démêlé actuel de cet Anglois avec le Philosophe Genevois : il prétend que ce dernier a d'autant plus de tort de l'accuser comme le plus cruel de ses persécuteurs, qu'il prouve avoir été le premier à lui offrir un asyle. La seconde Lettre paroît être adressée à M. Rousseau lui-même : elle renferme de bonnes plaisanteries et de meilleures raisons, de la gaieté et nulle aigreur. (*Mém. secr.*)

16 novembre 1766. Il paroît une *Justification de J.-J. Rousseau, dans la contestation qui lui est survenue avec M. Hume* (2). Il est aisé de voir qu'elle est l'ouvrage de l'amitié. Le défenseur ne produit aucun fait nouveau, ni aucune piece nouvelle. (*Mém. secr.*)

10 décembre 1766. Les Lettres d'Angleterre continuent à nous apprendre le profond oubli dans lequel

(1) A Londres, 1766, in-12, de 48 pages.

(2) Pièce reproduite dans le 27e vol. de l'édition de Poinçot, avec la réponse de Mme Latour de Franqueville.

M. Rousseau de Genève est plongé malgré lui, ajoute-t-on.

«Cet homme, est-il dit, Philosophe en France, a fait chez nous tout ce qui a dépendu de lui pour s'attirer les regards du public, mais ses efforts philosophiques, ni sa mauvaise humeur n'ont eu aucun effet : il vit fort ténébreusement à *Sommersethshire*, dans une retraite ignorée et dans l'obscurité. Sa querelle avec M. Hume a un peu réveillé l'attention sur son compte, plus encore par rapport à M. Hume que par rapport à lui.» (*Mém. secr.*)

8 janvier 1767. Un nouvel auteur se mêle de la querelle de MM. Hume et Rousseau : il répand des *Réflexions posthumes sur le procès de Jean-Jacques Rousseau et de David* (1). Tel est le titre de sa brochure, qui n'est rien moins que d'un juge impartial, et qui distile l'amertume la plus forte contre les Philosophes.

« Qu'importoit, dit l'auteur de cette Brochure, à l'historien de la Maison de Tudor, que l'on crût à Paris pendant quelques jours qu'il s'étoit moqué d'un Suisse en Angleterre? Un homme si sage, si bon et si considérable, devoit-il s'acharner après un malheureux, pauvre, infirme et proscrit, qui n'a que son orgueil et sa renommée? » (*Mém. secr.*)

23 décembre 1766. On vient d'imprimer des notes sur la lettre de M. de Voltaire à M. Hume. Elles sont ridicules et piquantes : elles serviront de

(1) Paris, s. d. in-12

nouveaux memoires pour faire connaître le caractere et l'esprit des ouvrages du fameux citoyen de Genève.

Ces notes sont accompagnées d'une petite lettre de M. de Voltaire, où il désavoue la lettre au docteur Pansophe : on la croît de l'abbé Coyer. (*Mém. secr.*)

22 février 1767. Précis pour M. J.-J. Rousseau, en réponse à l'exposé succint de M. Hume : suivi d'une Lettre de Madame D. (*d'Epinay*) *à l'auteur de la Justification.* On attaque fortement dans ce Précis les Editeurs de *l'Exposé succint* et les ennemis de M. Rousseau. Il y a de l'esprit et une poésie fine dans la Lettre de Mme D. et encore plus de générosité : c'est Mme d'Epinay qui parle en faveur d'un homme dont elle a lieu de se plaindre amèrement. Malheureusement dans toutes ces querelles le Public aime à rire et se moque des deux adversaires, sans examiner qui a tort ou raison (1). (*Mém. secr.*)

4 mars 1767. M. de Voltaire, dans une lettre au Chevalier de Pezay, du 5 janvier 1767, rend compte des menées de M. J.-J. Rousseau contre lui :

« Vous savez que ma mauvaise santé m'avoit conduit

(1) Cette lettre est, non pas de Mme d'Épinay, comme le dit le gazetier, mais de Mme Latour de Franqueville. Elle est reproduite en tête de la *Vertu vengée par l'amitié, ou recueil de Lettres sur J.-J. Rousseau, par Madame de* *** [Mme Latour de Franqueville]. A Genève, M.DCC.LXXXII, in-8° de 461 pages, formant le 30e vol. de l'Édition de Rousseau donnée par Du Peyrou.

à Genève auprès de M. Tronchin, le médecin, qui alors étoit ami de M. Rousseau. Je trouvai les environs de cette ville si agréables, que j'achetai d'un magistrat, 78.000 livres, une maison de campagne, à condition qu'on m'en rendroit 38.000 livres lorsque je la quitterois. M. Rousseau dès-lors conçut le dessein de soulever le peuple de Geneve contre les magistrats.

«Il écrivit d'abord à M. Tronchin, qu'il ne remettroit jamais les pieds dans Geneve, tant que j'y serois...

«Vous connoissez le goût de madame Denis, ma niece, pour les spectacles : elle en donnoit dans le château de Tournay et dans celui de Ferney, qui sont sur la frontiere de France, et les Genevois y accouroient en foule. M. Rousseau se servit de ce prétexte pour exciter contre moi le parti qui est celui des représentans, et quelques prédicans qu'on nomme ministres... Il ne s'en tint pas là : il suscita plusieurs citoyens ennemis de la magistrature, il les engagea à rendre le Conseil de Geneve odieux, et à lui faire des reproches de ce qu'il souffroit, malgré la loi, un catholique domicilié sur leur territoire...

«M. Tronchin entendit lui-même un citoyen dire, qu'il falloit absolument exécuter ce que M. Rousseau vouloit, et me faire sortir de ma maison des *Délices*, qui est aux portes de Geneve...

«Je prévis alors les troubles qui s'exciteroient bientôt dans la petite République de Geneve. Je résiliai mon Bail à vie des *Délices;* je reçus 38.000 livres et j'en perdis 40.000 livres, outre environ 30.000 livres que j'avois employées à bâtir dans cet enclos...

«Je ne vous parlerai point des calomnies dont il m'a chargé auprès de Mgr le Prince de Conti et de Madame la Duchesse de Luxembourg... Vous pouvez d'ailleurs vous informer de quelle ingratitude il a payé les services de M. Grim, de M. Helvétius, de M. Diderot...

«Le ministere est aussi instruit de ses projets criminels, que les véritables gens de Lettres le sont de tous ses procédés; je vous supplie de remarquer que la suite continuelle des persécutions qu'il m'a suscitées pendant quatre années, ont été le prix de l'offre que je lui avois faite de lui donner en pur don une maison de campagne, nommée l'*Hermitage,* que vous avez vu entre Tournay et Ferney...

«Que M. Dorat juge à présent s'il a eu raison de me confondre avec un homme tel que M. Rousseau, et de regarder comme une querelle de bouffons les offenses personelles que M. Hume, M. d'Alembert et moi avons été obligés de repousser, etc...» (*Mém. secr.*)

16 mars 1767. Nous allons donner un échantillon du style de M. Tronchin, ce médecin si célèbre : c'est une lettre qu'il a écrite de Versailles, le 8 février de cette année, à M. le pasteur Pictet, à l'occasion des *troubles de la république de Genève* (1). Il étoit alors auprès de Madame la Dauphine.

« Monsieur, j'ai besoin de cette presse de travail pour n'être pas sans cesse occupé des malheurs de ma patrie. A portée, comme je le suis, de connoître les intentions du Roi, instruit d'ailleurs du délire opiniâtre de mes insensés concitoyens, je vois avec la plus grande douleur les malheurs qu'ils se préparent. En faisant semblant de courir après la liberté, ces malheureux vont perdre leur patrie. Les extrêmes se touchent. Ils

(1) Il est à présumer que cette lettre est apocryphe et est sortie du même malicieux encrier que la réponse que l'on verra plus loin. (Voyez au 19 mars 1767.)

étoient trop heureux. La démarche qu'ils ont faite vis-à-vis de M. le Président a paru ici un persiflage. J'ai reçu de M. Vernet une lettre, qui lui ressemble fort. Aussi ne lui ai-je pas répondu : c'est se moquer que de parler de dévouement et de respect quand on manque si solemnellement au respect et au dévouement qu'on doit à un monarque qui joue le rôle de père, et qui n'a cessé de faire ressentir les effets de sa bienveillance et de sa protection. L'orgueil ira toujours devant l'écrasement, de quelque manière qu'il se masque; vous le voyez, mon cher Monsieur, sous bien des formes. Ils feront périr ma pauvre patrie, car quand l'orgueilleux délire du jour finiroit, à moins qu'il ne finisse incessamment, les playes qu'il a déjà portées à la prospérité et au commerce, laisseront après elles des cicatrices profondes. Que sera-ce si par un abandon du ciel ces playes subsistoient encore plusieurs mois ! Le commerce et la prospérité, semblables aux rivières qui changent de lit, n'y rentrent point : la fin du délire et la misère entraînent ordinairement le désespoir après elles. Les auteurs de tant de maux en seront les victimes. Le Roi n'en démordra pas, je le tiens de sa bouche. Tout ce que je prévois, brise jour et nuit mon âme. Je ne goûte pas un moment de repos, car j'aime avec passion ma patrie. Dites ceci à qui voudra l'entendre : au moins n'aurai-je rien à me reprocher. Souvenez-vous souvent, mon cher Monsieur, que je vous l'ai dit; je vous appellerai en témoignage. En attendant, je ferai des vœux, et je gémirai en silence. » (*Mém. secr.*)

19 mars 1767. Un plaisant a répondu à M. Tronchin au nom de M. Pictet (1). On attribue même

(1) Le personnage ici mis en cause est vraisemblablement le pasteur Jean-François Pictet, bibliothécaire de la ville de Genève,

cette facétie à un grand poète, si bien accoutumé à tourner tout en ridicule.

« Monsieur, nous étions occupés, mon fils et moi, à relire les discours que je fis à Saint-Pierre aux dernières élections, et nous méditions sur le peu d'effet qu'ils ont produit, lorsque votre lettre nous est parvenue. Comme le travail ne nous enivre guere, mon fils ni moi, mon cher Monsieur, nous avons tout le loisir possible pour songer aux maux de l'état. Les bruits qui courent sur la suspension des rentes nous les font sentir vivement, et le ton pitoyable de votre lettre ajoute encore à notre affliction.

« Nous avons surtout été touchés de ces phrases, où vous dites que vous avez l'âme brisée jour et nuit, que l'orgueil va devant l'écrasement, que vous gémissez en silence; et mon fils proteste n'avoir jamais rien lu de si beau dans les sermons de son grand-père.

« Nous avons aussi admiré la noble hardiesse avec laquelle vous traitez vos concitoyens d'*insensés*, de *malheureux*, et leur démarche de *persiflage*. Mon fils approuve beaucoup la méthode d'insulter les gens, mais il avoue que depuis qu'il s'en est mal trouvé deux ou trois fois, il est résolu de ne la plus mettre en pratique, à moins qu'il n'ait, comme vous, le bonheur d'être à cent lieues des représentans. Incontinent après avoir fait nos commentaires nous avons convoqué, mon fils et moi, les négatifs au cercle des trois rois, et nous leur avons fait la lecture de votre lettre. Ils en ont été enchantés. Mais pour les représentans, le même délire, dont la fin doit être la misère et puis le désespoir,

fils du célèbre prédicateur Bénédict Pictet, aux sermons duquel la lettre fait allusion

comme vous le dites si bien, et le délire orgueilleux qui fera périr ma pauvre patrie; ce délire opiniâtre enfin, qui leur fait déserter mes sermons, leur a fait desapprouver votre épitre. Ce qui me désole, c'est qu'ils s'en moquent. L'un dit qu'elle n'est pas en François, qu'on ne dit pas *porter des playes*, mais *faire des playes* : l'autre dit que vous vous êtes belousé, lors que vous avez dit que *le roi jouoit le rôle de père;* que votre intention étoit sûrement d'exalter sa bonté, et que cette expression *le roi n'en démordra pas*, est tout aussi défectueuse. Un autre dit que les grandes phrases dont est remplie votre lettre, indiquent une extrême disette d'idées : un autre, qu'elle ressemble à des lambeaux de faux-galons appliqués sur de la futaine; un autre qu'elles sont pillées. Pour cela je ne peux plus y tenir; et je tape des pieds, en leur disant : *Hem! ne voyez-vous pas bien que l'auteur de cette lettre est un homme que le travail rendoit ivre ; et puis croyez-vous que M. Tronchin fût capable de piller les ouvrages d'autrui? Cela est bon une fois.* Au reste, mon cher Monsieur et mon ami, M. Perdriau de la Rochelle la publiera à Saint-Gervais, après avoir publié les annonces et disposé nos auditeurs par un remede préparatoire, soporifique et anodin, et un sermon de méditation. Mon fils et moi nous souffrons, nous vous aimons et vous honorons.» (*Mém. secr.*)

25 mars 1767. M. Rousseau continue à garder un silence profond. De tems en tems quelqu'un éleve la voix en sa faveur. On voit dans le N°. 3 du Sr. Fréron un article intitulé : *Sentimens d'un Anglois impartial sur la querelle de MM. Hume et Rousseau*, extraits des Papiers Anglois du mois de novembre 1766, signé *un Anglois du vieux tems hospitalier et orthodoxe*. Que ce jugement soit vrai ou controuvé par le journaliste, il est bien fait et écrit avec une candeur qui plaira. Il est en faveur de M. Rousseau, sans déguiser les torts qu'il peut avoir. M. Walpole, l'auteur de la plaisanterie du Roi de Prusse, y est sur-tout très-maltraité.

M. Rousseau doit, au reste, goûter quelque consolation par le plaisir de voir son *Devin de Village*, traduit en Anglois. En outre, un auteur, nommé M. Burney, vient d'adapter des paroles en sa langue à la Musique françoise. On a donné l'hiver cette piece au théâtre de *Drurylane*, avec un succès partagé : elle est soutenue par le parti Anglois contre le parti Ecossois, qui avoit entrepris de la faire tomber, et qui a interrompu les premieres Représentations par le bruit le plus affreux. (*Mém. secr.*)

30 mars 1767. Les passions ont tellement altéré tout ce qui s'est passé dans la querelle de M. Rousseau avec M. Hume, que les faits même dénués de certitude laissent le lecteur dans le septicisme. Dans des notes sur la lettre de M. de Voltaire, on reproduit quelques fragmens de Lettres de M. Rousseau à M. du Theil, et l'on met à la tête de ces fragmens : *Extrait des Lettres du Sr. J.-J. Rousseau employé dans la maison de M. le comte de Montaigu, écrites en 1744 à M. du Theil, premier Commis des Affaires*

Etrangeres. Ces lettres ont été conservées par hasard chez M. du Theil (1).

M. du Theil, Officier aux Gardes, a fait insérer en conséquence dans la feuille du N°. 38 du Sr. Freron une protestation (2) contre cette assertion : il y déclare qu'il a toujours ignoré l'existence de cette lettre, et paroît même la révoquer en doute.

D'autre part, on appelle M. Rousseau employé dans la maison du Comte de Montaigu, et l'on n'ignore pas qu'il étoit Secrétaire de cet Ambassadeur de France à Venise. (*Mém. secr.*)

6 avril 1767. On annonce un poëme manuscrit de M. de Voltaire, intitulé la *Guerre de Geneve* : il est en quatre chants et en vers de dix syllabes. On prétend qu'on y retrouve la même plume qui a fait la *Pucelle*. C'est plus à désirer qu'à espérer. (*Mém. secr.*)

(1) Les lettres en question sont au nombre de quatre. Elles figurent dans la Correspondance comme adressées à M. du Theil : *A Venise, le* 8 *août* 1744 *:* « Monsieur, je sais combien... »; *A Venise, le* 15 *août* 1744 *:* « Monsieur, depuis la lettre... »; *A Venise, le* 7 *octobre* 1745 : « Monsieur, j'apprends que M. le comte Montaigu... »; et *Paris, le* 11 *octobre* 1744 : « Monsieur, voici la dernière fois... ». L'édition de Neuchâtel de 1768 substitue au nom de du Theil celui d'Amelot de Chaillou.

(2) Ce que le gazetier nomme ici une protestation est plutôt de la part de du Theil fils une attestation de sa haute estime pour Rousseau. C'est la lettre, datée de Paris, le 26 décembre 1766 : *Jean-Jacques, si vous ne dédaignez pas de rire des vains efforts qu'on fait pour vous nuire...*, imprimée au tome VII de l'édition des *Œuvres diverses.* (A Neuf-Chastel, 1768). p. 456, et reproduite par Du Peyrou au tome III de son *Supplément* de 1790, parmi les pièces annexes aux *Confessions*, « lettre dit l'éditeur, qui honore trop son écrivain pour ne pas la faire connoitre ici ».

13 avril 1767. Il se répand assez généralement deux chants du poëme de M. de Voltaire sur la *Guerre de Geneve.* Le premier verse le ridicule à grands flots sur Geneve et ses habitans; il est assez gai, mais d'une gaîté grivoise, qui sent l'homme sortant de la taverne : il n'y a point de ces morceaux délicats, tels qu'on trouve dans la *Pucelle.*

Le second est une satyre horrible contre J.-J. Rousseau : il y est peint sous les couleurs les plus odieuses et les plus infames; il est fait pour intéresser en faveur de ce malheureux ses propres ennemis, et l'humanité seule réclame contre cet abominable ouvrage. (*Mém. secr.*)

18 avril 1767. On se communique l'extrait d'une Lettre d'un Gentilhomme Flamand qui voyage, précieuse par l'anecdote qu'elle contient, relative à ce qui a été dit sur la proposition faite par les Corses à J.-J. Rousseau de leur donner des loix. Voici comme l'auteur s'exprime sur cette République, etc., ou plutôt sur leur chef :

«M. Paoli est âgé de 42 ans, d'une figure mâle et belle ayant le port très noble, et l'air de ce qu'il est, du chef d'un Peuple libre. Son érudition seroit surprenante, même dans un homme de Lettres de profession : il est versé dans la Littérature Angloise et Françoise, mais Tacite et Plutarque sont ses auteurs favoris. Il est d'une éloquence admirable; je n'ai vu personne mettre autant de grâces et de force dans ses discours. Il joint à tant de talens une philosophie éclairée et exempte de toute espece de préjugé. Il a fait un bien étonnant à son pays; il a établi une police exacte, il a affermi la Constitution, qui ressemble beaucoup à celle d'Angleterre et qui me paroît excellente; il a établi à Corte une Imprimerie et une Université, dans laquelle il a su attirer des gens de mérite. Les Gazettes ont parlé des démarches qu'il a faites pour engager M. J.-J. Rousseau à se retirer dans son île. J'ai vu toute sa correspondance à ce sujet avec cet Écrivain, elle fait également honneur à l'un et à l'autre.» (*Mém. secr.*)

2 mai 1767. Quoi qu'on ait ici le cinquième et le sixième Chant de la *Guerre de Geneve*, ceux qui en sont possesseurs, ne veulent pas en laisser prendre des copies, dit-on, par égard pour l'auteur; quelqu'orduriers et quelques méchans que soient ceux que l'on connoit, on prétend que ceux-ci encherissent encore. (*Mém. secr.*)

7 mai 1767. M. de Voltaire persiste, ce semble, à vouloir ensevelir la Religion avec lui, ou avant lui : il vient de faire paroître le *Recueil Nécessaire*, espece d'Arsenal infernal où, non content de déposer toutes les armes qu'a fabriquées son impiété, il ramasse encore celles des plus cruels ennemis de tout dogme et de toute morale. Il contient :

1° Une analyse de la Religion Chrétienne par M. Dumarsais, logicien aussi redoutable par ses raisonnemens éloquens et sa dialectique vigoureuse.

2° La Confession du Vicaire Savoyard, de M. Rousseau.

3° Le Dialogue d'un honnête homme et d'un Calloyer : dont on a déjà parlé (1).

4° Le Sermon des Cinquante : aussi connu.

5° Examen important : attribué à Milord Bolingbroke, mais en effet de M. de Voltaire : c'est un développement du Sermon des Cinquante, où avec autant d'éloquence et d'érudition l'auteur a joint plus de raisonnement.

6° Lettre de Milord Bolingbroke : qui est peu de chose.

7° Dialogue entre le raisonneur et l'adorateur; ouvrage trop frivole pour le sujet, trop grâve pour le titre.

8° Dialogue d'Épictète et de son fils. (*Mém. secr.*)

30 mai 1767. On écrit de Londres, que J.-J. Rousseau s'est brouillé avec son hôte, et que dans son humeur noire il lui a écrit une Lettre semblable à celle à M. Hume, en lui disant un éternel adieu, ainsi qu'à l'Angleterre, qu'il se dispose à quitter incessamment. (*Mém. secr.*)

7 juin 1767. On écrit d'Angleterre en effet, que J.-J. Rousseau, après s'être brouillé avec M. Davemport, son hôte, lui a écrit une Lettre dans le goût de celle à M. Hume, où il lui dit un éternel adieu, ainsi qu'à la Grande Bretagne. Il a dû s'embarquer le 22 mai pour revenir en France, ou du moins pour la traverser, et se rendre d'abord à Amiens, où ses amis l'attendent. On assure que sa tête est

(1) Voyez à l'article du 31 août 1763.

bien affoiblie, et sa conduite et son silence paroissent le confirmer. (*Mém. secr.*)

11 juin 1767. On écrit d'Amiens que Rousseau s'est rendu dans cette ville, que ses partisans l'y ont accueilli avec tout l'enthousiasme qu'il est capable d'inspirer, que certains même avoient proposé de lui rendre des honneurs publics et de lui offrir les vins de ville; qu'un homme plus sage a représenté de quelle conséquence seroit un pareil éclat en faveur d'un accusé, dans les liens des décrets et dans le Ressort du même Parlement qui l'a décrété. On s'est contenté de le fêtoyer à huis clos, et il s'est rendu à Fleury, où il est chez M. de Mirabeau, l'auteur de *l'Ami des Hommes*. On continue d'assurer que le moral se ressent chez lui beaucoup du physique, qui est en très-mauvais état. (*Mém. secr.*)

1er juillet 1767. J.-J. Rousseau n'a passé que huit jours à Amiens, où, comme on l'a dit, il a été fort couru et fort célébré. M. le Prince de Conti l'a envoyé chercher à mi-chemin d'Amiens à Paris, et l'on présume qu'il est à présent à l'Isle-Adam : il déclare avoir renoncé à écrire, et paroît ne s'occuper aujourd'hui que de botanique. (*Mém. secr.*)

7 juillet 1767. Un Chirurgien de Spalding, dans le Comté de *Lincoln*, ayant écrit en latin une Lettre à M. Rousseau, dans laquelle il lui marque qu'il seroit charmé de converser avec lui à l'occasion d'une de ses dernieres productions, qui, quoique condamnée par beaucoup de gens, a plu infiniment à lui Chirurgien; le Genevois lui a fait la réponse suivante :

[Suit la lettre « A Spalding, le 13 mai 1767 ». (1), adressée *à M. E. J.* [Edmond Jessop], *chirurgien* : « Vous me parlez, Monsieur, dans une langue littéraire de sujets de littérature etc... »] (*Mém. secr.*)

9 juillet 1767. J.-J. Rousseau n'a fait que passer l'Isle-Adam, il est allé ensuite quelques jours à Fleury chez M. de Mirabeau, l'auteur de l'*Ami des hommes*, où il est resté avec beaucoup de mystere : il est actuellement en Auvergne dans le château d'un homme de qualité, qui a bien voulu l'y accueillir et y ensévelir le délire et la misere de ce Philosophe humilié. (*Mém. secr.*)

12 juillet 1767. Lettre écrite de Saint-Pétersbourg, par M. le Comte d'O... (2) à M. J.-J. Rousseau.

«Vous ne serez point étonné que je vous écrive, car vous savez que les hommes sont enclins aux singularités. Vous avez les vôtres, j'ai les miennes; cela est dans l'ordre. Le motif de cette Lettre ne l'est pas moins. Je vous vois depuis longtems passer d'un endroit à un

(1) Musset-Pathay estime que la date est erronée et qu'il faut lire 13 avril, en quoi il se trompe, la lettre latine d'Ed. Jessop étant du 4 mai. « *Die quarto Nonarum Maii.* » (*Cf. Quelques lettres de J.-J. Rousseau* (1766-1769), publiées par Théophile Dufour. Genève, imprimerie Albert Kündig, 1910, in-8°, p. 51, *note.*)

(2) Grégoire d'Orloff.

autre : j'en sais les raisons par la voix publique, et peut-être les sais-je mal, parce qu'elles peuvent être fausses. Je vous écris en Angleterre chez M. le Duc d'Henrichemont, et je suppose que vous y êtes bien. Cependant il m'a pris fantaisie de vous dire que j'ai une terre éloignée de 60 werstes de Saint-Pétersbourg, ce qui fait près de 10 lieues d'Allemagne. L'air y est sain, l'eau admirable, les côteaux qui entourent différens lacs, forment des promenades agréables, très propres à rêver. Les habitans n'entendent ni l'anglois, ni le françois, encore moins le grec et le latin. Le curé ne sait ni disputer ni prêcher. Ses ouailles en faisant le signe de la croix, croient bonnement que tout est dit. Eh bien, Monsieur, si jamais ce lieu-là est de votre goût, vous pouvez y venir demeurer; vous y aurez le nécessaire, si vous le voulez; sinon vous vivrez de la chasse et de la pêche. Si vous voulez avoir à qui parler pour vous désennuyer, vous le pouvez; mais en tout et surtout vous ne serez gêné en rien, ni n'aurez aucune obligation à personne. De plus, toute publicité sur ce séjour, si vous le souhaitez, pourroit être encore évitée; et dans ce dernier cas vous ferez bien, selon moi, si vous pouvez supporter la mer, de faire le trajet par eau; aussi les curieux vous importuneront-ils moins sur ce chemin, que sur la route de terre. Voilà, Monsieur, ce que je me suis cru en droit de vous mander, d'après la reconnoissance que je vous ai des instructions que j'ai puisées dans vos livres, quoiqu'ils ne fussent pas écrits pour moi. Je suis, etc... » (*Mém. secr.*)

13 juillet 1767. Réponse de M. J.-Jacques Rousseau à la Lettre de Petersbourg.

« Vous vous donnez, Monsieur le Comte, pour avoir des singularités, et c'en est presqu'une d'être obligeant sans intérêt, et c'en est une bien plus grande de l'être de plus loin, pour quelqu'un que l'on ne connoit pas, etc... (1) (*Mém. secr.*)

17 juillet 1767. On continue à spéculer sur les étranges obérations de M. J.-J. Rousseau : on assure qu'il jouit d'un bien-être très honnête. Il paroît constant qu'outre 1.800 livres de rentes qu'il a, il reçoit malgré toutes ses réclamations la Pension du Roi d'Angleterre, qui est de 2.000 livres (2). (*Mém. secr.*)

23 septembre 1767. L'inconstance de M. J.-J. Rousseau ne lui a pas permis de se fixer en Auvergne, il est revenu en Normandie par la même raison. Il a repris les travaux littéraires qu'il disoit avoir sacri-

(1) *A M. le Comte Orloff, en Russie,* datée d'Alton, le 23 février 1767. Rousseau répond qu'il accepterait la retraite qu'on lui offre, s'il était « moins infirme, plus allant, plus jeune » et son correspondant « plus près du soleil ».

(2) Par une lettre au général de Conway, envoyée de Wootton le 26 mars 1767, Jean-Jacques se décide à accepter la pension du roi d'Angleterre. Le 26 avril 1768, il annonce de Trie à son ami d'Ivernois son intention d'y renoncer et le 5 octobre 1768, il écrit à Du Peyrou : « Sans avoir renoncé formellement à la pension, je me suis mis dans le cas de ne pouvoir demander ni désirer même honnêtement qu'elle me soit continuée. » Plus tard, en 1771, Corancez prit sur lui de faire une démarche qui aboutit à l'envoi, de la part du ministre anglais d'une lettre de change de 6.336 livres, montant des arrérages alors échus; Rousseau s'offensa de l'indiscrète obligeance de son ami, et persista à refuser. Du Peyrou, dans le *Discours préliminaire* de son édition des *Confessions*, relate qu'après la mort de Jean-Jacques, 2.000 écus furent comptés à sa veuve par ordre du roi d'Angleterre, comme *arrérages échus de la pension qu'il n'avait pas cru devoir accepter.*

fiés à la Botanique : il continue actuellement son *Dictionnaire de Musique*, dont il envoye les feuilles à mesure à Paris : on en a déja avancé l'impression. (*Mém. secr.*)

11 novembre 1767. Amphion n'a pu tenir plus longtems, et les Directeurs ont été obligés de le réformer; ils y ont substitué le *Devin de Village.* (*Mém. secr.*)

30 novembre 1767. Le *Dictionnaire de Musique* de Jean Jacques Rousseau paroît; il mérite une discussion très ample, et l'on ne peut en rendre compte qu'après une lecture réfléchie (1). (*Mém. secr.*)

10 décembre 1767. Le *Dictionnaire de Musique* de Jean-Jacques Rousseau est incomplet à bien des égards. L'auteur a omis beaucoup de termes techniques, et grand nombre des instrumens de symphonie. Il y a quelques définitions peu exactes; mais plusieurs articles sont traités avec une profondeur hors de la portée du commun des compositeurs, et qui étonne les plus habiles. On ne conçoit pas comment un homme qui a autant senti, autant pensé, peut avoir acquis à ce degré la théorie d'un art, aussi aride et dégoûtant dans ses principes, qu'agréable dans ses effets. On retrouve dans ce livre

(1) *Dictionnaire de Musique*, par J.-J. Rousseau. A Paris, chez la veuve Duchesne, libraire rue Saint-Jacques, au Temple du goût, M.DCC.LXVIII, avec approbation et privilège du Roi, in-8° de XII et 548 pages.

tous les paradoxes que ce Philosophe a répandus dans ses autres écrits contre la Musique Françoise. Il ne paroît pas avoir rien changé de ses opinions sur ce point.

Son premier projet avoit été de réduire son Dictionnaire en un corps de systéme raisonné sur la Musique; sans rien déranger à l'ordre alphabétique, il y auroit mis des renvois : par ce moyen toutes les parties se seroient éclairées et prêté un mutuel accord. Sa patience n'a pu aller jusqu'à l'exécution d'un pareil projet. En général, on desire dans presque tous ses ouvrages cette belle unité, premiere qualité d'un chef-d'œuvre. M. Rousseau est un génie impétueux, auquel il manque le flegme nécessaire pour mettre la derniere main à ses productions. (*Mém. secr.*)

15 janvier 1768. M. Rousseau de Genève étant venu à Paris avec son Opéra des *Neuf Muses* (1), que les nouveaux Directeurs lui ont demandé, il s'en est fait une répétition chez le Prince de Conti au Temple, où l'on a conclu que cet Opéra n'étoit pas jouable.

M. Rousseau a par occasion été voir son *Devin*

(1) Veut-on parler des *Muses Galantes*, œuvre de jeunesse (1743) qu'on aurait tenté de représenter en 1768? En tous cas, le gazetier se trompe en ce qui concerne un passage de Rousseau à Paris le 15 janvier 1768. A cette date, Jean-Jacques habite Trie, sous le nom de Renou. (*Cf.* Lettres du 13 janvier 1768 à Milord Comte de Harcourt : « *Je me reprocherais*, etc... » et à M. le marquis de Mirabeau : « *J'ai, mon illustre ami*, etc... ».

de Village, il est sorti enthousiasmé du jeu de Mlle d'Ervieux. (*Mém. secr.*)

1er avril 1768. Il paroît deux nouveaux chants de *la Guerre de Geneve* (1), c'est-à-dire le 4e et le 5e qui terminent ce poëme satirique. Ils sont imprimés, ainsi que les autres. Il paroît que cette publicité est une suite de l'infidélité de M. de la Harpe. On assure que M. de Voltaire irrité de ces larcins et des tracasseries qui en résultent, a signifié qu'il ne vouloit plus recevoir chez lui tous ces petits auteurs. Ce sont ses termes. (*Mém. secr.*)

24 mai 1768. Le poëme de *la guerre de Geneve* paroît enfin complet dans toutes ses parties et orné des honneurs typographiques. Malgré la fécondité de son auteur, il semble avoir coûté à M. de Voltaire plus de temps qu'il n'en consacre ordinairement à ces sortes de productions. Il est en cinq chants. Les deux derniers n'ont rien de ces couleurs atroces répandues à grands flots dans les premiers; ils sont gais, et font honneur à l'imagination riante de ce poëte aimable. Il y a beaucoup de notes, qui servent à faire connoître tous les obscurs bourgeois de Geneve, qu'il a plu à M. de Voltaire d'illustrer, et qui sans lui n'auroient jamais été connus. (*Mém. secr.*)

(1) Le poème entier a paru en 1769 : *La guerre civile de Genève, ou les amours de Robert Covelle, augmenté du portrait de Jean-Jacques Rousseau* [par Voltaire]. A Besançon, chez Nicolas Grand, 1769, in-12.

27 juin 1768. Extrait d'une lettre du Vexin-François, le 18 juin 1768 :

« Il est très-vrai que Rousseau est ici depuis près d'un an, c'est-à-dire, depuis son retour d'Angleterre. Il est sous un nom étranger, et dans le ressort du parlement de Normandie. C'est le prince de Conti qui lui donne un asyle à Try. Quand il y vint, malgré la recommandation du prince, ses gens n'eurent pas beaucoup d'égards pour un homme simple, sans mine et qui mangeoit avec sa gouvernante.

« L'inconnu eut la délicatesse de ne point se plaindre, mais il écrivit à son protecteur de ne point trouver mauvais qu'il quittât ce lieu, et de lui permettre de se soustraire à ses bienfaits. Le prince de Conti se douta de ce qu'il en étoit; il arrive chez lui, il arrache son secret à Rousseau, il le fait manger avec lui, assemble sa maison, et menace de toute son indignation, dans les termes les plus énergiques, celui qui manquera à cet étranger.

« Du reste, il paroît faux que ce grand homme fasse imprimer à présent ses mémoires, comme on a dit; sa gouvernante assure même qu'il a tout brûlé. Il est revenu de la vanité d'auteur; à peine a-t-il une plume et de l'encre chez lui. Il botanise depuis le matin jusqu'au soir, et forme un herbier considérable; il a très-peu de relations, ne lit rien, aucun papier public, et ne saura peut-être jamais que M. de Voltaire ait fait une épître où il le plaisante » (*Mém. secr.*)

22 juillet 1678. Le bruit court que M. Rousseau est sorti de sa retraite de Try et est passé à Lyon, sans qu'on donne d'autres raisons de cette émigration que l'inconstance du personnage : on ne sait s'il restera dans cette ville, où il se trouve dans le ressort du Parlement de Paris : on présume qu'il y a conservé son nom étranger. (*Mém. secr.*)

1er août 1768. Il est très vrai que J.-J. Rousseau est parti de Try et s'est rendu à Lyon, toujours herborisant, botanisant. Cette passion l'occupe aujourd'hui tout entier. Il est resté peu de tems dans cette dernière ville, pour y voir une Dame de ses amies; il y a fait recrue de quelques enthousiastes du même genre, et le moderne Tournefort s'est mis en marche avec eux pour faire ensemble des découvertes de plantes et de simples. Ils sont actuellement dans les montagnes du Dauphiné. On juge qu'ils pénètreront jusqu'aux Alpes. Il est incroyable à quel degré le philosophe Genevois pousse l'ardeur de cette étude. On ne doute pas qu'il ne se distingue un jour dans ce genre, comme il a déjà fait dans tous ceux qu'il a embrassés. De nouvelles connoissances doivent le satisfaire d'autant plus qu'elles le mettent à même d'exercer l'amour de l'humanité dont il est si noblement dévoré, et peut-être sera-t-il plus heureux à guérir nos maux physiques, qu'il ne l'a été dans la cure de nos maux moraux. (*Mém. secr.*)

5 août 1768. On vient de remettre sous les yeux du public la querelle de deux philosophes, dont ils auroient dû pour leur gloire ne pas rendre le public témoin et juge. C'est un assez plat auteur, qui dans une brochure fort insipide récapitule ce procès célebre (1). Il est question du différend de M. Hume avec J.-J. Rousseau. L'anonyme prétend que le Genevois n'est que malade, et non pas méchant; que l'Anglois, au contraire, est malade et méchant tout à la fois. On ne croit pas que M. Rousseau adopte un pareil défenseur, plus propre à infirmer sa cause qu'à la soutenir. Par occasion ce *Scribler* (2) fait une excursion sur M. de Voltaire, et, au lieu d'adresser à ce grand homme les reproches qu'il peut mériter justement, il ressasse de vieilles calomnies répétées cent fois, et cent fois réfutées. La rage d'écrire seule peut avoir fait prendre la plume à ce méchant écrivain, et son insipide production ne fait pas plus d'honneur à son cœur qu'à son esprit. (*Mém. secr.*)

3 novembre 1768. Extrait d'une lettre de Fontainebleau, du 2 novembre :

« ... Le Roi de Danemarc est allé pour la première fois au spectacle de la Ville, où l'on a exécuté l'acte

(1) *Plaidoyer pour et contre J.-J. Rousseau et le Docteur D. Hume, l'historien anglois, avec des anecdotes intéressantes relatives à ce sujet. Ouvrage moral et critique pour servir de suite aux œuvres de ces deux grands hommes* [par Bergerat]. A Londres, et se trouve à Lyon chez Pierre Cellier, libraire quai Saint-Antoine. A Paris, chez Dufour, ci-devant au Cabinet littéraire, à présent rue de la Vieille-Draperie, au Bon Pasteur, du côté du pont Notre-Dame, vis-à-vis Sainte-Croix, en la Cité, M.DCC.LXVIII, in-12 de 298 pages. (Reproduit dans l'édition de Du Peyrou, tome XXVIII, pp. 209-412 et dans celle de Poinçot, tome XXVII, pp. 231-434.)

(2) *Scribler.* Allusion à l'*Histoire de Martinus Scriblerius, de ses ouvrages et de ses découvertes, traduit* [par Larcher] *de l'anglois de Monsieur Pope* (œuvre satirique de Pope, Arbuthnot et Swift). A Londres, chez Paul Knapton, dans Ludgate Street, M.DCC.LV, in-12.

d'*Erosine* et *le Devin de Village*, avec la décoration de diamans, qui ne cadroit pas trop au genre de ces deux drames, mais qui a frappé cette Majesté par son éclat éblouissant.» (*Mém. secr.*)

25 février 1769. M. Dupin, fermier général, vient de mourir dans un âge fort avancé. Il laisse une veuve renommée autrefois pour sa beauté et dont la maison est encore l'asyle de plusieurs académiciens. Cette virtuose a vu sa cour composée des plus illustres personnages de la littérature. M. de Fontenelle y alloit souvent. Le fameux Rousseau a été précepteur du fils de ce M. Dupin, un des plus mauvais sujets qu'on puisse trouver, et qui a fait la douleur et la honte de toute sa famille (1). M. Le Miere est encore attaché à la bru de cette Dame. On ne finiroit pas de détailler tous les hommes rares dont cette virtuose a fait les délices et l'admiration. (*Mém. secr.*)

31 juillet 1769. On ne parloit plus du célèbre Jean-Jacques Rousseau, ex-citoyen de Géneve, errant depuis son retour d'Angleterre, et qui, après avoir parcouru une partie de la France dans un enthousiasme dont il s'étoit enflammé pour la botanique, s'étoit enseveli dans les montagnes du Dauphiné, et ne paroissoit plus concentré que dans l'étude des plantes et des simples. On ne sait comment il s'est trouvé cet été rapproché du Nivernois. M. le Prince de Conti va tous les ans prendre dans

(1) Dupin de Chenonceaux. (*Cf. Confessions*, liv. VII.)

cette province les eaux minérales de Pougues; soit erreur de voyage, soit un reste de vanité, soit reconnoissance envers cet illustre bienfaiteur, il s'est trouvé à portée du Prince assez pour qu'il ait daigné le voir encore, et l'envoyer chercher plusieurs fois dans ses carosses; ce qui a donné un grand relief à M. Rousseau auprès des provinciaux de ces cantons, qui n'avoient jamais lu ses ouvrages, et ne connoissoient même pas son nom. (*Mém. secr.*)

17 septembre 1769. De la paix perpétuelle, par le Docteur Goodheurs, brochure in-8° de plus de 50 pages. Ce projet traité politiquement, par l'abbé de Saint-Pierre et par M. Rousseau de Genève, ne sert ici que de cadre au développement du Systême de tolérance que ne cesse de prêcher depuis si longtems le fameux philosophe de Ferney. Il voudroit qu'on détruisît tous les dogmes, sources intarissables de troubles et de divisions; il trace en conséquence un tableau des horreurs du fanatisme, et ce sujet remanié cent fois par le même auteur reprend sous son pinceau encore plus de chaleur et d'énergie : le fiel qu'il broye avec ses couleurs donne à sa touche tout le terrible des peintures de Michel-Ange. M. de Voltaire est toujours sublime quand il parle d'après son cœur. (*Mém. secr.*)

1er juin 1770. Extrait d'une lettre de Lyon du 28 mai 1770 :

«Le fameux Jean-Jacques Rousseau s'ennuie vraisemblablement de son obscurité, et de ne plus entendre parler de lui. Il a quitté le Dauphiné, et l'on prétend qu'il est aujourd'hui dans un petit village non loin d'ici, qu'on appelle la Frete, où l'on assure qu'il catéchise et se forme un petit auditoire. On prétend qu'il ne tardera pas à se rendre à Paris, et qu'il pourroit bien avoir la folie de vouloir faire juger son décret par le Parlement, tentative dangereuse, et dont ses amis esperent le détourner.» (*Mém. secr.*)

19 juin 1770. Le projet de dresser une statue à M. de Voltaire a été enfanté et rédigé chez Madame Necker, femme du Banquier de ce nom, qui reçoit chez elle beaucoup de gens de lettres. En conséquence, ce grand Poëte lui a adressé l'Epitre suivante :

Quelle étrange idée est venue
Dans votre esprit sage, éclairé?
Que vos bontés l'ont égarée,
Et que votre peine est perdue !
A moi, chétif, une Statue?
D'orgueil je vais être enivré.
L'ami Jean-Jacques a déclaré
Que c'est à lui qu'elle étoit dûe : (1)
Il la demande avec éclat.
L'univers, par reconnoissance,

(1) On sait, par la lettre datée de Lyon, 2 juin 1770, et adressée à M. de La Tourette, que J.-J. Rousseau se fit inscrire parmi les souscripteurs, dès qu'il eut appris qu'on formait le projet d'élever une statue à Voltaire et qu'on permettait « à tous ceux qui sont connus par quelque ouvrage imprimé de concourir à cette entreprise ». « J'ai payé assez cher, dit-il, le droit d'être admis à cet honneur pour oser y prétendre. »

Jean-Jacques souscrivit pour « deux louis ». (Voyez l'article du 22 juillet 1770.)

Lui devoit cette récompense;
Mais l'univers est un ingrat.

En beau marbre, d'après nature,
C'est vous que je figurerai,
Lorsqu'à Paphos je reviendrai,
Et que j'aurai la main plus sûre.
Ah ! si jamais, de ma façon,
De vos attraits on voit l'image,
On sait comment Pygmalion
Traitoit autrefois son ouvrage. (1)

1er juillet 1770. Jean-Jacques Rousseau, las de son obscurité et de ne plus occuper le public, s'est rendu dans cette capitale, et s'est présenté, il y a quelques jours, au café de la Régence, où il s'est bientôt attroupé un monde considérable. Notre philosophe cynique a soutenu ce petit triomphe avec une grande modestie. Il n'a pas paru effarouché de la multitude de spectateurs; et a mis beaucoup d'aménité dans sa conversation, contre sa coutume. Il n'est plus habillé en Arménien; il est vêtu comme tout le monde, proprement, mais simplement. On assure qu'il travaille à nous donner un dictionnaire de botanique.

(1) On lit, à la date du 18 octobre 1770 cette *Épigramme sur la Statue de M. de Voltaire :*

J'ai vu chez Pigal aujourd'hui
Le modèle vanté de certaine Statue.
A cet œil qui foudroye, à ce souris qui tue,
A cet air si chagrin de la gloire d'autrui,
Je me suis écrié : « Ce n'est pas là Voltaire,
C'est un monstre... » — « Oh ! m'a dit certain folliculaire,
Si c'est un monstre, c'est bien lui ! »

(Mém. Secr.)

La publicité que s'est donné l'auteur d'*Emile*, est d'autant plus extraordinaire, qu'il est toujours dans les liens d'un décret de prise-de-corps à l'occasion de ce livre, et que, dans le cas même où il auroit parole de M. le procureur-général de n'être pas inquiété, comme on l'assure, il ne faut qu'un membre de la compagnie de mauvaise humeur pour le dénoncer au parlement, s'il ne garde pas plus de réserve dans l'incognito qu'il doit toujours conserver ici. (*Mém. secr.*)

7 juillet 1770. Le Sr. Jean-Jacques Rousseau, après s'être montré quelquefois au caffé de la Régence, où son amour-propre a été flatté d'éprouver qu'il faisoit la même sensation qu'autrefois, et que sa renommée attiroit encore la foule sur ses pas, s'est enveloppé dans sa modestie; il est rentré dans son obscurité, satisfait de cet éclat momentané, jusqu'à ce qu'une autre circonstance lui donne une célébrité plus longue. On parle beaucoup de son Opéra de *Pygmalion*, ouvrage d'un genre unique, en un acte, en une scene, et n'ayant qu'un acteur. Il est en prose, sans musique vocale. C'est une déclamation forte et prononcée, dans le goût des Drames anciens, soutenue d'un accompagnement de Symphonie. Il a fait essayer sur le théâtre de Lyon cette nouveauté, qui a eu du succès. On desireroit fort la voir dans ce pays, mais on croit qu'elle sera d'abord réservée pour les Fêtes du mariage de M. le Comte de Provence. (*Mém. secr.*)

20 juillet 1770. Les nouvelles publiques ont fait mention de la catastrophe singuliere des deux amants de Lyon. On débite leur épitaphe, qu'on prétend avoir été faite par Jean-Jacques Rousseau, qui se trouvoit alors dans cette ville.

Ci gissent deux amants : l'un pour l'autre ils vécurent.
L'un pour l'autre sont morts, et les loix en murmurent :
La simple piété n'y trouve qu'un forfait;
Le sentiment admire, et la raison se tait.

(Mém. secr.)

22 juillet 1770. Quelques gens, sans doute ennemis du sieur Jean-Jacques Rousseau, prétendent qu'il est extrêmement baissé. Ce qu'il y a de sûr, c'est qu'il est beaucoup plus liant qu'il n'étoit; qu'il a dépouillé cette morgue cynique qui révoltoit ceux qui le voyoient; qu'il se prête à la société; qu'il va manger fréquemment en ville, en s'écriant que les dîners le tueront. On ne sait trop à quoi il s'occupe. On sait seulement qu'il va plusieurs fois par semaine au jardin du roi, où est la collection de toutes les plantes rares, et qu'il a été herboriser dans la campagne avec le sieur de Jussieu, démonstrateur de botanique (1).

(1) Antoine-Laurent de Jussieu, neveu de l'illustre botaniste Bernard de Jussieu. Ce dernier, alors âgé de 71 ans et atteint d'un commencement de cécité, ne professait plus effectivement.

Rousseau, dans l'introduction de son *Dictionnaire des termes de botanique*, rédigé à cette époque, dit que M. de Jussieu vient d'établir au Jardin-du-Roi la nomenclature linéenne, préférant ainsi « l'utilité publique à la gloire d'une nouvelle refonte que sembloit

Il passe pour constant qu'il a envoyé ses deux louis pour la statue de M. de Voltaire : acte de générosité bien humiliant pour ce dernier; façon bien noble de se venger de la sortie indécente et cruelle que l'autre a faite contre ce grand homme, dans le chiffon en vers qu'il a adressé à madame Necker, (1) et de s'élever infiniment au dessus de lui auprès de tous ceux qui connoissent la vraie grandeur. (*Mém. secr.*)

26 juillet 1770. Le Sr. Jean-Jacques Rousseau de Genève a herborisé dans la campagne jeudi dernier avec le sieur de Jussieu, démonstrateur de

demander la méthode des familles naturelles, *dont son illustre oncle est l'auteur* ».

D'autre part, le tome XI des *Annales du Muséum d'histoire naturelle, par les professeurs de cet établissement*, Paris, 1808, in-4°, s'ouvre sur une *Notice historique* rédigée par Antoine-Laurent de Jussieu qui, traitant de l'enseignement au Muséum, est amené à parler de soi-même à la troisième personne. Cette note établit que le jeune professeur dut *faire le cours entier* dès le commencement de l'année 1770. Dans les pages consacrées à l'enseignement de son oncle, il ne fait aucune mention de Jean-Jacques. Par contre, arrivant dans son récit à l'année 1778, il s'exprime comme suit, page 14, en note : « Les lettres perdirent encore Jean-Jacques Rous-« seau, ce qui fit nommer cette année scolaire l'année de la mort « des grands hommes. Jean-Jacques Rousseau aimoit la botanique, « sur laquelle il avoit écrit quelques lettres qu'on lit avec plaisir, « et visitoit parfois le Jardin des Plantes. Pendant cinq des « dernières années de sa vie, il assista régulièrement aux herbo-« risations que M. de Jussieu le neveu faisoit toutes les semaines « dans l'été avec M. Thouin et un petit nombre d'amis ou élèves « choisis ». (Voyez, à propos de ce texte, le *Mercure de France*, tome XCIV, 16 décembre 1911, page 868 et tome XCV, 1er et 16 janvier et 1er février 1912, pages 221, 447 et 667.)

(1) Voyez à la date du 19 juin 1770.

botanique. La présence de cet éleve célebre a rendu le concours très-nombreux. On a été fort content de l'aisance qu'il a mise dans cette société. Il a été très-parlant, très-communicatif, très-honnête; il a développé des connoissances profondes dans cet art. Il a fait beaucoup de questions au démonstrateur, qui les a résolues avec la sagacité digne de lui : et à son tour le sieur Rousseau a étonné le sieur de Jussieu, par la finesse et la précision de ses réponses. (*Mém. secr.*)

23 août 1770. Les comédiens Italiens ont député vers Jean-Jacques Rousseau, pour lui offrir ses entrées à leur spectacle, ainsi qu'à madame Rousseau. On assure qu'il les a accepté; ce qui seroit une espece d'engagement contracté de sa part de faire quelque chose pour eux : ce nouveau soutien renforceroit merveilleusement un théâtre dont le public est toujours engoué. (*Mém. secr.*)

1er janvier 1771. L'acte de *Pygmalion* du Sr. Jean-Jacques Rousseau a été communiqué à divers amateurs, dont il résulte l'analyse suivante. On voit la statue dans le fond du théâtre, voilée. Le sculpteur, déjà atteint d'une passion violente pour l'ouvrage de ses mains, a eu le courage de le soustraire à ses regards : il a peine à résister à la tentation de la revoir. Enfin sous prétexte d'avoir quelque chose encore à y corriger, il leve le voile fatal; il prend le ciseau et se dispose à rechercher les endroits défectueux, mais en vain... Il frémit, son bras se refuse à cette cruauté, il croit sentir palpiter les chairs; il tombe aux genoux de la statue; il fait une invocation à Vénus, dans le goût de celle de Lucrece. La statue s'anime; elle se tâte; elle dit : *C'est moi!* Elle touche le piedestal : *Ce n'est pas moi!* Elle approche de Pygmalion; elle y porte la main; elle s'écrie : *C'est encore moi!* Son amant, tout de feu, la serre, la presse dans ses bras, et réalise l'union dont elle a le pressentiment. Un silence éloquent termine cette scene chaude et voluptueuse.

Le poëme est en prose, mais une prose brillante, telle que les endroits les plus vifs d'*Heloïse*. Il y regne autant de sentiment que de philosophie, mais de cette philosophie éloquente qui anime, qui rechauffe, qui embrase toute la nature. L'ouvrage est fait, comme on le juge bien, pour être déclamé. L'accompagnement en musique n'est pas de Rousseau; il est d'un musicien de Lyon. On assure qu'il répond à la beauté de l'Opéra. Il doit opérer la plus grande sensation, déjà très forte à la lecture du poëme. (*Mém. secr.*)

18 mars 1772. L'Académie royale de Musique doit donner pour la clôture des spectacles pour capitation des acteurs un spectacle charmant, composé des actes du *Devin de Village*, de *Pigmalion* et de *Psyché*. Toutes les loges sont déjà louées. (*Mém. secr.*)

24 mars 1772. L'Opéra a donné hier pour la capitation les trois actes annoncés. Il y avoit, suivant l'usage, une affluence prodigieuse de spectateurs.

On a d'abord exécuté *Pigmalion.* Le sieur Le Gros a fait le rôle, c'est-à-dire l'a chanté, car il ne l'a nullement joué; on a remarqué même un contresens effroyable de sa part : dans le moment où il peint toute la violence de sa passion pour un être insensible, la statue s'anime; elle se développe, elle descend de son piédestal, elle se promène sur le théâtre comme étonnée de sa nouvelle existence, et il attend froidement qu'elle vienne à lui; et son admiration semble absorber son amour, tandis qu'il devroit être tout de feu, voler dans les bras de son amante, et ne pouvoir se lasser de vérifier par ses attouchemens, si ce n'est point une illusion.

Le rôle de la statue, extrêmement difficile à rendre par le double talent qu'elle exige pour le chant et pour la danse, a été bien joué par Mlle Dervieux. Elle a conduit avec goût, intelligence et sensibilité son filet de voix, et s'est surpassée dans l'autre genre où elle déploie depuis plusieurs années une exécution non moins savante qu'agréable. Mlle Guimard et le sieur Gardel ont enrichi les ballets d'une pantomime gaie, naturelle et ingénieuse.

Dans l'acte de *Psyché*, on a vu avec douleur manquer Mlle Arnoux; elle a été remplacée par Mlle Beaumesnil, qui a de très belles attitudes et tout l'extérieur d'une actrice faite pour plaire, mais dénuée de l'âme nécessaire au rôle de Psyché, le plus susceptible de sensibilité peut-être qu'il y ait au théâtre, par les nuances, toujours plus fortes, qu'il exige dans la gradation des tourmens que souffre cette nymphe, prodige d'amour et de constance.

Mlle Rosalie, qui a fait dans l'acte précédent le rôle de l'Amour avec toute la grâce et la noblesse possible, a joué celui de Colette dans le *Devin de Village* de la façon la plus vraie et la plus ingénieuse. Il est fâcheux que le sieur Le Gros ait substitué, dans celui de Colin, le niais au naturel, et par cette charge ridicule en ait ôté tout l'intérêt. Les demoiselles Allard et Peslin se sont distinguées dans les ballets de cet acte par un pas de deux d'une vigueur et d'une gaieté unique; Mlle Guimard et le sieur Gardel n'ont pas également réussi dans une nouvelle pantomime peu naturelle et fatigante pour l'intelligence du spectateur. (*Mém. secr.*)

28 octobre 1772. Il y a huit jours que les fragments de *Pygmalion*, de *Tyrtée* et du *Devin de Village* devoient se remettre, et ils ont été retardés par les contretems de la cour, ce qui a même occasionné qu'on a eu toutes les douleurs possibles. Quoiqu'on ne donne point d'opéra en règle à Fontainebleau, que, malgré son amitié pour le sieur La Borde, le roi ait rejeté la *Cinquantaine*, que celui-ci vouloit y faire jouer pour l'exécution plus parfaite des opéra-comiques, on prend les meilleurs sujets du grand opéra, ce qui met celui-ci dans un délabrement pitoyable. (*Mém. secr.*)

10 avril 1774. L'Epitre nouvelle de M. de Voltaire, par le *Chevalier de Morton*, *sur ces Pestes publiques qu'on appelle Philosophes*, est adressée au Comte de Tressan. Ce Seigneur étoit l'ami et le confident du Roi Stanislas, ce qui est déjà faire son éloge. Il encourageoit ce Prince dans ses bonnes actions et l'amusoit par ses Poésies et autres ouvrages de Littérature. Les vers sont précédés d'un *Avis aux Parisiens*, très futiles, où l'auteur se plaint qu'on ne veuille pas adopter ses travestissemens, qu'on altere ses manuscrits, et, en passant, rit de Jean-Jacques et déchire Freron. (*Mém. secr.*)

24 avril 1774. Vendredi, on a demandé l'auteur [*Gluck*] à l'Opéra, avec une constance qui a duré près d'un demi quart d'heure. Heureusement, on est venu avertir qu'il étoit malade et dans son lit.

M. Rousseau de Geneve s'est réconcilié avec les Directeurs de l'Opéra, par l'entremise du Chevalier Gluck (1). Celui-ci leur a fait sentir leurs torts vis-à-vis de ce grand homme ; il lui a fait rendre justice sur divers sujets d'intérêt. Il a assisté aux deux représentations d'*Iphigénie*, et convient qu'il est obligé de se dédire, qu'on peut faire de bonne musique étrangere sur des paroles françoises. Celle-ci n'est point une musique italienne, mais une

(1) Sur les sentiments de Gluck à l'égard de Rousseau musicien, voir : Wanda Landowska, *Les Allemands et la musique au XVIIIe siècle*, Paris, 1911, 16 pages in-8° (page 6).

Voir, d'autre part, le récit de Corancez, qui raconte comment Rousseau s'imagina que Gluck, en faisant de la musique sur des paroles françaises, n'avait d'autre intention que de l'offenser, et cessa de le recevoir chez lui : « Ce pauvre Gluck en pleuroit encore le lendemain. » (*Corancez*, page 38.)

musique allemande, c'est-à-dire, de l'Ecole dominante. Il n'y a dans tout l'Opéra aucune cadence, aucun fredon, etc. (*Mém. secr.*)

Paris 19 janvier 1775. M. le chevalier Gluck a été prêt depuis peu, de céder à quelques dégoûts et de nous quitter. Pour la reprise de l'Opéra d'*Iphigénie*, nos maîtres de Ballets ont cherché à faire briller leurs talens; on sait qu'à force de multiplier les Danses, ils détruisent l'intérêt de la piece, et interrompent l'ensemble de la Musique. M. Vestris, notre célebre danseur, a exigé qu'il y eût un air pour faire danser son fils. M. Gluck, outré de toutes ces tracasseries, avoit retiré son Opéra, et ce n'a été qu'après les sollicitations les plus fortes qu'il l'a rendu; aussi le public lui en a-t-il bien témoigné sa reconnoissance. Tous les avis se réunissent aujourd'hui en faveur de sa musique. Il faut avouer cependant que la mélopée italienne défigure un peu la langue Françoise. Seroit-il vrai que notre langue n'est pas propre à la musique? Celui qui a soutenu cette these, a prouvé le contraire, par son *Devin du Village*. Cet homme de génie, enflammé sans doute par les succès de M. Gluck qu'il admire, vient de changer presque toute la Musique de cet Opéra; et en se surpassant lui-même, il détrompe ceux qui avoient décidé qu'on ne pouvoit rien faire de mieux (1). (*Corr. secr. de Métra*).

(1) Voyez à la date du 20 avril 1779

De Paris, le 25 mars 1775. M. Berquin a traduit assez agréablement en vers plusieurs Idylles de M. Gesner. Il vient de donner un échantillon de sa facilité pour le genre lyrique, en mettant en vers la scène de Pygmalion, de J.-J. Rousseau. On en a fait une petite brochure ornée de jolies gravures, et où le texte même est gravé. Une Idylle de M. Berquin la termine. Elle renferme, non l'éloge, mais le récit sincère des vertus du Ministre qui régit les finances de la France. (*Corr. secr. de Mêtra.*)

De Paris, le 8 juillet 1775. Les traits d'esprit et ceux qui annoncent l'ineptie et la bêtise donnent également à rire : et réellement on riroit peu si on ne s'amusoit que des saillies ingénieuses. Jean-Jacques a eu bien raison de dire que le nombre des gens qui agissent et parlent sans penser, est le plus considérable. Je ne déciderai pas dans laquelle des deux grandes divisions morales du genre humain établies par M. Rousseau, doit être placé M. l'archevêque de Rheims; voici une réponse de lui qui peut le caractériser. Les longues et pénibles cérémonies du sacre étant finies, le Roi lui demanda s'il ne se trouvoit pas bien fatigué : Point du tout, Sire, répond le cardinal. — Ma foi, répond le monarque avec bonté, je le suis beaucoup, moi qui n'ai pas votre âge, et je vous plains. — Votre Majesté est trop bonne, dit le vieux prélat, je me sens très-bien et je suis prêt à recommencer dès demain. Le bonhomme aura été sans doute au désespoir si on lui a fait apercevoir que ce discours n'étoit rien moins que flatteur pour celui qui l'écoutoit. Ce prélat pendant le cours de sa vie a employé toutes ses facultés à faire de son mieux le métier de courtisan; Louis XV s'étoit un jour livré à une conversation gaillarde avec quelques seigneurs : M. de la Roche-Aymon entre lorsque le Roi disoit ces mots : Oh, cette besogne seroit au-dessus de mes forces ! Le Cardinal reprend sur le champ avec son ton adulateur : Sire, il n'est rien qui soit audesous de la puissance de V. M.; sa force égale sa prudence, et l'Etre suprême qui l'a comblé de ses dons... — Mais, Monseigneur, lui dit quelqu'un, savez-vous qu'il est question de filles? Il parut un peu confus; je gagerois cependant qu'il n'eut pas de regret à son compliment. (*Corr. secr. de Métra.*)

De Paris, le 22 juillet 1775. Les petits morceaux soit de prose soit de poésie qui échappent de temps en temps à M. Jean-Jacques Rousseau, font toujours regretter qu'il paroisse se refuser à des ouvrages considérables : voici une romance de sa façon dans laquelle on trouvera beaucoup de douceur et de facilité :

Au lever de l'aurore,
Sur le lit de l'amour,
Zéphir caressoit flore
Plus belle qu'un beau jour
Une jeune bergere
Auprès d'un noir cyprès,
A l'écho solitaire
Vint conter ses regrets.

Doux oiseaux de ces rives,
Pleurez, Tyrcis est mort;
Tourterelles plaintives,
Gémissez de mon sort.
Quittez, roses nouvelles,
Vos riantes couleurs,
Et vous, échos fideles,
Répétez mes douleurs.

Le rossignol sauvage
Venoit du fond des bois
Suspendant son ramage
Écouter son haubois.
Les vents alors paisibles
Murmuroient doucement,
Et les ruisseaux sensibles
Couloient plus lentement

Tyrcis le vrai modele
Des bergers amoureux,
Discret, tendre et fidele
Rendoit mes jours heureux.
Avec des violettes
Il tressoit des festons,
De rubans et d'aigrettes
Il ornoit mes moutons.

Errez à l'aventure,
A la merci des loups;
Désormais la nature
Doit prendre soin de vous
Voici ma dernière heure,
Adieu, pauvre troupeau;
Il faut bien que je meure,
Tyrcis est au tombeau !

(*Corr. secr. de Métra.*)

28 octobre 1775. Le bruit court que M. Rousseau de Genève, fatigué de son repos, va reparoître sur la scene, et que pour plus d'éclat il a choisi la Comédie françoise. On dit qu'il va donner son *Pygmalion* à ce théâtre. (*Mém. secr.*)

29 octobre 1775. Les comédiens françois annoncent en effet aujourd'hui *Pygmalion*, scene lyrique de M. J.-J. Rousseau : ce qui ne peut manquer de piquer la curiosité générale. (*Mém. secr.*)

1er novembre 1775. Pygmalion est une seule scene en prose très-accentuée: c'est un monologue très-chaud où cet Artiste fameux développe la vivacité de ses sentimens pour la statue, œuvre de ses mains. C'est un morceau de quelques minutes de lecture seulement : mais au moyen de la musique qui y est jointe, de l'ouverture, et des accompagnemens, remplissant les silences et les repos de ce soliloque, il dure une petite demi-heure. Par une bizarrerie bien digne de l'auteur, il n'a point fait toute la musique de ce petit Drame : la seule ouverture est de lui; le reste des symphonies est d'un M. Cognet (1), négociant de Lyon et amateur. Il est dommage que l'énergie de celle-ci ne réponde pas à celle du dialogue, à la situation violente de *Pygmalion.* La scene a fait la plus grande sensation : malgré cette infériorité, on peut la regarder comme un petit chef-d'œuvre, dont il faudroit cependant

(1) Voyez plus loin, article du 22 septembre 1780, *note*

supprimer quelques idées trop abstraites, quelques expressions sentant trop l'école et le dialecticien. Du reste, des peintures voluptueuses, des choses hardies, sur la fabrique des dieux, sur l'homme, sur les passions, ont scandalisé certaines gens, qui n'ont pas voulu faire attention que c'étoit un payen qui parloit.

Le Sr. la Rive a fait le rôle de *Pygmalion*, et comme c'est le premier qu'il joue d'après lui, on a été fort attentif à son exécution : elle a semblé libre, ferme, naturelle et chaude. C'est un acteur qui donne les plus grandes espérances, qui se possede et ne se livre que lorsque la passion l'exige. Mlle Raucoux a représenté la *statue* et étoit vraiment belle dans cette attitude. On a dit que c'étoit le meilleur rôle qu'elle eût encore fait. La décoration est charmante, et les comédiens se sont efforcés d'enrichir la représentation de tous les accessoires convenables. (*Mém. secr.*)

Même date. Les comédiens françois ont joué *Pygmalion* pour la première fois ces jours derniers. Larive a fait le rôle de Pygmalion. Quelques jours avant la représentation de cette pièce, les comédiens françois ont député vers M. Rousseau pour obtenir son agrément. Comme c'étoit le soir et qu'il faisoit nuit, Rousseau ne voulut point ouvrir, et leur dit à travers la porte (1). « Revenez

(1) Le comédien Larive a, plus tard, confirmé le fait dans une lettre à Petitain : « Le souvenir de mes succès en province dans « cette scène, dit-il, me fit désirer de la jouer à Paris ; comme je ne

demain. » On y retourna. « Je n'acquiesce point « à cela, mais je ne m'y oppose point. Je ne ferai « aucune démarche pour ou contre. Je vous « avertis qu'on m'a enlevé cet ouvrage, qu'on l'a « imprimé furtivement, qu'il y a beaucoup de « fautes, et que je ne veux point de part d'au- « teur. » Les comédiens ont arrêté qu'elle lui seroit toujours portée. (*Corr. secr. de Métra.*)

5 novembre 1775. Pygmalion prend avec fureur, et la singularité du spectacle est un puissant aiguillon pour le public. (*Mém. secr.*)

Paris, 11 novembre 1775. Les comédiens ont fait une espece de vol à l'opéra en transportant sur leur théâtre le *Pygmalion* de J.-J. Rousseau, ouvrage destiné par sa nature à la scène lyrique. Mlle Raucourt représentoit la statue : elle a reçu dans ce

« le pouvais pas sans le consentement de l'auteur, je me présentai « chez lui entre sept et huit heures du soir. Sa porte étant fermée « je frappai deux fois, et la dernière fois un peu plus fort. J'entendis une voix qui demanda qui étoit là. Je répondis que c'étoit une « personne qui désiroit avoir l'honneur de voir M. Rousseau pour « une affaire qui ne lui seroit peut-être pas désagréable. Il me « répondit (car c'étoit lui-même) *qu'il n'y avoit pas d'affaires « agréables pour lui à huit heures du soir.* Cette réponse, qui ne « me parut point favorable, m'intimida et je me retirai. Le lende- « main matin, je rendis compte à mes camarades de mon peu de « succès. N'osant pas retourner chez Rousseau, je priai Gourville « d'aller chez lui de la part de la Comédie françoise. Nous atten- « dîmes son retour; il revint nous annoncer que Rousseau lui avoit « dit qu'il ne s'opposoit pas à la représentation de sa pièce, et « qu'il auroit ouvert sa porte la veille, s'il avoit su qu'on venoit « de la part de la Comédie françoise. »

rôle beaucoup d'applaudissemens, ce personnage lui donnant lieu de déployer tous les avantages qu'elle a reçus de la nature. La pièce et l'actrice ont eu à partager un nombre infini de battemens de mains. La réputation de M. Rousseau emportoit tous les suffrages, et on lui doit bien cette acclamation universelle, il peut être regardé comme le premier écrivain de la nation : cependant les spectateurs rendus au silence du cabinet ont osé en appeller à la réflexion, et déjà résulte cette sorte de jugement qui selon les apparences sera en dernier ressort. L'ouvrage d'abord est très-peu de chose puisqu'il n'y a qu'une scène entre Pygmalion et sa statue; les beautés qui se trouvent dans ce morceau sont d'un recherché qui vise au métaphysique. Toutes ces petites nuances se perdent au théâtre; l'auteur est dans cette bagatelle, plus philosophe que dramatique; il a suivi en homme de génie la gradation des développemens; mais encore une fois cette succession d'idées métaphysiques peut plaire à la lecture et il faut au théâtre des traits plus marqués; il faut remuer et parler fortement au cœur ou à l'esprit. D'ailleurs, comment dans une seule scène rendre tout l'effet qui doit émaner d'une action quelconque? On a applaudi avec transport à ce que dit la statue en s'animant; elle se tâte et s'écrie: C'est moi; ensuite elle porte ses mains sur son amant, et ajoute : C'est encore moi. Ce trait en effet est charmant. Il y avoit de la musique jointe à la prose de la scène; c'est-à-dire, que lorsque l'acteur finissoit son couplet, la musique achevoit en quelque sorte ce que l'expression avoit énoncé; je crois, monsieur, que c'est ainsi que les anciens représentoient ces drames immortels admirés de nos jours. Cette musique est bien inférieure à la prose de M. Rousseau; elle est l'ouvrage d'un Lyonnois; il n'y a que deux morceaux lyriques qui appartiennent à l'auteur de la pièce. On ne croit pas que les représentations aillent loin; on veut sentir au théâtre et non raisonner; il exige de ces beautés universelles bien différentes des beautés locales. Au reste le succès de Pygmalion prouve que la nation saisit toutes les occasions de proclamer la gloire de l'homme qui a mérité le plus d'en recueillir les fruits. Si Corneille renaissoit et qu'on représentât une de ses plus mauvaises pièces, nous n'en serions pas moins empressés à couronner le grand homme et à lui témoigner notre reconnoissance pour tant de beautés prodiguées dans ses ouvrages. (*Corr. secr. de Métra.*)

De Paris, le 24 février 1776. On a réimprimé, d'après les représentations données au Théâtre françois, *Pygmalion* par M. Rousseau de Genève. La singularité de cette scène, les beautés même du monologue soutenues de tout l'art de l'acteur, ne pouvoient exciter que l'attention, la curiosité du moment, puisqu'à tout spectacle, point d'intérêt sans action, et qu'ici l'objet le plus intéressant est un personnage muet. Si l'auteur n'avoit pas voulu se borner à peindre, dans l'esprit de la fable, les mouvemens qu'auroit éprouvés l'artiste, rempli de son imagination ou de sa sensibilité, il auroit sûrement produit l'intérêt que nous regrettons, en développant par des gradations naturelles et délicatement ménagées, les perceptions de la statue, depuis qu'elle est animée jusqu'à l'instant où son âme se seroit trouvée à l'unisson de celle de l'amoureux statuaire. C'est ce qu'aucun de ceux qui ont traité ce sujet, n'a su faire encore; parce que pour l'opéra surtout, on ne cherche ordinairement que des titres et qu'on les remplit des lieux communs les plus usés, les plus insipides. Mais la moralité de cette fable, dont on s'occupe le moins, en fait peut-être tout le prix. Nous sommes tous des Pygmalions. Artistes, écrivains, originaux ou copistes, créateurs ou singes d'autrui, tous les hommes sont plus ou moins amoureux de leurs productions. En se restreignant aux seuls auteurs dramatiques, académiques, etc., on feroit une bonne parodie de la scène lyrique, applicable à tous et à chacun en particulier. (*Corr. secr. de Métra.*)

Paris, 13 avril 1776. J.-J. Rousseau a posé sa plume, et les exploits de cet athlète singulier font regretter qu'il ait quitté sitôt des armes victorieuses. (*Corr. secr. de Métra.*)

De Paris, 27 juin 1776. (Extrait d'une « *Satyre au Comte de***, par M. Robé de Beauveset.* »)

. . . .

Quel écrivain que ce fameux Cynique,
Auquel toujours l'implacable critique

En vain tenta de livrer ses assauts !
Que devant lui l'on porte les faisceaux
De l'éloquence; oui, dans l'illustre Athenes,
Son seul rival eût été Démosthenes.
Vous entendez que c'est le Génevois,
Qui fierement me fait hausser la voix.
Quel feu sorti de sa plume électrique,
Brille et s'attache à sa dialectique !
Avec quel art il orne la raison !
Qu'est notre Arouet, mis en comparaison,
Dont les flatteurs nous vantent tant la prose !
Le mot l'occupe et Jean-Jacques la chose.
Son mâle style est un feu dévorant.
De son cerveau quel rapide torrent
De sentimens et de hautes idées,
Répand par-tout ses ondes débordées !
Comme est musclé ce raisonneur profond,
Quand il combat, et pour jamais confond
Cet insensé qui veut que l'âme altiere
Soit le produit d'une vile matiere !
Que n'eût-il pas des humains mérité,
Si ne s'armant que pour la vérité,
Il n'employoit son nerf hétérodoxe,
A renforcer par fois le paradoxe !
D'autant plus même en ce cas, dangereux,
Que des mortels né le plus vigoureux,
Il n'est athlète, allant à sa rencontre,
Fort de jarret, qui puisse tenir contre;
Et que par lui le vulgaire enchaîné,
Marche à son char en esclave traîné,
Avec regret je quitte ce grand homme;
Mais en courroux, le dieu des vers me somme
D'expédier un certain avorton,
Qui sur le Pinde osant donner le ton,
Veut à chacun voir porter son écharpe.
La rime assez vous conduit à la Harpe.

. , . , ...

(*Corr. sec. de Métra.*)

De Paris, 14 septembre 1776. Les lettres et la librairie sont en fort mauvais état en Portugal, quoique cependant ce peuple ait de l'esprit et de la disposition; mais il a été fort long-temps sans application, il l'est encore, et ce n'est que depuis quelque temps que les jeunes seigneurs commencent à s'adonner à la littérature : ils sont passionnés surtout pour Voltaire, Rousseau et la nouvelle philosophie; ces jeunes Hidalgos par leur application, sont les deux comtes de Castelmelhos, les deux Lavradio, marquis de Cascaés, les comtes de Prado, da Ponte et un nommé Pinto : ils forment entre eux une petite société littéraire fort estimable, qui a déjà donné au public la traduction du théâtre de Voltaire, de la *Henriade*, d'*Emile*, de l'*Esprit des loix* et de l'*Art de la guerre*, du roi de Prusse.

On traduit continuellement des livres de chirurgie et de médecine. Peu-à-peu le goût se formera, et les Portugais sortiront plutôt de l'ignorance que leurs voisins les Espagnols. (*Corr. secr. de Métra.*)

25 octobre 1776. Le Sr. Porporati, graveur fameux, étranger, mais établi dans ce pays-ci, a fait depuis peu un dessin représentant Adam et Eve, trouvant le cadavre d'Abel tué par son frere, et apprenant par cette funeste catastrophe ce que c'est que la mort. Ce dessin gravé, avant de le mettre en vente, l'auteur a voulu l'enrichir d'une inscription : il a eu recours à M. Rousseau de Geneve et ce grand homme en a fourni sur le champ une, supérieure certainement à tout ce que l'Académie des Belles-Lettres auroit imaginé; la voici :

Prima Mors, primi Parentes, primus Luctus.
(*Mém. secr.*)

8 novembre 1776. Extrait d'une Lettre de Ferney du 30 octobre :

«Le patron se porte toujours à merveille pour son âge; il lit sans lunettes l'impression la plus fine; il a l'oreille un peu dure, en sorte que lorsqu'on fait quelque bruit, il est obligé de faire répéter, ce qui le fâche, car, quoiqu'il dise depuis vingt ans qu'il perd les yeux et les oreilles, il ne voudroit pas qu'on s'en apperçût. C'est cette envie de paroître et de briller toujours qui fait qu'il n'aime pas à se trouver et à manger en grande compagnie; le babil des femmes sur-tout l'incommode, et leur conversation frivole et décousue l'ennuye. Il ne voit point de médecin; quand sa santé l'inquiète, il consulte ses livres. Il continue à se purger trois fois par semaine avec de la casse; il ne va à la garderobe que de cette maniere. Il reste la plus grande partie de la journée au lit; il mange quelque chose quand il en a envie, il paroît le soir et soupe, mais pas toujours. Quelquefois sa casse le tracasse, et il se tranquillise. Il ne s'est pas beaucoup promené depuis que je suis ici. Il reste souvent en robe-de-chambre, mais il fait régulierement chaque jour sa toilette de propreté, et les ablutions les plus secrettes, comme s'il attendoit pour le soir quelque bonne fortune. Quand il s'habille, c'est ordinairement avec magnificence et sans goût; il met des vêtemens qui ne peuvent aller ensemble, il a l'air d'un vrai vendeur d'orviétan.

«Je n'ai plus trouvé le père Adam chez lui; il l'a renvoyé et lui fait une modique pension dans le voisinage où il demeure. Ce Jésuite lui servoit à faire sa partie aux échecs et à feuilleter des livres pour des recherches dont avoit besoin ce fécond écrivain. L'âge et les infirmités l'ont rendu impropre à ces fonctions. M. de Voltaire compare les hommes à des oranges, qu'on serre fortement pour en exprimer le jus, et dont on jette le marc ensuite comme inutile : pensée plus digne de Machiavel que de l'apôtre de l'humanité.

«Il a décidément donné Ferney à Madame Denis, sa niece. Il continue à augmenter ce lieu; il y a dépensé peut-être cent mille francs cette année en maisons. Le théâtre est charmant, avec toutes les commodités possibles pour les acteurs et actrices.

«Je juge que M. de Voltaire est fort mal servi par ses correspondans de Paris, puisqu'il ignoroit même l'existence de la Fou... (1) Je suis le premier qui lui aie

(1) Il s'agit de la *Foutromanie, poème lubrique* (attr. à Sénac de Meilhan), à Sardanapalis, 1775, in-8° de 79 pages avec 8 fig. (plusieurs fois réimprimé).

Au sujet de cette pièce, on lit à la date du 3 août 1776 : «Malgré « les recherches de la police et la sévérité exercée contre le colpor- « teur *Prot*, ses confreres ne sont point intimidés et il perce des « exemplaires de *la Foutromanie.* Ils ne se vendent pas même à un « prix proportionné aux risques que courent les marchands, « puisqu'ils sont de 12 à 9 Livres seulement. Le plus grand mérite « de cet ouvrage, c'est d'être rare : c'est un poëme en six chants, « où l'auteur a commenté fort au long la fameuse *Ode à Priape.* « Il y a quelques tirades de force, mais en petit nombre ; on ne « peut refuser du talent au poëte et sur-tout de la facilité. Il auroit « tiré un meilleur parti de son plan, s'il l'eût enrichi et égayé « d'une multitude d'anecdotes relatives aux courtisanes du jour. « On voit qu'il est peu au fait du courant. Le reproche qu'il mérite « plus essentiellement, c'est d'avoir osé mettre en scene deux « illustres Souveraines, d'avoir levé le voile sur leurs plaisirs

parlé de ce livre. Sa première question a été, y suis-je? Je lui ai répondu que non, mais bien Rousseau. Ce qui l'a affligé, car il veut qu'on parle de lui, même en mal.» (*Mém. secr.*)

Paris, 23 novembre 1776. Je ne puis pardonner à mes concitoyens leur indifférence sur l'accident qui a pensé nous enlever J.-J. Rousseau et que les gazettes vous auront appris. A peine a-t-on parlé ici de la maladie violente qui en a été la suite et qui l'a mis aux portes de la mort. Il revenait seul d'une campagne assez agréable qu'on appelle Le Pré-Saint-Gervais, et qui est aux portes de Paris. La nuit commençoit à être obscure, J.-J. n'est plus jeune, il marchoit lentement et méditoit peut-être sur les vices des hommes et leur ingratitude qu'il n'a que trop éprouvée; le carrosse d'un petit

« secrets, d'avoir ignoré, enfin, que pour peindre dignement les « amours de Jupiter et de Junon, il faut le pinceau chaste et « sublime d'Homere ». (*Mém. secr.*)

Le poème renferme au cinquième chant, page 59, dix-huit mauvais vers mettant Jean-Jacques en scène. On y lit :

> Eh ! qui ne sait que l'Écrivain d'*Émile*
> Pour sa servante éprouva de beaux feux;
> Qu'imitateur des foiblesses d'Achille,
> Sa Briséïs le rendit amoureux?...

Les figures qui ornent la publication et que Cohen attribue au burin d'Eluin, d'après les dessins de Borel, sont assez finement gravées. L'une d'elles illustre précisément les vers que nous venons de citer; elle représente Jean-Jacques et Thérèse dans une cuisine. Au premier plan, à terre, se trouve un livre ouvert, sur lequel on lit *Émile*. Cette estampe, dont nous ne pouvons décemment donner une description plus détaillée, ne nous semble pas avoir été signalée dans l'*Iconographie* de M. de Girardin.

maître (1) qui revenoit de sa petite maison où il avoit baîllé toute la journée avec sa maîtresse, suivoit ses pas au grand galop. C'est ainsi que nos Grands courent d'ennuis en ennuis. Le Philosophe surpris par le danger veut l'éviter à la hâte, il marche sur la patte d'un grand chien Danois qui couroit devant le carrosse, le chien veut se venger et collette le malheureux Rousseau, le terrasse, lui met le visage en sang et le laisse à terre sans connoissance. Telle eût été la fin de ce grand homme, si un paysan qui passoit par hasard ne l'eût aperçu dans cet état et n'eût eu l'humanité de chercher du secours à une maison encore très éloignée. Cet événement n'aura sans doute pas mis J.-J. de meilleure humeur sur le compte des hommes, qu'il déteste, je crois, quoiqu'il ne haïsse pas l'humanité qu'il a voulu servir en écrivant.

(1) Le Président de Saint-Fargeau. On lit, dans les *Mémoires secrets*, à la date du 2 octobre 1768 :

« On a exécuté ces jours-ci un arrêt du Parlement qui condamne Jean-Baptiste Jossevand, garçon épicier, Jean Lécuyer, brocanteur, et Marie Suisse, femme dudit Lécuyer, au carcan pendant trois jours consécutifs; condamne en outre ledit Jossevand à la marque et aux galères pendant neuf ans, ledit Lécuyer aussi à la marque et aux galères pendant cinq ans, et ladite Marie Suisse à être renfermée pendant cinq ans dans la maison de force de l'hôpital général, pour avoir vendu des livres contraires aux bonnes mœurs et à la Religion. Ces livres sont : *Le Christianisme dévoilé*, *l'Homme aux quarante écus*, *Ericie ou la Vestale*, lesquels ont été lacérés et brûlés par l'exécuteur de la haute justice, lors de l'exécution des coupables.

« On s'est récrié contre la sévérité d'un pareil arrêt, qu'on attribue à M. de Saint-Fargeau, Président de la chambre des vacations, homme dur et inflexible, et dont le Jansénisme rigoureux n'admet aucune tolérance. »

Le maître du carrosse ayant par hasard appris quel étoit l'homme que son chien avoit maltraité a envoyé faire des excuses au Philosophe et demander de ses nouvelles. A sa place, moi, qui ne suis pas un grand, j'y serois allé moi-même.

— Dites à votre maître, a répondu J.-J. au valet de chambre, que je suis mieux, que je le remercie de ses offres, et ne lui demande qu'une chose, la suppression d'un chien inutile et dangereux. J'espère bien ne plus m'exposer à des morsures, mais d'autres pourroient n'y pas échapper (1). (*Corr. secr. de Métra.*)

(1) Les paroles que le gazetier prête ici à Rousseau ne s'accordent pas avec le récit de Corancez, qui accourut chez Jean-Jacques le lendemain de l'accident : « Il étoit dans son lit. Je « l'aborde; jamais sa figure ne sortira de ma mémoire. Outre « l'enflure de toutes les parties de son visage qui, comme l'on sait, « en change si fort le caractère, il avoit fait coller de petites bandes « de papier sur les blessures de ses lèvres; ces blessures étoient en « long, de façon que ces bandes alloient du nez au menton. Mon « effroi fut proportionné à l'horreur de ce spectacle. Après m'avoir « rendu compte de l'accident, je vis avec grand plaisir qu'*il « excusoit le chien, ce qu'il n'eût pas fait, sans doute, s'il eût été « question d'un homme :* il auroit vu infailliblement dans cet « homme un ennemi qui depuis longtemps méditoit ce mauvais « coup; il ne vit dans le chien qu'un chien qui, me dit-il, a cherché « à prendre la direction propre à m'éviter; mais, voulant aussi « agir de mon côté, je l'ai contrarié; il faisoit mieux que moi, et « j'en suis puni... J'observerai qu'il n'étoit pas possible de se trouver « dans un état plus affligeant et plus dangereux puis que la fièvre « attestoit que la chute avoit causé dans toute la machine un « ébranlement général; mais l'accident étoit, comme je l'ai dit, « occasionné par un chien; il n'y avoit pas moyen de lui prêter des « vues malfaisantes et des projets médités : dans cet état, Rous- « seau restoit ce que naturellement il étoit lorsque la corde de ses « ennemis n'étoit pas en vibration ». (Corancez. *De J.-J. Rousseau,*

Paris 21 janvier 1777. La multiplicité incroyable de nos journaux ne suffit pas pour instruire exactement du progrès de nos connoissances les lecteurs même assez courageux pour les feuilleter tous. Cette reflexion doit faire bien augurer du succès d'un ouvrage périodique qui vient d'être annoncé. Il aura ce titre : *Les nouvelles de la République des lettres et des arts*, par M. Pahin de Champlain de la Blancherie... A la suite du *prospectus*, se trouve un échantillon de son travail; etc... [à la suite de diverses citations :]

«M. J.-J. Rousseau assistoit à une représentation d'*Orphée* (opéra de M. Gluck). Après la pièce, quelqu'un lui demanda ce qu'il pensoit de la musique. M. Rousseau, avec un visage mouillé de larmes, lui répondit : *J'ai perdu mon Euridice.* »

M. de la Blancherie a été mal instruit; M. Rousseau a fait cette réponse en sortant de l'opéra de M. Flocquet qu'on a donné immédiatement après *Orphée*, et s'il versoit des larmes, ses regrets seuls les faisoient verser. (*Corr. secr. de Métra.*)

Paris, 23 mars 1777... Un homme de lettres qui ne tient à aucun parti vient de me fournir cette notice intéressante sur J.-J. Rousseau :

«Ce grand écrivain est né à Genève de parens obscurs, mais un tel homme peut se passer aisément d'aïeux et

extrait du *Journal de Paris* des nos 251, 256, 258, 260 et 264 de l'an VI (1798). 75 pages in-8o, p. 22.

L'accident se produisit le 24 octobre 1776. (*Cf. Les Rêveries du Promeneur Solitaire*, 2e promenade.)

de titres de noblesse. Il a l'avantage de la véritable extraction : le don du génie et la supériorité de l'âme; il paroît que ses belles années se sont écoulées ou plutôt perdues dans les épreuves de l'infortune. Homère a dit que le malheur attachoit du plomb aux pieds de l'homme de talent; il y a tout lieu de croire que l'adversité étouffa les premiers élans de M. Rousseau vers les arts : peut-être aussi l'indigence donna-t-elle à son âme cette force qui est vraiment le feu sacré du génie. La vérité est que notre philosophe languit longtemps dans cette situation où l'œil dédaigneux du grand monde vous aperçoit à peine : entr'autres patrons qu'il eut, et indignes assurément de cet honneur, on peut compter Madame Dupin, veuve aujourd'hui du Fermier général de ce nom. M. Rousseau fut chargé de l'éducation du fils de cette dame, que l'on a connu dans la société sous le nom de Chenonceaux. Le jeune homme répondit peu aux soins d'un si respectable instituteur. Sans esprit, et sans désir de corriger les imperfections de la nature, il n'eut même aucune vertu, il manqua à l'honneur, à la probité, et il est mort flétri de honte et de misère. Pour M. Rousseau, il fut d'abord si méconnu dans cette maison d'insolens plébéiens qu'on le faisoit manger à l'office, tandis que de médiocres beaux-esprits avoient l'honneur de dîner avec Madame qui, selon les apparences, se repentit dans la suite de son stupide dédain. Elle s'est mise au nombre des partisans les plus zélés du sage Genevois : il est vrai que l'espèce d'amende honorable faite par cette femme à M. Rousseau a été l'effet de sa grande réputation. Nos femmes de Paris sont attachées à la mode jusques dans les opinions littéraires. Un écrivain excite-t-il quelque bruit, elles n'examinent point s'il mérite cette renommée; elles volent avec transport au-devant de l'idole public, aussi les jugemens de ce sexe si foible et si aisé à prévenir ont-ils peu de valeur aux yeux de l'homme qui pense par lui-même. L'être qui a reçu du Ciel comme M. Rousseau ce caractère si marqué de supériorité peut succomber à la tentation de concevoir quelque orgueil qu'il ne faut pas confondre avec la vanité, parce que le premier sentiment élève l'âme, la corrobore, si l'on peut parler ainsi, et l'autre la rapetisse et l'avilit à ses propres regards. La vanité est un aveu tacite de sa foiblesse; il n'est pas possible qu'un homme vain fasse quelque chose de grand; il n'est jamais bien avec lui-même; sa conscience le trahit et le désole : on peut en imposer aux autres, rarement à soi. M. Rousseau se consola donc avec le sentiment intime de ce qu'il pouvoit valoir, du rabais où sembloit le mettre l'infortune. Il ne faut pas douter que ce ne soit à cette indigence si contrariante que nous devons cette façon de penser digne d'un vrai philosophe, qui voit l'homme nud et le juge d'après cette abstraction des accessoires. Peut-être est-il permis d'accuser M. Rousseau d'une singularité qui blesse la simplicité du génie. On prétend que dans son premier ouvrage, il avoit d'abord projeté de faire l'éloge des avantages des arts et des sciences. Duclos, cet homme qui étoit parvenu à se faire un petit cercle de réputation à force de flatteries grossières et de petitesse revêtues d'un faux air de philosophie, Duclos qui connoissoit l'imbécillité du monde, que l'extravagant et l'inusité ont seuls le droit de frapper, conseilla à notre Genevois de bien se garder de suivre le grand chemin : « Voulez-vous, « lui dit-il, qu'on vous lise : ne pensez point et ne « parlez pas comme la tourbe : il vaudroit mieux « dire qu'il fait nuit en plein midi, que d'aller nous

« vanter les charmes d'un beau jour : mon ami, du
« singulier, du singulier, c'est par là qu'on fait fortune
« dans tous les genres. Vous le voyez, je ne m'habille
« jamais comme la multitude; ma perruque a-t-elle le
« costume reçu? Par là, je suis remarqué : quand
« j'entre au spectacle, on se demande quel est cet
« original, et l'on répond de suite : C'est M. Duclos;
« ordinairement on acquiert la faveur des sots grands
« en les parfumant d'encens, moi je me les suis asservis
« en les accablant des impolitesses les plus dures, et
« dans tout cela j'insinue d'adroites flagorneries.
« Revenons donc à ce que vous avez dessein de donner
« au public; soyez toujours d'un avis contraire à
« l'opinion reçue. Ainsi vous vous élèverez avec
« énergie contre les arts et les sciences; vous en ferez
« découler une foule de maux et d'inconvéniens, et
« l'on criera merveille. » (1) M. Rousseau le crut et
remporta une victoire éclatante. Il est vrai que
personne ne s'entend mieux que cet écrivain à faire
aimer le sophisme. Une dialectique profonde, une
éloquence admirable, une chaleur énergique, un style
enchanteur, voilà bien des secrets pour captiver le
public, et M. Rousseau les possède tous. Je n'entrerai
point dans la discussion sérieuse de ses ouvrages.
Tous ses sujets offrent de la singularité; son Héloïse

(1) L'auteur de l'article fait ici, sans aucune vraisemblance, jouer à Duclos le rôle qu'assigneront plus tard, avec aussi peu de raison, Dusaulx à Francueil *, La Harpe, Marmontel et Morellet à Diderot.

Voyez à la date du 21 novembre 1778 comment Corancez répond à ce sujet aux insinuations de La Harpe, et, dans la note, ce qu'en pense M. Jules Lemaître.

* (*Cf. : De mes rapports avec J.-J. Rousseau, et de notre correspondance, suivie d'une notice très importante,* par J. Dusaulx, A Paris, de l'imprimerie de Didot jeune. L'an VI (1798,) in-8° pages 21 et suivantes.)

qui, à bien des égards, est son chef d'œuvre pour la partie du sentiment et quelquefois du raisonnement, est bien au-dessous de son modèle, la *Clarisse* de Richardson. La *Julie* est bien moins intéressante que l'Angloise, souvent elle est peu naturelle; c'est une précieuse qui *meurt en faisant toilette*, si l'on peut dire, sa mort est *arrangée*. M. Rousseau dans ses écrits ne se sauve point d'un défaut qui est le péché mignon de Diderot. On peut lui reprocher une exaltation captieuse que les sots prennent pour la flamme du sentiment. Son *Émile* n'est pas un livre excellent, mais il est rempli d'admirables morceaux. Il n'est pas étonnant que M. Rousseau se soit attiré la haine philosophique, et cette haine-là a toute la fureur et toute l'activité de la haine sacrée. Les Encyclopédistes qui ont su se composer une secte imposante étoient charmés de compter M. Rousseau parmi eux; mais bientôt la jalousie les dévora. Ils virent que le public faisoit un Monarque du membre républicain, qu'il élevoit M. Rousseau, et avec raison, bien au-dessus d'eux. Dès ce moment, il n'y eut point de manœuvres, de brigues que la troupe des pseudo-philosophes ne mît en usage pour perdre ce beau génie. Ils se servirent d'un nommé Grimm qui n'avoit d'autre talent que l'adresse et la flatterie. Il parvint à causer quelque chagrin à M. Rousseau qui, sentant sa supériorité, se sépara du parti et subsista par lui-même. On le poursuivit : une politique raffinée et infernale essaya de jeter du ridicule sur ce grand homme : sensible, il prêta aisément le flanc aux traits que lançoit la main froide et étudiée de M. d'Alembert. M. de Voltaire se mit de la partie; sa rage jalouse vomit contre le respectable Genevois qui lui est bien supérieur, son infâme poème de la *Guerre de Genève*, qu'un laquais désavoueroit; il n'y a pas eu jusqu'à un médiocre Auteur, nommé Suard, que la secte a placé à l'Académie, qui ne lâchât des ruades contre M. Rousseau. Qu'en est-il arrivé? Ils l'ont tourmenté comme on voit un beau cheval d'Espagne agité par les piqures multipliées d'insectes. M. Rousseau s'est livré aux suites d'une sensibilité exercée par de trop rudes épreuves; il est devenu défiant, misanthrope, chagrin; il fuit absolument toute société, regardant tous les hommes comme un ramas de *sots méchans* et il est pénible d'être obligé de ne pas croire aux illusions de la vie. M. Rousseau a cependant conservé autant d'amis que d'admirateurs. Il a pu s'en apercevoir lors de l'accident qui a mis sa vie en danger et dont il est maintenant bien rétabli. On dit même qu'il travaille à un opéra. La postérité le regardera comme le meilleur dialecticien et l'homme le plus éloquent de son siècle. Peut-être sera-t-on fondé à lui reprocher de la singularité et de l'orgueil, mais ces deux défauts n'ont point altéré ses vertus et personne n'a plus d'humanité et de véritable sagesse. M. Rousseau sera cité comme le modèle du vrai philosophe, tandis que l'on se rira des Encyclopédistes, comme autrefois les Romains vinrent à mépriser et à chasser cette foule de sophistes qui ne les infectèrent que trop longtemps. Tu veux, mon ami, que je te salue comme un philosophe : renonce à la soif des richesses, à la vengeance avilissante, au stupide amour de toi-même; ne te regarde pas comme un Dieu auquel tu es le premier à faire des sacrifices; ne fais point le chien couchant auprès des grands; ne sois pas un menteur insigne, un flatteur à faire vomir, un monstre d'inhumanité et de perfidie, et alors je te mettrai dans cette petite classe d'hommes où M. Rousseau tiendra toujours le premier rang. (*Corr. secr. de Métra.*)

Paris, 12 avril 1777. Il circule une brochure satyrique assez plaisante, remplie de sarcasmes et de personnalités sous ce titre : *Le Pot-pourri, Etrennes aux gens de lettres*, avec cette épigraphe.

Les sots sont ici-bas pour nos menus plaisirs...

L'une des pièces du *Pot-pourri* est intitulée *Le monde bouleversé, petite vision ou prophétie de l'abbé Joachim, faite dans le douzième siècle.*

En voici quelques traits :

«Il s'élevera un homme qui voudra dominer dans l'empire littéraire. Il sera encensé par les sots. Il prêchera l'humanité et ne sera pas humain... Il voudra être tout, son siècle dira qu'il ne fut rien, etc... (*Voltaire.*)

«... On verra paroître en même temps un homme aussi extraordinaire. Il écrira contre les sciences et sera savant. Il dénigrera la musique Françoise et fera des opéra. Il pulvérisera la comédie, et en fera une détestable. Il noircira les philosophes, et le sera. Il écrira contre les romans, et en fera. Il déclamera contre les femmes, et il épousera une Xantippe. Son siècle dira qu'il ne lui manquoit que le tonneau. (*J.-J. Rousseau.*)

«Ces deux hommes célèbres auront des adorateurs, des autels, des ennemis,» etc. [Suivent des allusions à La Harpe, Diderot, l'Encyclopédie, etc...] (*Corr. secr. de Métra.*)

13 octobre 1777. Extrait d'une Lettre de Ferney, du 4 octobre :

«J'ai dîné aujourd'hui chez M. de Voltaire en très-grande compagnie. L'automne le dérange et il redoute les approches de l'hiver : il se plaint de sa strangurie, il est cassé et a la voix éteinte : mais son esprit n'a que quarante ans; il rabache moins encore dans sa conversation que dans ses écrits. Il est précis et court dans ses histoires. Comme nous avions la jolie Madame de Blot, il a voulu être galant, et il étoit plus coquet qu'elle des mines et de la langue. Pour vous donner une idée de la vigueur et de la gentillesse de son esprit, je ne vous en citerai que deux traits, ils suffiront; la Comtesse est tombée sur le Roi de Prusse et a loué son administration éclairée et incorruptible : « *Par où diable, Madame,* s'est-il écrié, *pourroit-on* « *prendre ce Prince! il n'a ni Conseil, ni Chapelle, ni* « *Maîtresse.* » On n'a pas manqué de parler de M. Necker, et j'étois curieux de sa façon de penser sur son compte. Il a apostrophé un Genevois, qui étoit à table avec nous : « *Votre République, Monsieur, doit être* « *bien glorieuse,* lui a-t-il dit : *elle fournit à la fois* « *à la France un Philosophe* (M. Rousseau) *pour* « *l'éclairer, un Médecin* (M. Tronchin) *pour la guérir,* « *et un Ministre* (M. Necker) *pour remettre ses finances;* « *et ce n'est pas l'opération la moins difficile. Il faudroit,* « a-t-il ajouté, *lorsque l'Archevêque de Paris mourra,* « *donner ce siège à votre fameux Ministre* Vernet, *pour* « *y rétablir la religion.* » Ce dernier persiflage, sans autre réflexion ultérieure, m'a décelé son jugement sur notre Directeur-Général. Je l'avois pressenti par une citation écrite de sa main au bas du portrait de M. Turgot, *ostendent nobis hunc lentum fata...* Le Marquis de Vilette étoit des nôtres et paroît goûté du patron, qui lui a dit des douceurs; je crois qu'elles sont intéressées, et qu'il s'agit de l'amadouer pour un mariage.

« Ce qui indispose encore plus le Philosophe contre M. Necker, c'est la faveur qu'il accorde à la Loterie

Royale de France, qui s'est étendue dans ces cantons. On vient d'établir à Ferney un bureau de cette Loterie; il redoute avec raison que les habitans de la colonie ne donnent dans ce piège. » (*Mém. secr.*)

11 janvier 1778. Lettre de M. J.-J. Rousseau à Mme de C*** (1).

Paris, le 9 janvier 1778.

J'ai lu, Madame, dans le n° 5 des feuilles que vous avez la bonté de m'envoyer, que l'un de Messieurs vos correspondants, qui se nomme le *Jardinier d'Auteuil*, avoit élevé des hirondelles. Je désirerois fort, etc... (2).

(Signé) J.-J. ROUSSEAU.

(*Journal de Paris*, n° 11.)

De Paris, 16 février 1778. Vous aimez J.-J. Rousseau, vous l'estimez : eh bien, Monsieur, il a un nouveau chagrin, et il paroît ne pas s'en consoler aisément. Cet éloquent écrivain avoit fait des mémoires dans lesquels tous ceux dont il avoit eu à se plaindre étoient démasqués. Ces mémoires aujourd'hui se trouvent égarés. Il soupçonne que quelqu'un les lui a volés. Il craint qu'on ne les fasse paroître et que cette production ne lui suscite de nouvelles affaires. Enfin, il est dans une agitation au-dessus de toute expression. Chacun parle diversement de cet événement. On tient à ce sujet mille

(1) Vraisemblablement Mme Olivier de Corancez, femme de l'entrepreneur du *Journal de Paris*.

(2) Cette lettre est reproduite dans la *Correspondance*.

propos opposés les uns aux autres. (*Corr. secr. de Métra.*)

De Paris, le 12 mai 1778. Je vous ai mandé il y a quelque temps qu'on avoit volé au célèbre J.-J. Rousseau ses Mémoires et que, soupçonnant ses ennemis d'en avoir escamoté le manuscrit, je désespérois de les voir jamais imprimés. Vous avez partagé mes regrets : eh bien, consolez-vous. On vient de m'assurer que ces Mémoires si intéressans par la manière dont ils sont écrits, et si curieux par les détails qu'il contiennent, sont actuellement sous presse, et qu'ils vont paroître incessamment. Vous vous doutez bien de l'impatience avec laquelle ils sont attendus. Ceux qui en ont entendu la lecture prétendent que c'est l'ouvrage le plus étonnant qui soit sorti de la plume du célèbre Genevois. On ajoute qu'ils renferment un grand nombre d'aveux très-singuliers. Il s'y accuse avec une franchise et une sincérité bien respectable, des fautes, même les plus graves qu'il a pu commettre. On raconte qu'une très-jolie femme lui demandoit un jour ce que ces Mémoires contenoient. — « J'y ai dit, répondit le Philosophe, tout le mal qu'on ne sait pas de moi, et tout le bien que je sais des autres. — En ce cas, reprit la Dame, le livre sera court. » (*Corr. secr. de Métra.*)

13 mai 1778. Dimanche dernier, on a remis le *Devin de Village*, dans lequel la Demoiselle Cécile a joué le rôle de *Colin* et Mlle d'Orival celui de

Colette. Comme il y a différentes leçons sur ces Danseuses métamorphosées en Actrices, il faut attendre que le jugement des connoisseurs soit fixé. (*Mém. secr.*)

22 juin 1778. M. Rousseau de Genève, plus ami de la retraite que jamais, vient de quitter le séjour de Paris et de se retirer à la campagne, environ à dix lieues d'ici chez un ami qui lui a offert sa terre. Comme cette nouvelle s'est répandue depuis la mort de Voltaire, on a fait courir le bruit que le sort de ce célèbre incrédule l'effrayoit et qu'il vouloit se soustraire à une persécution semblable : mais il est constaté que son évasion est antérieure (1).

On a voulu encore qu'elle fût la suite d'autres craintes qu'il avoit à l'occasion des *Mémoires de sa vie*, paroissant imprimés dans le public; mais ces Mémoires, s'ils existent, sont fort rares; personne digne de foi n'atteste les avoir lus ou même vus, et il faut savoir ce qu'ils contiennent pour raisonner pertinemment sur cet article. (*Mém. secr.*)

23 juin 1778. Entre les différentes épitaphes faites pour M. de Voltaire, il faut encore distinguer celle-ci, soit à cause de sa concision, de sa justesse et de son impartialité, soit à cause de l'illustre

(1) Rousseau a quitté Paris pour Ermenonville, le 20 mai. (*Cf.* Lebègue de Presle, *Relation ou notice des derniers jours de M. Jean-Jacques Rousseau*, page 9.) Voltaire est mort dix jours plus tard, le 30 mai.

Auteur auquel on l'attribue, M. Rousseau de Genève :

> Plus bel esprit que grand génie,
> Sans loi, sans mœurs et sans vertu,
> Il est mort comme il a vécu,
> Couvert de gloire et d'infamie (1).
>
> (*Mém. secr.*)

26 juin 1778. On confirme l'existence des Mémoires de la vie de Jean-Jacques Rousseau; on prétend qu'il y révèle ingénuement beaucoup de choses peu honnêtes et même des crimes dont il est coupable, comme vols, etc. On ajoute que M. Le Noir l'a envoyé chercher, lui a demandé s'il avouoit ce livre et les faits qui y étoient contenus? Et qu'à tout il a répondu sans aucune tergiversation et catégoriquement *oui*; que là-dessus le Lieutenant de Police lui a conseillé de quitter Paris et de se soustraire aux recherches qu'on pourroit faire : que telle est la cause de son évasion (2). Tout cela est si singulier

(1) Il y a bien peu d'apparence que ce quatrain soit de Rousseau, dont il n'exprime en aucune façon la pensée.

(2) Ce bruit a vraisemblablement pour origine la démarche que fit, en 1770 ou au plus tard en février 1771, non pas M. Le Noir, qui ne fut lieutenant de police qu'à partir de 1774, mais son prédécesseur, M. de Sartine, qui, à la requête de Mme d'Épinay, manda Rousseau auprès de lui, et lui fit suspendre les lectures des *Confessions* qu'il avait commencé à faire à quelques amis. La lettre de Mme d'Épinay au lieutenant de police mentionne que Rousseau a lu récemment son ouvrage à « M. Dorat, à M. de Pesay et à M. Dusaulx ». Cette lettre est datée simplement *vendredi 10*. Or, les relations de Dusaulx et de Rousseau ont pris fin le 16 février 1771. L'incident s'est par conséquent produit avant cette dernière date, et n'a aucun rapport avec le départ de Paris pour Ermenonville, de sept ans postérieur.

et si absurde, qu'on ne le rapporte qu'à cause du personnage fort cynique et des auteurs de ce récit qui, par leurs liaisons avec le Ministre, semblent mériter quelques créance. (*Mém. secr.*)

3 juillet 1778. — Par les informations qu'on fait journellement sur le compte de Jean-Jacques Rousseau, on a tout lieu de croire que ses Mémoires prétendus dont on parle n'existent encore que manuscrits. Il n'est point hors du royaume, comme on l'avoit dit; il est toujours chez un M. de Girardin, fameux par ses jardins Anglois, qui lui a prêté un asyle chez lui, où il botanise et se livre à son goût pour la campagne et la retraite. (*Mém. secr.*)

5 juillet 1778. Le fameux Jean-Jacques Rousseau n'a pas survêcu longtems à Voltaire; il vient de mourir dans le lieu de sa retraite à Ermenonville.

On dit aujourd'hui que les bruits qui ont couru sur lui et ses Mémoires viennent d'un *Supplément* à ses œuvres, en effet imprimé, et où il y a beaucoup de choses singulières (1). (*Mém. secr.*)

7 juillet 1778. C'est le deux de ce mois que Rousseau revenant de la promenade à neuf heures du matin, est mort d'une attaque d'apoplexie, qui n'a duré que deux heures et demie. Il avoit dessein

(1) *Supplément aux Œuvres*, publié à Bruxelles et réimprimé à Neuchâtel en novembre 1778, avec la date de 1779. Il est composé principalement des œuvres de jeunesse et de lettres à Mme de Warens. (Voyez art. du 14 nov. 1778 et du 3 janvier 1779, *note*.)

depuis quelques tems de quitter Paris; il a cédé aux instances de l'amitié et s'est établi sur la fin de Mai dernier dans une petite maison qui appartient au Marquis de Girardin, Seigneur d'Ermenonville, et située près du château.

Ce Seigneur lui a rendu les honneurs funebres : son corps, après avoir été embaumé et enfermé dans un cercueil de plomb, fut inhumé le samedi suivant 4 du présent mois, dans l'enceinte du Parc d'Ermenonville, dans l'isle dite *des Peupliers*, au milieu de la place d'eau appellée *le petit lac* et située au midi du château, sous une tombe décorée et élevée d'environ six pieds. Rousseau étoit né le 28 juin 1712. (*Mém. secr.*)

Paris, le 7 juillet 1778. Voici une nouvelle qui vous fera presque autant de sensation que celle de la mort de Voltaire, c'est celle que Jean-Jacques Rousseau est mort au château d'Ermenonville, à douze lieues d'ici. A neuf heures du matin il a été frappé d'apoplexie, et trois heures après il étoit déjà mort. Depuis longtemps il étoit très incommodé de la gravelle et d'une rétention d'urine. M. le marquis de Girardin, Seigneur du lieu, lui avoit donné depuis quelque temps une petite maison attenante à son château pour calmer les inquiétudes dont étoit tourmenté ce Philosophe, depuis le vol du manuscrit qui lui avoit été fait par sa femme, ci-devant sa servante, portée à cette affreuse perfidie par une somme de mille louis que lui a payée un certain libraire. Je n'ai pu encore me procurer même la lecture des mémoires de ce cynique moderne, tant la police en a surveillé le débit; je sais que des personnages de considération y sont maltraités, et entr'autres Madame la Maréchale de Luxembourg, qui pourtant a eu beaucoup de bontés pour l'auteur, il y a quelques années, lorsqu'il s'étoit retiré à Montmorency.

M. de Girardin a fait embaumer le corps de Rousseau et l'a fait inhumer dans une petite isle, dite *des Peupliers*, au milieu d'un étang. Le corps a été mis dans une tombe décorée et élevée à dix pieds de terre. (*Corr. secr. de Métra.*)

12 juillet 1778. Voici quelques circonstances de la mort du vraiment célèbre J.-J. Rousseau. Il avoit recommandé instamment qu'on le fît ouvrir après sa mort, de crainte d'être enterré vivant. Sa femme étoit aussi à Armenonville; elle pleuroit amèrement à côté de son mari mourant. Il fit ouvrir les fenêtres de sa chambre, et dit à sa femme : « Consolez-vous, vous voyez combien ce ciel est pur et serein; eh bien : j'y vais. » Et en même temps, il expire. Depuis peu, Monsieur, voilà pour la France, pour l'Europe, deux pertes irréparables, Voltaire et Rousseau, et quoique à la honte de la littérature, ces deux grands hommes n'aient pas été amis, il semble que la mort doit les mettre pour le talent au même niveau. Rousseau étoit plus éloquent, et malgré les calomnies de ses ennemis, sa probité étoit incontestable. Il est difficile de peindre la vertu avec tant de sensibilité sans en éprouver tous les charmes. Voltaire avoit beaucoup plus d'esprit; mais il était jaloux, vindicatif, et son âme n'étoit pas aussi belle. La *Guerre de Genève* sera une tache éternelle à sa mémoire. Voltaire au fond du cœur n'en sentoit pas moins tout ce que valoit l'immortel auteur d'*Emile*. Un jour un homme de sa connoissance lui parloit de lui. « Ah ! le bourreau ! dit Voltaire, s'il avoit voulu que nous nous entendissions, nous aurions fait une révolution dans la manière de penser, et le public n'y auroit pas perdu. » N'étoit-ce pas convenir qu'il lui manquoit ce que possédoit éminemment l'auteur du *Contrat Social*? (*Corr. secr. de Métra.*)

(*Même date*). *Epitaphe de J.-J. Rousseau* par M. l'abbé de Launay.

Jean-Jacques vint comme il s'en est allé
Pauvre Cynique et grand cerveau brûlé.
Paradoxiste sans créance,
Systématique avec outrance.
Poète naturel, orateur véhément,
Dissertateur abstrait, Musicien charmant.
L'éducation domestique
Lui dut autant que la musique,
Aux arts, il fit beaucoup de bien,
En dit du mal, n'en tira rien.

(Corr. secr. de Métra.)

16 juillet 1778. M. le Marquis de Girardin est par sa mere un petit-fils du fameux *Ath*, ce fermier général renommé pour ses richesses, dont il a eu une grande partie. Il étoit un des plus dociles disciples de Rousseau, et lui et sa femme l'imitoient en tout dans leur genre de vie très cynique. Ils ont regardé comme une bonne fortune de recueillir le cadavre du Philosophe : outre ce devoir rempli envers un grand homme, ils rendent ainsi leur jardin à l'Angloise le plus curieux par un monument unique, et l'on assure qu'ils ont commandé un Mausolée à un fameux sculpteur. (*Mém. secr.*)

20 juillet 1778. M. Diderot est un de ceux qui craignent le plus la publicité des Mémoires de Rousseau; il dit qu'ayant passé près de vingt ans de sa vie dans la plus grande intimité avec lui, il ne doute pas que ce cynique ne dissimulant rien et nommant chacun par son nom, n'ait relevé beaucoup de choses qu'il préféreroit de voir rester dans l'oubli. On jugeroit par ses discours que Rousseau étoit un méchant homme au fond. (*Mém. secr.*)

21 juillet 1778. M. Jean-Jacques Rousseau étoit fort lié avec un horloger, beau-pere du Sr. Corencé, l'un des entrepreneurs utiles du *Journal de Paris.* On croit que c'est cet horloger qui est dépositaire des papiers et autres effets littéraires de la succession de ce Philosophe. Comme on avoit fait courir des bruits sinistres sur sa mort, qu'on prétendoit volontaire, il se répand un extrait des minutes du Bailliage et Vicomté d'Ermenonville du 3 juillet, par lequel il est constaté juridiquement et d'après la visite des gens de l'art, que Rousseau est mort d'une apoplexie séreuse.

Quant aux motifs de sa retraite, ils sont également contenus dans un écrit de sa main daté du mois de Février 1777, par lequel l'on voit que forcé de quitter Paris par la modicité de son revenu, il demande une retraite. Il ne rend point compte, au surplus, des raisons qui l'avoient obligé de se priver des secours qu'il se procuroit en copiant de la musique, genre de travail dont il s'étoit abstenu depuis quelque tems. Voici ce singulier Mémoire domestique (1) :

«Ma femme est malade depuis longtems, et le progrès de son mal qui la met hors d'état de soigner son petit ménage, lui rend les soins d'autrui nécessaires à elle-même, quand elle est forcée à garder son lit. Je l'ai jusqu'ici gardée et soignée dans toutes ses maladies; la vieillesse ne me permet plus le même service. D'ailleurs le ménage, tout petit qu'il est, ne se fait pas tout seul; il faut se pourvoir au dehors des choses nécessaires à la subsistance et les préparer; il faut maintenir la propreté (*) dans la maison. Ne pouvant remplir seul tous ces soins, j'ai été forcé, pour y pourvoir, d'essayer de donner une servante à ma femme. Dix mois d'expérience m'ont fait sentir l'insuffisance et les inconvéniens inévitables et intolérables de cette ressource dans une position pareille à la nôtre. Réduits à vivre absolument seuls, et néanmoins hors d'état de nous passer du service d'autrui, il ne nous reste dans les infirmités

(1) Ce qui suit, jusqu'à la fin de l'article, est extrait par le gazetier du *Journal de Paris*, du 20 juillet 1778 (nº 201), et a été reproduit par la plupart des éditeurs de Rousseau.

(*) Il est écrit en note en cet endroit; « mon inconcevable situa-
» tion, dont personne n'a d'idée, pas même ceux qui m'y ont
» réduit, me force d'entrer dans ces détails »

et l'abandon qu'un seul moyen de soutenir nos vieux jours : c'est de trouver quelqu'asyle où nous puissions subsister à nos frais mais exems d'un travail qui désormais passe nos forces, et de détails et de soins dont nous ne sommes plus capables. Du reste, de quelque façon qu'on me traite, qu'on me tienne en clôture formele ou en apparente liberté, dans un hôpital ou dans un désert, avec des gens doux ou durs, faux ou francs, (si de ceux-ci il en est encore) je consens à tout, pourvu qu'on rende à ma femme les soins que son état exige, et qu'on me donne le couvert, le vêtement le plus simple et la nourriture la plus sobre jusqu'à la fin de mes jours, sans que je ne sois plus obligé de me mêler de rien. Nous donnerons pour cela ce que nous pouvons avoir d'argent, d'effets et de rentes, et j'ai lieu d'espérer que cela pourra suffire dans des provinces où les denrées sont à bon marché, et dans des maisons destinées à cet usage, où les ressources de l'économie sont connues et pratiquées, surtout en me soumettant, comme je fais de bon cœur, à un régime proportionné à mes moyens (1). » (*Mém. secr.*)

27 juillet 1778. On montre manuscrite la Préface des Mémoires de Rousseau. Si elle est authentique, elle donneroit lieu de croire qu'ils contiennent les

(1) Cette note, datée de février 1777, fut remise par Rousseau, en juin 1778, à un jeune chevalier de Malte nommé Flamanville, qui lui rendait visite à Ermenonville. Corancez rencontra quelque temps plus tard à l'Opéra le jeune homme qui, les yeux en larmes, lui communiqua le papier de Rousseau. (*Cf.* Corancez, *loc. cit.*, page 55.) C'est ainsi que ce texte parut pour la première fois dans le *Journal de Paris*.

faits étranges dont on a parlé et bien d'autres. C'est vraisemblablement ce qui a fait courir tous les bruits qui ont mis en l'air les amateurs et les curieux, mais inutilement jusqu'à présent. (*Mém. secr.*)

29 juillet 1778. Voici cette Préface que Rousseau destinoit à ses Mémoires ; elle est courte et en forme d'Avertissement, mais d'une tournure originale et vraiment éloquente.

Je forme une entreprise qui n'eût jamais d'exemple, etc., [les trois premiers alinéas des *Confessions*, jusqu'à : « Je fus meilleur que cet homme-là. »] (*Mém. secr.*)

1er août 1778. L'existence des Mémoires de Rousseau en manuscrit n'est plus douteuse ; M. Le Miere atteste lui en avoir entendu faire la lecture en 1771. Ce fut en faveur du Prince Royal de Suede alors à Paris ; elle eût lieu chez M. le Marquis de Pezay, et ce fut le philosophe Genevois qui lui-même en régala l'assemblée peu nombreuse. La lecture dura depuis sept heures du matin jusqu'à onze heures du soir, sauf l'intervalle du dîner et du souper ; en sorte qu'on voit que l'ouvrage est long et doit faire deux volumes bien conditionnés.

Il passe pour assez constant encore que Rousseau étant malade dangereusement, craignant de mourir et envisageant le sort funeste de Mademoiselle le Vasseur, sa femme, lui dit de ne point s'affliger sur ce qu'elle deviendroit après lui ; qu'il lui donna en même tems la clef de son secrétaire, lui en fit tirer un paquet, en lui apprenant que c'étoient ses Mémoires manuscrits, qu'elle pourroit vendre et dont elle tireroit bon parti. Si l'on en croit la suite de l'anecdote, elle se seroit laissé séduire par les offres d'un libraire étranger qui lui en auroit donné mille Louis, qui en auroit même imprimé un volume; mais qui, touché du chagrin et des plaintes du philosophe, avoit suspendu et promis de ne rien mettre en lumiere qu'après la mort. Voici le moment où il a la liberté de le faire.

On veut qu'en outre il y ait dans Paris un autre manuscrit de ces Mémoires, que tout le Parti Encyclopédique cherche à soustraire par le rôle qu'y jouent les coryphées et qu'ils savent ne devoir pas être à leur honneur. (*Mém. secr.*)

17 août 1778. Il paroît une Lettre imprimée fort rare d'un anonyme, *aux auteurs du Journal de Paris* (1). Elle est datée du 13 juillet 1778; elle roule sur la mort de Jean-Jacques Rousseau et en contient les particularités. L'écrivain semble avoir pour but de refuter tous les bruits qui ont couru à l'occasion de cet événement singulier et de justifier le grand homme mis mal à propos au rang des philosophes du jour, c'est-à-dire, de ceux qui n'ont aucune religion ni créance.

Certaines gens ne trouvent pas que le défenseur ait rempli son objet, par les circonstances de l'acci-

(1) Cette lettre, que le *Journal de Paris* n'a pas insérée, est probablement du marquis René de Girardin.

dent de Jean-Jacques, par ses propres paroles, et le genre des douleurs dont il se plaint, par la certitude qu'il a de sa fin prochaine; ils en inferent, au contraire, une suite de preuves qu'il s'est empoisonné et ne peut être péri de l'apoplexie sereuse, énoncée au procès verbal.

A l'égard de ses propos, ces mêmes critiques estiment qu'on pourroit très aisément les regarder comme ceux d'un Déiste, d'un Matérialiste, ou même d'un Athée; ils y observent en outre un amour-propre excessif et bien contradictoire avec la maniere dont Rousseau parle de lui-même dans sa Préface.

Ces réflexions caustiques n'empêchent qu'il n'y ait beaucoup de naturel et d'onction dans les phrases entrecoupées du moribond, causant avec sa femme, et qu'on ne lise avec attendrissement tout ce récit, quelque puérile et minutieux qu'il soit. (*Mém. secr.*)

De Paris, le 18 août 1778. J'ai fait un voyage à Ermenonville. Vous croyez bien que l'objet de ce pèlerinage a été de rendre hommage au tombeau qui renferme les cendres de J.-J. Rousseau. Je ne puis vous exprimer quel sentiment m'a pénétré en mettant le pied dans l'isle où ce monument est placé. Je me sentois un attendrissement mêlé de vénération. Je me surpris les larmes aux yeux, et j'aperçus que ceux qui m'accompagnoient (car on y va par troupe) éprouvoient la même sensation. Vous n'avez pas d'idée de la beauté du lieu où les restes de ce grand homme sont déposés. On y lit cette inscription que l'amitié seule a inspirée à M. de Girardin, et que ce Seigneur y a fait graver.

Ici, sous ces ombres paisibles,
Pour les restes mortels de Jean-Jacques Rousseau,
L'amitié posa ce tombeau :
Mais c'est dans tous les cœurs sensibles
Que cet homme divin qui fut tout sentiment
Doit trouver de son cœur l'éternel monument.

Après avoir vu ce tombeau, je voulus visiter l'hermitage qu'il habitoit. J'y trouvai sa femme, et je conversai beaucoup avec elle. Comme notre entretien roula principalement sur la perte qu'elle venoit de faire, et qui devient commune à tous ceux qui aiment le génie et la vertu, elle me parut pénétrée d'une profonde affliction; elle ne parla de son mari qu'avec le plus tendre respect. Je vous avouerai que je n'ai pu me défendre d'une émotion singulière. Elle m'a dit que son mari n'avoit jamais été si content, si tranquille, si gai même que depuis qu'il s'étoit déterminé à habiter cette retraite; qu'il y avoit formé le projet de recommencer à écrire, et qu'il étoit prêt à l'exécuter lorsque la mort l'a enlevé. Je ne manquai pas de l'interroger sur ces fameux mémoires, dont il a été tant parlé; elle m'a assuré que J.-J. Rousseau en avoit remis l'unique exemplaire qu'il avoit entre des mains très sûres, et qu'en les remettant, il a fait promettre que ces mémoires, ne verroient le jour que longtemps après sa mort. Elle a ajouté que l'auteur étoit bien assuré que ses intentions seroient exécutées très-rigoureusement. Ainsi, Monsieur, tous les bruits qui ont couru à ce sujet de l'impression déjà faite, du prix exhorbitant auquel on en vendoit l'exemplaire, sont absolument dépourvus de vérité.

Et pour vous convaincre de l'existence réelle de ces mémoires que quelques personnes ont voulu révoquer en doute, comme pour détruire entièrement les calomnies que répandent contre cet homme justement regretté de vils et d'obscurs ennemis, il suffit de lire cette copie d'une lettre que M. Dorat vient d'adresser au *Journal de Paris* :

« Il y a six ou sept ans, Messieurs, qu'après avoir entendu les mémoires de la vie de J.-J. Rousseau, j'écrivis la lettre que je vous envoie, à une femme digne d'apprécier ce grand'homme. Je ne sais par quel hasard je l'ai retrouvée imprimée dans un papier public. Je vous la fais passer telle que je l'ai écrite, et je vous prie de bien vouloir l'insérer dans le *Journal de Paris* (1).

« J'ai l'honneur d'être, etc...

« *A trois heures après minuit.*

« Je rentre chez moi, Madame, ivre de plaisir et d'admiration; je comptois sur une séance de huit heures, elle en a duré quatorze ou quinze; nous nous séparons à l'instant, sans qu'il y ait eu d'intervalle à la lecture, que ceux du repas dont les instants, quoique rapides, nous ont encore paru trop longs. Ce sont les mémoires de sa vie que Rousseau nous a lus. Quel

(1) *Journal de Paris* du 9 août 1778, nº 221. Cette lettre de Dorat a été plusieurs fois reproduite.

ouvrage ! Comme il s'y peint et comme on aime à l'y reconnoître ! Il y avoue ses bonnes qualités avec un orgueil bien noble, et ses défauts avec une franchise plus noble encore. Il nous a arraché des larmes par le tableau pathétique de ses malheurs et de ses foiblesses, de la confiance payée d'ingratitude, de tous les orages de son cœur sensible tant de fois blessé par la main caressante de l'hypocrisie, surtout de ces passions si douces qui plaisent encore à l'âme qu'elles rendent infortunée. J'ai pleuré de bon cœur, et je me faisois une volupté secrète de vous offrir ces larmes d'attendrissement auquel ma situation actuelle a peut-être autant de part que ce que j'entendois. Le bon J.-J., dans ces mémoires divins, fait d'une femme qu'il a adorée un portrait si enchanteur, si aimable, d'un coloris si frais et si tendre, que j'ai cru vous y reconnoître ; je jouissois de cette délicieuse ressemblance, et ce plaisir étoit pour moi seul. Quand on aime, on a mille jouissances que les indifférens ne soupçonnent même pas, et pour lesquels les témoins disparoissent.

« Mais ne mêlons rien de moi à tout cela, afin de vous intéresser davantage. L'écrit dont je vous parle est vraiment un chef-d'œuvre de génie, de simplicité, de candeur et de courage. Que de géans changés en nains ! que d'hommes obscurs et vertueux rétablis dans tous leurs droits, et vengés à jamais des méchans par le seul suffrage d'un honnête homme. Tout le monde y est nommé. On n'a pas fait le moindre bien à l'auteur qui ne soit consacré dans son livre ; mais aussi démasque-t-il avec la même vérité tous les charlatans dont ce siècle abonde.

« Je m'étends sur tout cela, Madame, parce que j'ai lu dans votre âme bienfaisante, délicate et noble, parce que vous aimez Rousseau, parce que vous êtes digne de l'admirer, enfin, parce que je me reprocherois de vous cacher une seule des impressions douces et honnêtes que mon cœur éprouve. Trois heures sonnent, et je ne m'arrache qu'avec peine au plaisir de m'entretenir avec vous; mais je vous ai offert ma première et dernière pensée; j'ai entendu la confession d'un Sage, ma journée n'est point perdue.»

« Je suis, etc...

« DORAT.»

Puis que nous venons de perdre presque à la fois les deux plus grands hommes du siècle, J.-J. Rousseau et Voltaire, on ne manquera sûrement pas de les comparer ensemble dans quelque brochure. Déjà la secte philosophique ne cesse de répandre dans le monde que J.-J. Rousseau étoit un malhonnête homme, un ingrat, et mille autres gentillesses de ce genre. Je n'aurois pas cru qu'un homme qui jamais n'a rien voulu recevoir de qui que ce soit, qui avoit peur d'avoir aux hommes la plus légère obligation, qui a vécu et est mort pauvre, pût jamais être taxé d'ingratitude. J'ai bien de la peine à croire qu'un homme qui a peint la vertu dans ses écrits *ex abundantia cordis*, tandis que la plupart de ceux qui l'accusent ne la peignent que de tête, fût un malhonnête homme. Les mêmes Encyclopédistes s'efforcent d'exalter la belle âme de Voltaire. Quoi qu'il en soit, pour vous aider à juger de la différence qui se trouvoit dans le caractère de ces deux hommes singuliers, je ne crois pas pouvoir vous en donner un exemple plus frappant qu'en mettant sous vos yeux la copie de deux lettres qui me sont tombées entre les mains. Un certain Desboulmiers, auquel on ne pensoit guère pendant sa vie, et qu'on a totalement oublié depuis qu'il est mort, avoit formé le projet de faire je ne sais quelle compilation, et pour y donner plus de succès, il avoit écrit à Rousseau et à Voltaire pour les engager à y contribuer. Voici leurs réponses. Je commence par transcrire celle de Rousseau, qui étoit ainsi figurée (1) :

<table>
<tr><td rowspan="4">« A Paris</td><td>Pauvres aveugles que nous sommes !</td><td>24</td></tr>
<tr><td>Ciel, démasque les imposteurs</td><td rowspan="2">le 17 — 70</td></tr>
<tr><td>Et force leurs barbares cœurs</td></tr>
<tr><td>A s'ouvrir aux regards des hommes.</td><td>7</td></tr>
</table>

« Je suis trop vieux, Monsieur, et j'ai trop d'occupations pour qu'il me soit permis de faire de nouvelles connoissances : quelque mérite qu'elles puissent avoir, les anciennes doivent sans contredit être préférées, et je suis même obligé d'élaguer celles-ci, faute de pouvoir y suffire. Ainsi quelque utile et agréable que pût m'être la vôtre, j'ai le regret de me voir hors d'état d'en profiter.

« Je suis très sensible à vos attentions obligeantes dans la proposition qu'il vous a plu de faire aux comédiens italiens en ma faveur. S'ils y ont déféré, c'est uniquement par considération pour vous, et je ne dois pas accepter leur invitation, puisque je ne puis vous en rendre le foible prix que vous avez jugé à propos d'y mettre.

« Je vous dois des remercîments encore pour le cadeau que vous avez la bonté de me faire de votre dernière

(1) Nous ne retrouvons pas cette lettre dans la *Correspondance* et nous croyons qu'elle n'a pas été recueillie.

production. Mais ce seroit abuser que de l'accepter, puisque je ne lis plus de livres, et que je n'ai que le moins qu'il m'est possible d'habitude avec ceux qui en font.

« Pardon des ratures, mais l'affluence des curieux oisifs ne me permet pas de transcrire ma lettre. Je vous salue, Monsieur, très humblement.

« J.-J. Rousseau. »

Vous allez voir actuellement, Monsieur, la réponse de Voltaire :

« Je vous aurois fait mes remercîments, Monsieur, à la réception de votre lettre, je vous aurois dit combien elle m'a charmé, et à quel point elle m'honore, si je n'étois attaqué d'une fluxion sur les yeux qui m'ôte l'usage de la vue, pendant quatre ou cinq mois de l'année, et qui est accompagnée d'une maladie cruelle. Vous parlez d'archives du goût; les vers qui sont dans votre lettre sont une pièce de ces archives. Le triste état où je suis ne me permet pas d'y répondre, mais ne m'empêche pas d'en sentir le prix. Si vous avez beaucoup de pièces aussi joliment écrites, je ne vous conseille pas d'en chercher d'autres. Les ouvrages parfaits sont rares et les ouvrages médiocres dans lesquels il y a de jolies choses sont innombrables. Nous avons une profusion de tout et sur-tout de journaux, et le dégoût a un peu suivi cet excès d'abondance, mais le bon sera toujours précieux.

« Je vous félicite, Monsieur, de faire votre amusement des belles-lettres, dans le loisir de la paix. Oserois-je vous supplier de présenter mes respects à M. le comte de Turpin qui joint tant d'autres mérites au mérite militaire. Je vous dois les mêmes éloges, et j'ai l'honneur d'être, avec l'estime la plus respectueuse, Monsieur, votre, etc...

« VOLTAIRE.

« Aux Délices, près Genève, 26 octobre 1756. »

Par le rapprochement de ces deux réponses, vous voyez dans l'une un homme franc, ouvert, qui dit avec assurance la vérité, et qui ne doit sa politesse qu'à la douceur de son âme et à la crainte de blesser l'amour-propre des autres. Dans l'autre, vous remarquez un homme qui craint de choquer les autres à cause de lui, il s'excuse sur une cécité qu'il n'a jamais eue; il est souple, adroit, faux, caressant pour grossir la foule de ses partisans. Il ne voit que lui en parlant aux autres. (*Corr. secr. de Métra.*)

19 octobre 1778. M. de la Borde, dans le *Prospectus* de son *Essai sur la Musique* (1), fait l'éloge de

(1) L'ouvrage annoncé par le prospectus parut deux ans plus tard : *Essai sur la musique ancienne et moderne* [par J.-B. de Laborde]. A Paris, de l'imprimerie de Ph.-D. Pierres, imprimeur ordinaire du roi, et se vend chez Eugène Onfroy, libraire, rue du Hurepoix. M.DCC.LXXX, avec approbation et privilège du Roi. 4 vol. in-4°. A cette date où les *Confessions* n'avaient pas encore été imprimées, de Laborde prétend avoir eu connaissance du manuscrit. Au tome IV, page 367, il s'exprime comme suit :
« Rousseau (Jean-Jacques), né à Genève en 1708, étoit fils « d'un Horloger. Sa mère, de la maison Bernard ou Bernardi, « originaire d'Italie, mourut en couches de lui. Son père eut une « querelle avec un officier et en ayant reçu un affront, ils se « battirent. Ayant blessé l'officier, il fut condamné à huit jours « de prison et à une légère amende; mais ne voulant subir ni l'une

cinq auteurs vivans qui ont écrit sur cette matiere. Il parle de l'ouvrage de M. d'Alembert, où l'Ecrivain éclaircit plusieurs principes obscurs de Rameau des savantes Dissertations de l'abbé Arnaud, qui se refuse de mettre au jour les fruits de ses laborieuses recherches; des ouvrages de M. l'Abbé Roussier, connu par un excellent Mémoire sur la musique des Anciens; de l'*Esssai sur l'union de la*

« ni l'autre de ces punitions, il quitta Genève et alla s'établir à « Nyons (*sic*) où il se remaria.

» Son fils, dont il s'agit dans cet article, se mit en apprentissage « chez un graveur à Genève; mais ayant la plus grande aversion « pour toute espèce de métiers, il quitta Genève en 1728; et c'est « à cette époque qu'a commencé le roman de sa vie; il parcourut « divers états, ne put rester dans aucun pays, après avoir eu une « jeunesse fort orageuse et changé plusieurs fois de religion, ne « goûta pas dans la vieillesse le repos et l'aisance que sa célébrité « aurait dû lui procurer.

« *Tout ceci,* ajoute de Laborde; *est tiré d'une vie de Rousseau « que nous avons sous les yeux, faite par lui, et écrite de sa main.* »

Mme Latour de Franqueville n'a pas manqué de relever l'invraisemblance de cette affirmation.

« Non, Monsieur, dit-elle, vous n'avez point *une vie de Rousseau, « faite par lui, et de sa main;* je nie ce fait aussi hardiment que si je « vous avois suivi depuis le berceau jusqu'à cette heure. » Elle relève l'erreur de date : « Rousseau n'étoit point né en 1708; « Monsieur, mais le 4 juillet 1712 » (ici, elle-même est trompée sur le jour, si ce n'est sur l'année). « C'est de lui-même que je le tiens: « je ne puis avoir mal entendu, car il ne me l'a point dit, il « me l'a écrit : j'ai la lettre sous les yeux, et, comme vous pouvez « vous en apercevoir, je sais lire. »

La fougueuse et vaillante amie de Rousseau a dépouillé avec soin les quatre volumes in-4° de Laborde : « De cinquante-trois passages « de cet *Essai* où vous parlez de Jean-Jacques, dit-elle, il n'y en a « que seize où vous ne l'injuriez pas ». (*Errata de l'Essai sur la musique ancienne et moderne ou lettre à l'auteur de cet essai*, par Madame ***, dans *la Vertu vengée par l'amitié*, pp. 262-348.)

poésie et de la musique, de M. le Chevalier de Chatellux, signal de la derniere révolution de la Musique en France; enfin de l'*Esai sur la révolution de la musique en France* par M. de Marmontel, dont on a parlé.

On est surpris qu'entre tous ces traités il omette le Dictionnaire de musique de Rousseau, au gré de bien des gens supérieurs à ceux-là. Il faut attribuer cette reticence à la basse jalousie de M. de la Borde contre ce grand homme, qui étoit le principe de la lettre envoyée au *Journal de Paris*, où il décrioit si indécemment le *Devin de village* et qu'on n'a pas voulu insérer parce qu'il exigeoit l'anonyme. (*Mém. secr.*)

30 octobre 1778. Lettre ouverte (anonyme) à M. de la Harpe, au sujet de son article sur J.-J. Rousseau, dans le *Mercure* du 5 octobre (1). (*Journal de Paris*, n° 303).

2 novembre 1778.

« Aux auteurs du *Journal* (de Paris).

« Messieurs. D'après la précaution que j'avois prise de déclarer que je n'avois pas l'honneur de courir la carrière des lettres, j'avois cru me permettre de ne pas signaler la Lettre que j'ai adressée à M. de la Harpe au sujet de son article sur J.-J.

(1) Nous reproduisons ce document plus loin, à la date du 21 novembre 1778, d'après la *Correspondance secrète*. La lettre anonyme est d'Olivier de Corancez, qui l'avoue trois jours plus tard. (Voyez l'article suivant.)

Rousseau, et que vous avez insérée dans votre numéro 303 (1).

« J'apprends dans ce moment avec surprise que quelques personnes l'attribuent à un homme de lettres très-connu : quoique cet Ecrivain n'ait pas à craindre que les gens de goût puissent tomber dans une pareille méprise, je crois devoir à l'admiration que j'ai pour ses talens et à ma délicatesse de ne laisser subsister aucune équivoque à cet égard.

« J'ai appris également que l'on faisoit d'un passage de ma lettre une application qui peut être très-choquante pour M. de la Harpe : je lui déclare dans ce moment, et si j'avois l'honneur d'être connu de lui, il m'en croiroit sur ma parole, que je n'ai eu aucun dessein d'attaquer sa personne; que je n'ai été entraîné que par mon respect et mon enthousiasme pour la mémoire de J.-J. Rousseau, enthousiasme qu'il partageroit sans doute et dont il pourroit s'honorer, si après une lecture réfléchie des ouvrages de ce grand homme, il l'avoit suivi comme moi dans les détails de sa vie privée.

« J'ai l'honneur d'être, etc.

« Olivier de CORANCEZ. »

(*Journal de Paris*, *n*° *306*).

5 novembre 1778. On assure que le Sr. Panckoucke ne pouvant résister à la clameur générale contre le *Mercure*, dont la nouvelle rédaction déplaît, en

(1) Voyez l'article précédent et celui du 21 novembre 1778.

a rejetté la faute sur le Sr. de la Harpe, détesté du grand nombre des gens de Lettres, lui a ôté cette partie en chef et ne le conserve que comme simple coopérateur : il est incroyable combien la fatuité de cet auteur, qui n'est pas sans mérite, lui a fait d'ennemis. Il n'est pas jusques à un Sieur Olivier de Corancès, qui se met sur les rangs et a critiqué amèrement le journaliste sur ce qu'il a dit de Rousseau (1). Ce Corancès n'est point Littérateur, c'est un Commis aux fermes; mais ayant épousé la fille du Sr. de Rumilly, fameux horloger, le compatriote et l'ami de Rousseau, il a cru devoir prendre la défense du Philosophe Genevois et profiter de cette occasion pour répandre plusieurs anecdotes le concernant qu'on ignoroit. (*Mém. secr.*)

14 novembre 1778. Je vous avois marqué que J.-J. Rousseau avoit condamné aux flammes, avant de mourir, une suite qu'il avoit faite à son immortel ouvrage d'*Emile*, un des plus beaux monumens, selon moi, s'il n'est pas le plus beau, qui soient sortis de la main des hommes. Cette nouvelle qui n'étoit que trop vraie a excité vos justes regrets : mais aujourd'hui, je viens vous apporter une bien douce consolation, en vous apprenant qu'on a retrouvé une seconde copie de cette suite, et que sa veuve se propose de la joindre à la nouvelle édition qu'elle se prépare à publier des œuvres complètes de son illustre époux. On nous fait

(1) Voyez l'article du 21 novembre 1778.

espérer aussi incessamment ses mémoires si ardemment désirés. En attendant, on vient de donner au public un recueil de ce qu'il a fait dans sa jeunesse. Je vous en entretiendrai une autre fois (1). Vous êtes sans doute curieux de voir le point d'où ce grand homme est parti, et enfin, d'examiner par vous-même, dans plusieurs lettres qu'on a rassemblées de lui, si ce caractère qui a paru si ferme et si inébranlable, dans les jours de sa gloire et de ses malheurs, étoit le même dans un temps où il ignoroit la célébrité qu'il devoit avoir un jour. Ce recueil contient encore plusieurs drames en vers et des épîtres qui doivent au moins indiquer l'homme sensible et le philosophe, s'ils n'annoncent point le poête. (*Corr. secr. de Métra.*)

(*Même date*). Comme vous chérissez la mémoire de Jean-Jacques Rousseau, les moindres anecdotes qui regardent ce philosophe non moins vertueux qu'éloquent, vous intéressent. Je ne crois donc pas devoir vous laisser ignorer celle qu'on vient de m'apprendre. M. le marquis de Gérardin chez qui logeoit J.-J. Rousseau, avoit un fils de dix à douze ans, que le citoyen de Genêve avoit pris en amitié, et sur l'éducation duquel il vouloit bien veiller. Le jeune homme avoit répondu à la tendresse de son mentor et profitait avec empressement de ses conseils et de ses leçons. Tous les jours à une certaine heure marquée, l'un et l'autre ne manquoient

(1) Voyez à la date du 3 janvier 1779

pas de se rendre dans un bosquet du parc, de là, le vertueux Rousseau discouroit avec son élève qui ne se lassoit point de l'entendre, et qui ne cessoit de lui donner des marques de la plus tendre reconnoissance. Un jour, J.-J. rencontra le jeune homme dans le salon, et le jeune homme feignit de ne le point apercevoir et ne lui dit rien. Rousseau surpris se rendit selon sa coutume dans le bosquet, attendit quelque tems l'élève qui n'y parut point. Le cœur sensible de Rousseau est déchiré. Il ne peut supporter le changement de son disciple. Il rentre chez lui plongé dans une mélancolie profonde. Sa femme lui en demande le sujet. —« Je suis bien malheureux, dit-il, je ne puis pas parvenir à me faire aimer même d'un enfant. » Et cet accident qui ne seroit rien ou du moins qui seroit peu de chose pour un homme ordinaire, fit dans le cœur sensible de Rousseau une plaie profonde, dont il eut toutes les peines du monde à guérir. Il en fut long-tems inconsolable. (*Corr. secr. de Métra*).

(*Même date*). M. d'Alembert qui a ajouté 600 livres au prix de poésie dont l'Académie françoise a proposé pour sujet l'éloge de Voltaire, vient de faire présent à cette académie du superbe buste de l'auteur de *Zaïre* par Houdon, chez lequel tout Paris va voir les bustes de J.-J. Rousseau, de M. Francklin, et de M. d'Alembert. On n'a point d'idée de la ressemblance frappante de ces portraits. M. Houdon a une manière qui lui est propre pour rendre les yeux. Jamais on n'a poussé plus loin la sculpture dans ce genre. Elle est, selon moi, au-dessus de la peinture. (*Corr. secr. de Métra*).

De Paris, le 21 novembre 1778. Le fameux critique vient de donner à l'Europe une nouvelle scène qui fait l'amusement de tout Paris. Il a envoyé un cartel très-plaisant au rédacteur du *Courrier de l'Europe.* Ce rédacteur en a fait voir tout le ridicule en lui donnant le choix des armes, *depuis l'épingle jusqu'au canon.* Il a ajouté que, ne pouvant faire de lui un soldat, il en feroit un tambour; plusieurs plaisans ont écrit au Fameux critique en le qualifiant de *Tambour de l'Académie.* On lui a adressé dernièrement cette lettre (1), au sujet de la critique aussi sotte qu'indécente qu'il a osé faire de J.-J. Rousseau dans le *Mercure* :

« *A M. de la Harpe, sur son article concernant Jean-Jacques Rousseau.*

«Monsieur,

«Éloigné par état de la carrière des lettres, je suis assez indifférent sur les petites tracasseries qu'ont entre eux ceux qui les cultivent. J'avois ignoré jusqu'à présent comment et pourquoi vous aviez le grand

(1) Cette lettre, répondant à un article de La Harpe publié dans le *Mercure* du 5 octobre 1778 (et reproduit pages 21 à 44 du recueil : *Anecdotes pour servir à la Vie de J.-J. Rousseau, suite du supplément à ses oeuvres.* Amsterdam, et Lausanne F. Grasset, 1779, in-8°), est d'Olivier de Corancez et venait de paraître dans le *Journal de Paris* du 30 octobre, n° 303. (Voyez aux dates des 30 octobre, 2 et 5 novembre 1778). Mme Latour de Franqueville la commenta dans le n° 53 de l'*Année littéraire* en une lettre adressée à Fréron fils, datée du 4 novembre 1778 et signée D. R. G. (reproduite dans *La*

nombre d'ennemis dont vous vous plaignez et que vous défiez cependant avec tant de courage; mais je ne le reconnois qu'avec chagrin. J'avois cependant remarqué avec une certaine répugnance, que six semaines au plus après la mort de Voltaire, vous aviez voulu le juger, et qu'au lieu de voir dans ce grand homme l'auteur de *Mérope*, d'*Alzire*, de *Mahomet*, etc., vous aviez affecté de ne nous montrer que celui de *Zulime;* mais, par suite de ma bonhomie, je trouvois encore le moyen de vous excuser. Je concevois que travaillant pour le théâtre, vous pouviez avoir le désir de vous placer à côté de cet homme célèbre; et ne pouvant monter jusqu'à lui, il me paroissoit assez naturel que vous voulussiez l'abaisser jusqu'à vous, non pas que l'un ne me parût aussi impossible que l'autre; mais je louois votre intention.

« J'arrive de la campagne et je lis dans votre *Mercure* du 5 de ce mois : « On souffre pour l'amusement « de la malignité que le talent dans un homme vivant « soit déchiré; mais ce talent n'est jamais plus intéres- « sant que lorsqu'il disparoît pour toujours. Il faut « l'avouer, ce sentiment est équitable; la tombe sollicite « l'indulgence en inspirant la douleur, et il y a un « temps à donner au deuil du génie avant de le juger. »

« Qui se seroit attendu que cette belle tirade dût amener un jugement sur les ouvrages et la personne de J.-J. Rousseau, et une critique aussi amère que peu fondée de l'un et de l'autre? Il suit de là, ou que vous ne mettez dans la classe des hommes de génie ni

Vertu vengée par l'amitié, 30e vol. de l'édition de Rousseau publiée par Du Peyrou en 1782, pages 93 et suivantes).

Corancez a reproduit fragmentairement sa lettre à La Harpe à la suite de sa publication sur Rousseau, en 1798. Nous croyons nécessaire de la donner ici *in-extenso*.

Voltaire, ni Rousseau, ou que vous bornez à bien peu de jours le deuil que vous devez en porter. Nous les pleurerons, Monsieur, nous les pleurerons encore longtems.

Le premier ouvrage de Rousseau, selon vous, est le moins estimable de tous. « Il commença dites-vous, « la réputation de son auteur, quoiqu'il ne prouve que « le talent facile de mettre de l'esprit dans un paradoxe. « Ce discours entier n'est qu'un sophisme continuel, « *fondé sur un artifice commun et aisé.* Le *Discours sur « l'Inégalité* n'est que la suite des mêmes paradoxes et « un sophisme qui tombe devant une vérité simple... » Vous avouez qu'il dut avoir et qu'il a même encore beaucoup d'enthousiastes parmi les femmes et les jeunes gens; mais qu'il est jugé plus sévèrement par les hommes mûrs, qui le placent cependant dans le rang des plus grands prosateurs, jugement dont il ne peut se plaindre.

« Je vous demanderai d'abord, si les ouvrages de Rousseau sont nécessairement de la compétence du *Mercure;* car il me semble que pour en parler comme vous faites, il faudroit pouvoir vous excuser sur la nécessité. Je vous demanderai ensuite si c'est en quatre pages in-douze que vous prétendez réfuter les deux discours qui ont commencé et qui seuls auroient fait la réputation de ce grand homme. Vous prouvez, et j'en suis fâché, que non seulement vous n'avez pas entendu un mot du premier, mais que vous n'avez pas même conçu la question; car qu'importe que vous prouviez, ce que vous êtes bien éloigné de faire : que les lettres peuvent ajouter aux vices d'un homme déjà corrompu, mais qu'elles ne corrompent point l'individu qui les cultive. Cette question n'a point été proposée, et Rousseau ne l'a point examinée. Il s'agissoit de savoir si le rétablissement des Sciences et des Arts avoit influé sur les mœurs générales, c'est-à-dire sur ceux mêmes qui ne les cultivent pas, et c'est ce que Rousseau a discuté.

« Mon intention n'est pas de soutenir contre vous les ouvrages du plus profond et du plus éloquent des Philosophes; ils subsisteront malgré votre critique et se défendront eux-mêmes. Nous ne nous informons pas, pour régler notre opinion, comment les Mercures de la Grèce et de Rome traitoient les Socrate, les Démosthène, les Cicéron et les Virgile; je désire que la postérité puisse juger entre la lettre sur les spectacles et la réponse de M. Marmontel, dont vous faites tant de cas. Je ne vous tairai pas cependant que j'ai ri de bon cœur de l'embarras où vous paroissez être pour assigner un rang à Rousseau; car encore falloit-il, comme Sosie, qu'il fût quelque chose. Vous vous êtes souvenu heureusement de la distinction établie par le maître à écrire de M. Jourdain, que tout ce qui n'est point vers est de la prose, et voilà, pour vous mettre hors de page, Rousseau au rang des bons prosateurs; et ce sont des gens mûrs qui vous ont dit cela ! Il faut être bien mûr, en effet pour ne voir dans Rousseau que de la prose.

« Après nous avoir ainsi éclairés sur les ouvrages de Rousseau, vous jugez sa personne et vous descendez dans sa conscience, à l'exemple de ces faiseurs de Romans, dont il parle lui-même, qui savent tout ce qui se passe dans le cœur de leurs héros. Vous prétendez qu'il ne pensoit pas un mot de ce qu'il disoit lorsqu'il prenoit le parti des mœurs contre les lettres, et vous fondez cette opinion sur une anecdote que vous rapportez en ces termes : « Quel parti prendrez-vous, « dit un homme célèbre à Rousseau qui vouloit com- « poser pour l'Académie de Dijon? Celui des lettres,

« dit Rousseau; non, lui répondit l'homme de lettres
« célèbre, c'est le pont aux ânes, prenez le parti
« contraire, et vous verrez quel bruit vous ferez. »

D'abord que fait à la question l'opinion prétendue d'un auteur lorsqu'il donne des raisons? Mais comment ne vous êtes-vous pas aperçu que cette anecdote, telle que vous la rapportez, est du nombre de celles qu'on laisse tomber malicieusement pour examiner ceux qui les ramassent? Ne voyez-vous pas qu'elle intéresse encore plus l'homme célèbre que vous désignez (1), qui n'eût jamais dit *le pont aux ânes* et *le bruit que vous ferez?*

(1) Il veut laisser entendre le nom de Diderot. Marmontel et Morellet racontent la même histoire dans leurs *Mémoires.* Voyez la note à l'article du 23 mars 1777.

Commentant ce passage, Mme Latour de Franqueville estime que Corancez n'a pas relevé avec assez de fermeté le propos calomnieux : « Si un homme de lettres, dit-elle, avoit l'audace
« de dire : *C'est moi qui ai donné à Rousseau le conseil qui lui*
« *a valu la couronne académique*, mille voix s'élèveroient pour lui
« répondre : *Vous êtes un imposteur.* Celui qui a renoncé à la
« fortune, sacrifié sa liberté, exposé sa vie par attachement à la
« vérité ou aux sublimes erreurs qu'il prenoit pour elle, n'a
« jamais établi ce qu'il ne pensoit pas. C'est pour cela que son
« éloquence étoit si soutenue, si magnifique, si entrainante : l'éner-
« gie naît de la persuasion. Voilà, Monsieur, d'où il semble que
« M. de Corancez devoit partir pour nier qu'un homme de lettres
« eût tenu le propos cité, et non pas sur sa trivialité. »

Pour nous, nous croyons que Diderot a très bien pu verbalement mettre en circulation la calomnie, qu'il a modifiée plus tard sensiblement, en la rédigeant par écrit. « Lorsque le programme de
« l'Académie de Dijon parut, il (Rousseau) vint me consulter
« sur le parti qu'il prendrait. — Le parti que vous prendrez, lui
« dis-je, c'est celui que personne ne prendra. — Vous avez raison,
« me répliqua-t-il. » (En 1782, dans la nouvelle édition de *la Vie de Sénèque*, publiée sous le titre : *Essai sur les règnes de Claude et de Néron et sur les mœurs et les écrits de Sénèque pour servir d'introduction à la lecture de ce Philosophe.* §§ 67 et 68.)

Rousseau étoit à cet égard d'une opinion bien contraire à la vôtre, et sur cet article son suffrage doit être de quelque poids. Il prétendoit que tous ses

Nous le croyons, en lisant dans les *Mémoires* de Mme de Vandeul, fille de Diderot, qui ne put, dit-elle, jamais bien comprendre l'histoire que lui faisait son père de sa brouille avec Rousseau : « Tout ce que j'ai entrevu de clair dans cette histoire, c'est que « mon père a donné à Rousseau l'idée de son Discours sur les « arts, qu'il l'a revu et peut-être corrigé. »

Mais l'anecdote telle que la rapportent Marmontel, Morellet et La Harpe a circulé dans des conversations. On en a vu un écho à la date du 23 mars 1777. Le rédacteur de l'article substitue le nom de Duclos à celui de Diderot; c'est qu'on lui aura parlé d'un Monsieur D... et son imagination aura complété le commérage. On ne connaissait pas alors la lettre de Rousseau, adressée le 18 juillet 1750 *à MM. de l'Académie de Dijon*, qui n'a été publiée, pour la première fois qu'en 1790, d'après la minute, au tome III du *Supplément* de Du Peyrou, et seulement en 1819, d'après l'original *, lettre où se lit cette phrase digne de remarque : « Préférant votre estime à vos récompenses, j'ai osé soutenir devant « vous, contre vos propres intérêts, le parti que j'ai cru celui de « la Vérité, et vous avez couronné mon courage. » L'idée étrange d'insister ainsi sur le paradoxe, dans une lettre où il remercie pour le prix reçu fût-elle venue au lauréat qui n'aurait pas exprimé sa pensée sincère?

Nous ne jugerions pas opportun de nous étendre sur un point aussi connu, tant il semble qu'on ne saurait aujourd'hui conserver le moindre doute sur la fausseté de l'anecdote mise en circulation par Diderot, si nous ne trouvions, sous la signature d'un de nos plus notoires contemporains, des plus renseignés et des plus intelligents, l'affectation de prolonger l'équivoque. Mettant en regard le passage des *Confessions* où Rousseau raconte sa visite à Diderot, le passage de ce dernier que nous venons de reproduire et celui des *Mémoires* de Marmontel, M. Jules Lemaître ose écrire, en 1907 :

* Lettres inédites de Buffon, J.-J. Rousseau, Voltaire, *Piron, De la Lande, Larcher et autres personnages célèbres adressées à l'Académie de Dijon. Accompagnées de notes historiques et explicatives et des fac-similés de leur écriture.* Publ. par C.-X. Girault, membre de plusieurs académies et sociétés savantes de Paris et des départements. A Paris, chez Delaunay. libraire au Palais-Royal. Et à Dijon, chez Gaulard-Marin, libraire, place Notre-Dame, M.DCCCXIX. in-12, pages 12 et 13.)

ouvrages étoient conséquens entre eux; il se reposoit sur la nature même de son style qui feroit dire à la postérité que l'on ne parloit pas ainsi lorsque la persua-

« Je ne me prononce pas. » (Jules Lemaître, de l'Académie française, *Jean-Jacques Rousseau*, Paris, Calmann-Lévy, in-18, page 80.)

Il est de toute nécessité de se prononcer, car si l'anecdote de Marmontel est vraie, l'œuvre entière de Rousseau est une imposture. Or est-il possible, *aujourd'hui*, à un esprit libre et de bonne foi, de méconnaître si légèrement la simple vérité, et n'est-ce pas la méconnaître de la façon la plus piteuse que d'affecter le pyrrhonisme et de *n'oser pas* se prononcer, quand on a pu consulter toutes les pièces du procès? Il est vrai que notre illustre contemporain n'hésite pas à faire ce singulier aveu dès les premières lignes de son livre : « Lorsque je choisis pour sujet Jean-Jac- « ques Rousseau, *ce ne fut point d'abord dans une pensée d'extrême* « *bienveillance* pour le citoyen de Genève », et l'on ne peut exiger de qui entreprend de propos délibéré une œuvre de haine et le confesse ingénuement, bonne foi et liberté d'esprit.

La lettre de Corancez à La Harpe ayant paru le 30 octobre dans le *Journal de Paris*, ce journal reçut et publia le 17 novembre une longue riposte apologétique où il n'est pas difficile de reconnaître la plume de Laharpe lui-même, défendant son article du *Mercure*. Nous en extrayons le passage suivant dont la belle allure de sophisme ne manquera pas de charmer notre *malveillant* Immortel:

« L'anecdote du pont aux ânes n'est pas de l'invention de « M. de la H. Vraie ou fausse, elle a été répandue, je ne décide « pas qu'elle soit vraie, mais elle n'a rien qui choque la vraisem- « blance; elle ne contredit pas même la réputation d'honnêteté « dont Rousseau, malgré ses inconcevables bizarreries, avoit le « bonheur de jouir; car enfin, un discours académique qui concourt « pour un prix d'éloquence sur un sujet donné n'est pas une profes- « sion de foi; c'est un jeu d'esprit, un exercice purement littéraire. « Comme ce n'est point un prix de morale ou de Philosophie, mais « encore une fois, un prix d'éloquence qu'il s'agit de disputer, je « crois que l'écrivain qui concourt peut, sans blesser sa conscience, « embrasser non la cause qui est intrinsèquement la meilleure, « mais celle dont le développement sera le plus propre à attirer « l'attention des juges et du public et à faire briller les ressources « du talent; et réciproquement les juges du concours couronnent « le style et l'éloquence sans s'embarrasser du système. Il peut

sion n'étoit pas dans le cœur. Il m'a conté à cette occasion un trait assez plaisant, que je veux vous dire, puis que vous aimez les anecdotes. Deux Jésuites se présentèrent chez lui pour le prier de leur faire part du secret dont il se servoit pour écrire sur toutes les matières avec tant de chaleur et d'éloquence. « J'en ai un, en effet, mes Pères, leur répondit Rousseau, je suis fâché qu'il ne soit pas à l'usage de votre Société, c'est de ne dire jamais que ce que je pense. »

« Vous dites encore qu'il n'aimoit pas les gens de lettres, et en le comparant à Marius, vous en voyez la raison dans une autre anecdote qui est qu'étant commis chez M. D..., il ne dînoit pas à table les jours où les gens de lettres étoient invités. Si cette anecdote étoit vraie, elle ne donneroit pas une grande idée des gens de lettres choisis et invités par un homme qui, ayant chez lui Rousseau, ne l'auroit pas jugé digne de sa table; et je ne vois pas matière à humiliation pour ne pas dîner avec MM. Vadé et Poinsinet à la table de M. D... Les conséquences que vous tirez de ce fait prouvent que vous dîniez à table, même avant d'être de l'Académie, et qu'aujourd'hui vous estimez très heureux ceux qui, à leur tour, sont admis à dîner avec vous. Je ne connois pas ce bonheur-là, je n'en puis juger, mais je vous jure que sa privation ne me donne aucune aigreur et, sans trop la priser, je puis supposer que la tête de Rousseau pouvoit être aussi forte et aussi philosophique que la mienne.

« Vous me dispensez sans doute de répondre aux

« ensuite arriver que l'auteur s'attache de bonne foi, par suite de « son travail et de son succès, à une opinion qu'il n'avoit adoptée « que par convenance littéraire. M. de la Harpe penche pour « cette opinion qui, en effet, me paroît vraisemblable... » (*Journal de Paris*, n° 321.)

vingt années de misère et d'obscurité. Il a regretté longtemps cette heureuse obscurité; mais, de bonne foi, un homme comme Rousseau étoit-il obscur, parce qu'il n'étoit connu ni de M. D... ni de ses convives? De quel droit donnez-vous à la médiocrité sublime et volontaire dans laquelle a vécu et est mort ce grand homme, l'odieux nom de *misère?* Pourquoi sur-tout, affirmez-vous qu'elle a influé sur ses opinions, lorsqu'elle n'a influé ni sur sa conduite, ni sur ses écrits? Avez-vous jamais rencontré cet homme sublime sur vos pas? Alloit-il dîner chez M. D...? Écrivoit-il pour imprimer, et faisoit-il avec ses imprimeurs des marchés que l'honnêteté obligeoit à résilier? Adressoit-il des louanges par intérêt? Blâmoit-il pour de l'argent? Empruntoit-il à des gens riches, et leur proposoit-il des dédicaces en paiement? C'est par ces moyens que l'on prouve sa misère et que le misérable, sans cesser de l'être, parvient à se cacher sous un surtout de velours. L'âme noble et sublime de ce Philosophe s'est toujours nourrie du lait de la liberté, et c'est sans doute ce qui l'a rendu si étranger au milieu de nous.

« Voulez-vous, Monsieur, prendre des idées plus justes de ce grand homme et le connoître mieux que par vos anecdotes? J'ai eu le bonheur de vivre familièrement avec lui les douze dernières années de sa vie; jamais pendant ce long intervalle je ne lui ai rien entendu dire contre aucun homme de lettres vivant; je l'ai vu s'élever avec chaleur contre ceux qui blâmaient les honneurs décernés à l'Auteur de *Mahomet* : il avoit de l'homme de lettres que vous désignés dans votre première anecdote, une si haute opinion, qu'il ne faisoit pas difficulté d'avouer qu'il lui avoit les plus grandes obligations littéraires; jamais il n'a vu, dans les auteurs les plus médiocres, que leurs côtés louables. Au milieu de cette fierté dans ses principes, j'ose affirmer qu'il ignoroit sa force et ne se voyoit qu'à travers le voile de la modestie. Son caractère m'étoit tellement connu, qu'en lui parlant de la chûte des *Barmécides*, je n'aurois pas osé lui ajouter que cette chûte faisoit pour ainsi dire, la joie publique ; son âme sensible en eût frémi... Pesez cette manière de voir avec l'opinion où il étoit d'être haï de tous les gens de lettres. Je crois au surplus que cette équité dégagée de tout sentiment personnel, est commune aux grands hommes, et les distingue. Un homme de lettres prétendoit que M. de Buffon avoit dit et prouvé avant Rousseau que les mères devoient nourrir leurs enfans.

« Oui, nous l'avons tous dit, répondit M. de Buffon, mais M. Rousseau seul le commande et se fait obéir. » Il est permis à un homme comme Voltaire de dire plaisamment qu'il voudroit arracher les bonnes pages du roman de Julie : le vœu de Rousseau eût été d'arracher les mauvaises pages des Œuvres de Voltaire. Pour nous, sans nous permettre de rien déchirer, n'ayons jamais les yeux fixés que sur ce qu'ils ont tous deux d'admirable. » (*Corr. secr. de Métra.*)

(*Même date*). Cette nouvelle épitaphe de J.-J. Rousseau me paroît encore la meilleure que j'aie vue :

Parmi ces peupliers, sous leurs ombres paisibles,
Repose Jean-Jacques Rousseau.

Mères, vieillards, enfans, cœurs vrais, âmes sensibles,
Votre ami dort dans ce tombeau (1).

(*Corr. secr. de Métra.*)

Dimanche 22 novembre 1778.

« *Aux auteurs du Journal de Paris.* Ce 2 novembre 1778. » J'étois à la campagne, Messieurs, lorsque l'article J.-J. Rousseau de M. La Harpe (dans le *Mercure*) m'est parvenu. Je conçus dès-lors le projet de venger cet homme célèbre autant que mes forces pourroient me le permettre. A mon arrivée, je trouvai l'affaire faite dans le nº 303 de votre journal, et j'en fus charmé. Cependant, on a omis de relever une erreur échappée à M. de la Harpe, et d'autant plus impardonnable dans cet

(1) Le *Journal de Paris* du 14 décembre 1778 (nº 348) donne la variante suivante de cette épitaphe, et le nom du réviseur :

« *Entre ces peupliers paisibles*
Repose Jean-Jacques Rousseau
Approchez, coeurs droits et sensibles
Votre ami dort sous ce tombeau.

« (Par M. Ducis.) »

Quant au quatrain original, il est aisé d'y reconnaître la verve attendrie et solennelle de René de Girardin. L'attribution est d'ailleurs confirmée par Ducis, qui, dans une lettre à Deleyre, en date de Versailles, le 7 août 1778, donne les deux textes, précédés de ces lignes : « Voici, mon ami, un billet que j'ai reçu de M. de « Girardin qui me transmet quelques vers *que lui a dictés*, me dit-il, « *l'épanchement de son cœur autour de l'île des Peupliers, et qu'il* « *n'a osé y placer, parce qu'il n'y a point d'esprit...* » Ducis ajoute : « Entre nous, l'épitaphe est défectueuse de tous points. » (*Ducis, Lettres*, édition nouvelle précédée d'une notice par Paul Albert, Paris 1879. p. 36.)

Ecrivain qu'il s'est quelquefois mêlé de parler de Musique, *comme tout l'Univers le sait.* M. de la Harpe nous donne pour premier ouvrage de Rousseau son discours sur la question proposée en 1750 par l'Académie de Dijon. *Ami Jean-Georges*, tu as dit la chose qui n'est pas. Le premier ouvrage de Rousseau est une dissertation sur la Musique moderne, imprimé in-8o, en 1743, chez Quillau père. Cet ouvrage avoit été lu par Rousseau le 22 août 1742 à l'Académie des Sciences et est assez considérable soit pour le fond des choses, soit par la manière dont elles y sont traitées, pour assurer à son auteur au moins la réputation d'un Philosophe musicien. Et, Rousseau ne merite pas moins d'être connu de la postérité sous cette qualité que sous celle du plus éloquent de nos philosophes moralistes modernes. *Qu'ainsi ne soit*, Messieurs, donnez-vous la peine d'envoyer chercher un exemplaire de cette dissertation chez le sieur Quillau, rue Saint-Jean-de-Beauvais, vis à vis le passage de Saint-Jean-de-Latran, vous serez convaincus de la vérité de ce que j'avance, et vous aurez de plus la satisfaction d'avoir à la fin du volume une table générale de tous les tons et de toutes les clefs de son sistème, laquelle manque à l'impression faite de cette dissertation dans la Collection des ouvrages de Rousseau, et sans laquelle, pourtant, il est difficile de bien comprendre quelques raisonnemens répandus dans cet ouvrage. Je pourrois en passant dire un mot de ce sistême, qui est un chef-d'œuvre d'imagination et de style, mais j'ennuyerois ceux

de vos lecteurs qui n'aiment pas la Musique.
« J'ai l'honneur d'être, etc. »

« A. »

(*Journal de Paris*, n° 326.)

De Paris, le 19 décembre 1778. La Pétaudière, ou observation sur l'Etat actuel de la Littérature [reproduction d'une pièce satirique sur les auteurs du temps; on y trouve cette tirade] :

« Mais ce n'est point assez de déplorer l'exil de la belle poésie et la chute du théâtre : nous avons encore à nous plaindre de la langueur extrême de l'éloquence. Vainement quelques hommes essaient de la ranimer. Depuis la mort du célèbre Genevois, elle se sent glacer de jour en jour et va le suivre dans la nuit des siècles... » (*Corr. secr. de Métra.*)

De Paris, le 3 janvier 1779. Je crois devoir vous annoncer un supplément aux œuvres de J.-J. Rousseau, qui vient de paroître à Paris (1). C'est un

(1) Il a déjà été parlé de cette publication. (Voyez à la date du 14 novembre 1778.) Elle est en outre annoncée comme publiée à Neuchâtel dans le *Journal de Paris du* 25 *décembre* 1778 (n° 350). Le Recueil a donc paru antidaté, avec la date de 1779, à la fin de l'année précédente. Il est intitulé : *Supplément aux oeuvres de J.-J. Rousseau, citoyen de Genève, pour servir de suite à toutes ses éditions.* A Neuchâtel, chez Samuel Fauche, libraire du Roi, M.DCC.LXXIX, in-8°, de 296 pages. On y a joint peu de temps après : *Anecdotes pour servir à la vie de J.-J. Rousseau, suite du supplément à ses oeuvres, seconde édition, augmentée.* A Amsterdam et à Lausanne chez F. Grasset et Comp. M.DCC.LXXIX, in-8° de 95 pages. Ainsi composé, le recueil est conforme à celui qu'a vu le gazetier. Nous n'en avons pas rencontré d'exemplaire portant la mention *Paris* comme lieu d'impression.

recueil de plusieurs poésies et de différentes lettres qu'il a faites dans sa première jeunesse, c'est-à-dire avant qu'il fût connu dans la littérature. Vous savez que ce grand homme, après avoir lutté fort longtems contre sa propre infortune et l'injustice des hommes, n'a annoncé ses rares talens qu'après l'âge de quarante ans. L'école de l'adversité a donné à son âme cette énergie, cette sensibilité qui a fait toute sa célébrité et tout son malheur. Dans toutes les pièces que renferme cette collection, si on ne reconnoît point le style de l'auteur de l'immortel *Emile* etc., on y remarque toujours, dans quelque situation où le sort l'ait réduit, une âme droite, vertueuse, sensible et qui exagere plutôt le sentiment de sa reconnoissance qu'il ne craint de le faire éclater. On y a recueilli aussi les paroles d'une tragédie lyrique et un fragment d'une autre; l'éditeur, en faisant imprimer ces essais, a montré plus d'avidité que de goût. Dans les épîtres, il y a des tirades qui m'ont paru fort belles. Je vous citerai ce morceau :

> « Non, je ne puis forcer mon esprit, né sincère,
> « A déguiser ainsi mon propre caractère», etc... (1).

Ce recueil avoit déjà été imprimé dans le pays étranger : mais l'édition qu'on vient d'en faire à Paris renferme un grand nombre de pièces nouvelles. Par exemple, voici une lettre où il se plaint amère-

(1) Vers extraits de l'*Épitre à M. Parisot*, « achevée le 10 juillet 1742 ».

ment de ses ennemis qui, non contens de le tourmenter par des humiliations cachées, sont encore parvenus à lui ôter la faculté de se justifier des torts qu'ils lui imputoient. C'est une réponse à une femme de qualité qui lui avoit demandé la permission de l'aller voir. La lettre de cette dernière est pleine d'éloges et d'empressemens. Voici celle de Rousseau :

« François, nation jadis aimable et douce, qu'êtes-vous devenue ? », etc... (1)

Derrière la lettre étoit écrit :

« Je suis fâché de ne pouvoir complaire à Madame la Comtesse », etc... (2)

Avez-vous pu lire ce morceau sans être vivement touché ? Vous me pardonnerez de vous l'avoir copié tout entier. Eh, que pourrois-je vous envoyer de meilleur, de plus attendrissant et en même temps de plus curieux ! je n'aurai pas toujours occasion de vous en adresser de pareils. J'oubliois de vous dire que la date de cette lettre n'est point ancienne. Elle est du mois de mai 1776. (*Corr. secr. de Métra.*)

Lundi 25 janvier 1779. [A la fin d'un article bibliographique sur l'*Essai sur la vie de Senèque*,

(1) Texte du billet circulaire *A tout Français aimant encore la vérité et la justice*, dans *Rousseau juge de Jean-Jacques*, « Histoire du précédent écrit ».

(2) Lettre à Mme la Comtesse de Saint ***, mai 1776.

par Diderot tome VII, à Paris chez les frères Debure, libraires, quai des Augustins, in-12 de 519 pages :]

« Nous ne finirons pas cet article sans parler d'une Note qui fait la plus forte sensation, et qui contribue à donner à cet essai de la célébrité. On y désigne clairement le fameux Citoyen de Genève, puisqu'il s'agit d'un écrivain qui a laissé des Mémoires où il ne s'épargne pas lui-même; on le traite d'*ingrat*, de *lâche*, d'*homme atroce*, et d'*artificieux scélérat qui s'est caché pendant cinquante ans sous le masque le plus épais de l'hypocrisie*.

« Il paroît que l'Auteur craint d'être maltraité dans les mémoires dont il est question : on ne peut expliquer autrement cette violente Diatribe. Mais il auroit dû prévoir que de telles allégations auroient peine à faire fortune. C'est ce philosophe-là, lui dira-t-on, qui a véritablement soutenu la pauvreté avec courage, c'est lui qui l'a préférée à des bienfaits qui lui sembloient deshonorans; qui, ayant à peine le nécessaire, a trouvé le moyen d'être utile à ses semblables; qui a rendu à l'enfance le lait maternel; qui l'a débarrassée des entraves destinées à le défigurer; qui a été vraiment éloquent; qui a su peindre la vertu et la faire aimer ! Si l'excès de sa sensibilité l'a égaré quelquefois, ses écrits suffiront pour prouver l'honnêteté de son âme jusqu'à la dernière postérité. Un scélérat peut être un bel-esprit : mais un scélérat ne parle pas de la vertu comme *Jean-Jacques Rousseau*. Plaisante hypocrisie, plaisante adresse que celle qui aboutit à l'indigence, au malheur, et à de si cruelles persécutions ! L'auteur de l'*Essai sur la vie de Sénèque* a voulu qu'il ne manquât à son livre aucune espèce de bizarrerie. Ce n'était pas assez de témoigner la plus fougueuse tendresse à un

Rhéteur mort depuis près de deux mille ans : il falloit qu'il déchirât la mémoire du plus éloquent de nos Écrivains, d'un philosophe presque encore vivant au milieu de nous, et dont l'inflexible probité aussi reconnue que les talens sera longtems l'objet de la vénération universelle. » (*Journal de Paris*, n° 25.)

1er février 1779. Lettre à M. Fréron (fils) sur un monument élevé à la mémoire de J.-J. Rousseau :

« Monsieur,

« Un citoyen de Genève, artisan distingué, et d'autant plus digne d'être connu qu'il ne cherche point à l'être, M. Argant (1), plein d'admiration pour les talens et les vertus de feu son concitoyen, Jean-Jacques Rousseau, lui a fait élever une statue qui représente allégoriquement la révolution que cet homme célèbre a faite, ou voulu faire, dans l'éducation des enfants.

« La principale figure est celle de M. Rousseau, un peu plus que de grandeur naturelle, avec le costume antique. Il s'appuie sur un bas-relief, où est représenté l'intérieur d'une école, avec les abus barbares de l'éducation scholastique : l'on voit plusieurs enfants à qui l'on inflige divers châtimens. Les pleurs, la tristesse, la désolation de ces enfans sont exprimées avec la plus grande vérité. La colère, la dureté, l'inhumanité des pédagogues y sont rendues de manière à inspirer de l'effroi aux spectateurs; la grande figure tient un livre à une main (on suppose que c'est *Émile*) et s'appuie de cette même main, sur le bas-relief, qui est rompu par le milieu, et, qui paroît l'avoir été par l'effort du bras qui porte dessus.

(1) Lisez Argand.

« L'on voit, un peu à la droite, la figure d'un enfant de neuf à dix ans, le dos tourné à la grande figure. Il est occupé à fabriquer un traîneau, un genou en terre, le bras droit élevé, avec un marteau à la main, pour enfoncer une cheville. Cette figure exprime toute la liberté naturelle, elle est nue, excepté une fort légère draperie, de dessous laquelle sortent, vaguement, deux ou trois petites chaînes; elles vont aboutir au bas de la jambe droite de la grande figure, à la manière des esclaves. Les chaînes passent dans une guirlande de fleurs, que la grande figure tient dans la main droite. Elle paroît soutenir ces chaînes avec le plus grand intérêt, tellement que l'enfant ne les apperçoit point et n'en sent pas le poids.

« Le grand *principe* de M. Rousseau, que l'on sait être *une soumission absolue à la nécessité*, est représenté par une chaîne plus grosse que les chaînes morales dont j'ai parlé; elle rampe sur un piédestal, et se divise en plusieurs bouts, qui ont chacun des formes différentes, mais qui tous peuvent être arrêtés par des obstacles plus ou moins faciles à vaincre; comme ces obstacles ne doivent venir que de la nature, aussi sont-ils attachés au piédestal, qui représente la terre; cette chaîne sort, comme les autres, de dessous la draperie, et au lieu de la rendre légère et insensible comme les autres, la grande figure a le pied dessus, avec un air de vouloir l'appesantir encore, et pourtant de manière que l'enfant en sente l'effet, sans s'appercevoir de l'action qui le cause.

« Tout cela est très ingénieux, et fait également honneur à M. Argant, qui a imaginé ce monument, et au sculpteur qui l'a exécuté (1); il sera placé dans la

(1) Au nº 1187 de son *Iconographie*, M. de Girardin signale,

grande chambre de la bibliothèque de Genève, espèce de réparation des torts que de malheureuses circonstances ont fait avoir à la république, envers un citoyen qui l'a si fort honorée.

« J'ai l'honneur d'être, etc...

« Genève, le 8 janvier 1779. »

(*Année littéraire*).

De Paris, le 25 février 1779. Les fameux mémoires de J.-J. Rousseau sont destinés à voir le jour : cet écrivain aussi différent des autres hommes dans sa conduite qu'il en est distingué par la sublimité de son génie et de ses talens, y parle sur son propre compte avec autant de liberté que sur les vices qu'il a pénétrés dans les autres. Il ne s'y fait pas grace de la moindre pensée, ni de l'action la plus secrète : cette espèce de confession générale ne lui fera rien perdre dans l'estime des gens qui connoissent les replis du cœur humain, et qui sont de bonne foi sur ses foiblesses, et elle doit inspirer de la con-

du monument de Jacques Argand, dont l'original a disparu, une reproduction en biscuit, par Niderviller, actuellement conservée au Musée des Arts décoratifs de Genève, et aux nos 408 à 417 diverses autres reproductions, estampes de G. Gutenberg, d'après des dessins de Barbier et de Robinet. D'autre part, une lettre du libraire Jean Gosse à son fils, datée de Genève, mai 1779, raconte :

« Jean-Jacques Rousseau a eu partout des admirateurs ; Genève, « sa patrie, en seroit-elle exempte? Je connois plus d'un citoyen « qui le pleure encore, et M. Argand, horloger demeurant au « Pâquis, lui a érigé une statue de grandeur naturelle en gipse, « laquelle est entourée de plusieurs figures représentant les idées « de son *Émile.* » (*Un Genevois d'autrefois, H.-A. Gosse* (1753-1816) *d'après des lettres et des documents inédits*, par Danielle Plan. Paris, Fischbacher, Genève, Kundig, 1909, in-8o, p. 70.)

fiance dans la franchise de ses jugemens. C'est ce qu'ont senti ceux qui avoient à les redouter; les philosophes surtout, de la part de qui J.-J. a éprouvé des noirceurs, sont ceux sur lesquels il s'est exercé le plus librement : M. Diderot a, selon les apparences, de fortes raisons pour croire qu'il a été moins ménagé qu'aucun autre. Se mettre à la place de Sénèque, et présenter J.-J. sous l'emblême des Suilius, des Dion et des écrivains qui ont offert l'instituteur de Néron comme un scélérat hypocrite, voilà comment M. Diderot a imaginé de repousser d'avance les accusations du philosophe juste et sensible qui ne sera jamais un calomniateur aux yeux de ceux qui l'ont connu et qui ont pu l'apprécier. On ne peut sans indignation penser que l'homme le plus vertueux soit l'objet de la note que je vais transcrire : il est vrai que cet homme a mis au nombre de ses vertus une franchise trop cynique sans doute pour ce siècle. Ecoutons M. Diderot, c'est ici que se dévoile le véritable motif qui lui a fait entreprendre la justification de Sénèque, entreprise aussi difficile que celle qu'il y a jointe de faire regarder J.-J. comme un *scélérat artificieux* et un impudent calomniateur.

« Si par une bizarrerie qui n'est pas sans exemple, il paroissoit jamais un ouvrage où d'honnêtes gens fussent impitoyablement déchirés par un artificieux scélérat, qui pour donner quelque vraisemblance à ses injustes et cruelles imputations se peindroit lui-même de couleurs odieuses : anticipez sur le moment et demandez-vous à vous-même : si un impudent, un

Cardan qui s'avoueroit coupable de mille méchancetés seroit un garant bien digne de foi; ce que la calomnie auroit dû lui coûter, et ce qu'un forfait de plus ou de moins ajouteroît à la turpitude secrète d'une vie cachée pendant plus de cinquante ans sous le masque le plus épais de l'hypocrisie. Jetez loin de vous son infâme libelle, et craignez que séduit par une éloquence perfide, et entraîné par les exclamations aussi puériles qu'insensées de ses enthousiastes, vous ne finissiez par devenir ses complices. Détestez l'ingrat qui dit du mal de ses bienfaiteurs (*les philosophes bienfaiteurs de Jean-Jacques* !) (1) détestez l'homme qui ne balance pas à noircir ses anciens amis; (*Quels amis! jugez-en par cet échantillon :*) détestez le lâche qui laisse sur sa tombe, la révélation des secrets qui lui ont été confiés ou qu'il a surpris de son vivant. (*Ce ne sont plus des calomnies, ce sont des secrets. Garder de certains secrets, n'est-ce pas s'en rendre complice?*) Pour moi, je jure que mes yeux ne seroient jamais souillés de la lecture de son ouvrage, je proteste que je préférerois ses invectives à son éloge. »

Vous voilà, Monsieur, prémuni contre les impressions que vous pourriez prendre d'après la lecture des mémoires de J.-J. Tenez-vous bien pour dit, qu'il n'a dit la vérité que quand il a mal parlé de lui-même, et que si par hasard il se trouve quelque chose de vrai dans ce qu'il a dit des autres, il ne faut pas plus l'en croire, parce-que ce sont des secrets qu'il a révélés, et des secrets sont des calomnies suivant le Dictionnaire de ces Messieurs.

(1) Les réflexions soulignées entre parenthèses sont de l'auteur de l'article.

Nous allons voir M. Rousseau jugé comme homme de lettres par le défenseur de Sénèque.

« Il seroit aisé de prouver qu'il doit à Sénèque, à Plutarque, à Montagne, à Locke et à Sidnei, etc... (1) la plupart des idées philosophiques et des principes de morale et de politique qu'on a le plus loués dans ses écrits : il doit même à Sénèque quelques uns de ses sophismes et de ses paradoxes les plus étranges; c'est une source où pour me servir de l'expression de Montagne, *il a puisé comme les Danaïdes, remplissant et versant sans cesse.* Mais l'espèce d'enthousiasme, de fanatisme même, qu'il a surtout inspirée à ces êtres mobiles et passionnés dont l'imagination prompte à s'allumer ouvre l'âme à toutes les sortes de séduction, et qui toujours à la discrétion du moment, donnent la préférence sur le philosophe qui les éclaire, au sophiste éloquent qui les émeut, s'affoiblira peu à peu, et peut-être même se perdra tout-à-fait, à mesure que les ouvrages des auteurs dont on vient de parler leur seront mieux connus (2). C'est alors que ceux ou plutôt celles (3) à qui la magie du style de M. Rousseau

(1) Le nom de Diderot et Comp. est oublié ici. Peut-être au reste tous ces noms sont-ils des voiles allégoriques. Sénèque et Diderot sont probablement synonimes. (*Note de l'auteur de l'article.*)

(2) Vous comprenez qu'il ne sauroit être question ici des ouvrages des anciens, puisque certainement ils ne seront pas *mieux connus* dans un siècle qu'à présent : l'auteur a craint qu'on ne devinât pas assez que M. Rousseau n'a eu de mérite que celui qu'il a usurpé aux philosophes ses contemporains. C'est donc à eux qu'il faut rapporter toute la réputation dont il jouit, et il faut apparemment rejeter sur Jean-Jacques la médiocrité de ses détracteurs. Ce calcul seroit assez plaisant. Malheureusement (pour me servir d'une expression triviale) *cela ne peut pas prendre.* (*Id.*)

(3) Prenez garde, Monsieur, de vous laisser séduire par le magicien J.-J., vous seriez féminisé *ipso facto.* (*Id.*)

en a si souvent imposé, retrouvant sans cesse dans ces auteurs les mêmes idées, et quelquefois les mêmes écarts, n'admireront plus que la forme séduisante sous laquelle il a su les présenter, et fixeront avec plus de justesse et d'impartialité le degré d'estime et de réputation qu'il mérite. En effet, ce n'est ni un penseur profond, ni un logicien exact et sévère, ni un moraliste aussi instructif, aussi original, aussi agréable à lire (1) que Montagne, ni même un ami très-sincère et très-zélé de la vérité (2) : c'est un écrivain très-éloquent dont le style vif, élégant, rapide et plein d'énergie, entraîne presque toujours sans persuader : c'est un sophiste adroit, quelquefois même très-subtil, qui se met fort peu en peine de se contredire (3) et à qui le choix des opinions est en général à peu près indifférent, pourvu que celle qu'il embrasse, vraie ou fausse, lui offre un champ assez vaste pour faire briller tous ses talens. S'il trouve par hasard sur son chemin une vérité piquante dont le développement et les preuves exigent toutes les ressources de son esprit et de son éloquence, il la saisit avidement, la pare, l'embellit, écarte, dissipe les nuages dont elle étoit environnée, et la porte même souvent jusqu'à la démonstration : mais un moment après, il fait les mêmes efforts pour appuyer un sophisme, pour établir un paradoxe ingénieux ou même pour consacrer une erreur, si ce dernier

(1) C'est-à-dire que M. D... Accordez cela avec l'influence prodigieuse que J.-J. a eue sur le changement de nos mœurs en quelques parties, par exemple relativement à l'Éducation. (*Note de l'auteur de l'article.*)

(2) Cependant il me paroît que l'on craint vivement qu'il n'ait été trop vrai dans ses Mémoires. (*Id.*)

(3) M. Diderot emploie tous les moyens pour persuader que J.-J. n'est qu'un copiste. (*Id.*

parti lui paroît plus convenable à l'emploi de ses forces et à l'exercice de cette rhétorique brillante que Montagne appelle quelque part *une art piperesse et mensongère.* La célébrité dont M. Rousseau a joui, et que peut-être il conservera longtemps encore, est une forte preuve de cette vérité : c'est que si les hommes veulent être instruits, ils désirent encore plus d'être amusés (1) ceux qui méprisent la grâce du style ne les connoissent pas assez, et ne sont pas assez jaloux de leur être utiles. Ils entendent encore mal l'intérêt de leur réputation : ils pensent; mais n'ayant pas le talent, peut-être plus rare encore, d'écrire avec cet agrément, ce nombre et cette harmonie dont le charme est irrésistible, ils rendent mal leurs pensées, et sont bientôt oubliés. Fontenelle en s'emparant du travail de Vandale, lui en a ravi pour jamais la gloire. Un jour viendra que le nom de ce savant médecin déjà presque ignoré parmi nous sera entièrement effacé de la mémoire des hommes; tandis que la voix de l'écrivain enchanteur qui a fait naître des fleurs dans un terrain riche à la vérité, mais hérissé de ronces et d'épines, qu'il a défriché, sera entendu dans l'avenir (2); tant que les langues latine et françoise subsisteront, Sénèque et Montagne seront lus, médités et admirés des bons esprits : et toute l'éloquence de M. R... qui, en s'appropriant leurs pensées, s'est, pour ainsi dire, associé à leur gloire et a brillé parmi nous d'un éclat emprunté, ne les fera jamais oublier; mais elle les fera négliger

(1) On nous disoit tout à l'heure que M. Rousseau n'étoit pas un moraliste agréable. (*Note de l'auteur de l'article.*)

(2) Par quelle fatalité arrivera-t-il précisément le contraire à l'égard de M. Rousseau? L'objet de cet exemple est l'opposé de ce qu'il prouve. Voilà ce que c'est que d'être *un logicien exact et sévère.* (*Id.*)

plus ou moins longtems, particulièrement des femmes et des gens du monde, en général peu instruits, mais surtout trop avides de jouissances pour consacrer à l'étude un temps qui suffit à peine à leur amusement et trop dissipés pour mettre dans leur lecture ce choix, cette suite et ce degré d'attention qui peuvent seuls les rendre utiles et instructives. Les étrangers ont dit que M. R.. avoit fait secte parmi nous : ils auroient pu ajouter que cette secte est si aveuglément dévouée et soumise à son chef, qu'elle est plutôt religieuse que philosophique (1). En effet, il n'y a guère que des opinions religieuses mal entendues et portées à l'excès, qui puissent inspirer cet esprit d'intolérance dont tous les partisans du citoyen de Genève sont plus ou moins animés (2). Quiconque ose avoir sur ses écrits et sur sa personne un sentiment contraire au leur s'expose infailliblement à une espèce de persécution qui a tous les effets de la haine théologique. Que faire donc alors? Être sincère avec soi-même; dire froidement et d'une manière simple ce que, d'après un examen réfléchi, on croit utile et vrai, et opposant à toutes les critiques un

(1) Nouveau motif d'aversion pour le pauvre J.-J. Il y a jalousie de métier. Mais en vérité un philosophe simple, sans faste, sans intrigue, et sans allure, persécuté sans cesse, méprisant les richesses et le grand monde, volontairement réduit à l'indigence, et confiné dans une retraite dont un ou deux amis avoient à peine l'accès, un tel homme, dis-je, ne me paroît guère mériter le titre de fondateur d'une secte. (*Note de l'auteur de l'article.*)

(2) Voilà de ces imputations auxquelles on ne sauroit répondre. Que dire à quelqu'un qui soutient qu'il fait nuit, quand il est midi? Il est aisé de prouver que personne n'est plus intolérant que les prétendus apôtres de la tolérance, les philosophes, qui servent sous les drapeaux de l'Encyclopédie. Rousseau étoit le plus tolérant des hommes. (*Id.*)

silence obstiné, attendre en paix le jugement public éclairé et impartial. »

C'est ce que M. R... a fait dans sa retraite, persuadé que les ennemis étoient pires encore que ceux qui ont voulu s'armer des foudres d'un Dieu vengeur et à qui ils ont l'injustice de comparer le plus patient des hommes. J.-J. dans ses mémoires aura cru devoir à l'humanité qu'il aimoit, les vérités qu'il avoit découvertes; mais ne comptant pour rien le plaisir de la vengeance, il n'a pas voulu être le témoin de la confusion de ses ennemis. Au reste, Rousseau isolé, livré à lui-même, aimoit à se plaindre; c'est le seul soulagement qu'il ne se soit pas refusé. Il écrivoit, mais il y a apparence que son intention n'étoit pas que ses mémoires vissent jamais le jour.

M. Rousseau, sans prétention même à la qualité de philosophe, n'a pas senti aussi bien que ses adversaires combien les hommes décorés de ce titre sont précieux à l'humanité. Ecoutez M. Diderot. Il ne s'agit pas ici des profonds penseurs de l'antiquité, mais des philosophes de l'A. B. C. qui font la gloire et l'ornement de ce siècle.

« Le magistrat rend la justice, le Philosophe apprend au magistrat ce que c'est que le juste et l'injuste. Le militaire défend la patrie; le philosophe apprend au militaire ce que c'est qu'une patrie. Le Prêtre recommande au peuple l'amour et le respect pour les Dieux; le Philosophe apprend aux Prêtres ce que c'est que les dieux. Le souverain commande à tous; le philosophe apprend au souverain quelle est l'origine et la limite de son autorité. Chaque homme a ses devoirs à remplir dans sa famille et dans la Société; le philosophe apprend à chacun quels sont ces devoirs. L'homme est exposé à l'infortune et à la douleur; le Philosophe apprend à l'homme à souffrir. »

Il est clair qu'un pays fertile en philosophes, et surtout en philosophes d'une certaine trempe n'auroit besoin, pour son administration que d'automates dociles. (*Corr. secr. de Métra.*)

5 mars 1779. Relation ou Notice des derniers jours de monsieur Jean-Jacques Rousseau; circonstances de sa mort, et quels sont les ouvrages posthumes qu'on peut attendre de lui : par monsieur le Begue de Presle, docteur en médecine. Avec une addition relative au même sujet, par J.-H. de Magellan, gentilhomme Portugais, membre de plusieurs académies et correspondant de celle des sciences (1). Tel est le long intitulé de ce pamphlet, qui promet beaucoup et tient peu. (*Mém. secr.*)

Paris, 7 mars 1779. Enigme, par J.-J. Rousseau :

Enfant de l'art, enfant de la nature
Sans prolonger les jours, j'empêche de mourir,

(1) A Londres, chez B. White, libraire dans *Fleet-Street*, J. Johnson, libraire à *Saint-Paul's Church-yard;* P. Elmsly, libraire dans le *Strand* et W. Brown, libraire au coin d'*Essex-Street*, près de *Temple-bar*. M.DCC.LXXVIII, in-8° de 48 pages. (Une autre édition, Londres 1779, in-12 de 67 pages; une autre, Neuchâtel, 1779, in-8° de 46 pages.)

Plus je suis vrai, plus je fais d'imposture,
Et je deviens trop jeune à force de vieillir.

(*Corr. secr. de Métra.*) (1).

9 mars 1779. L'objet de l'écrit de M. le Begue de Presle sur Rousseau est, comme celui du premier dont on a parlé cet été à l'occasion de ce grand homme, de dissiper les soupçons répandus dans le public sur la cause de sa mort et sur la maniere dont elle étoit arrivée, ainsi que sur sa créance. Mais comme ces deux historiens, avec l'apparence de la véracité, avouent n'avoir pas été témoins des derniers moments du héros philosophique, mais être survenus peu après, et tenir les faits de sa femme et autres assistants; et que cependant ils se contredisent assez formellement : cela ne contribue pas à donner beaucoup de confiance en leur récit respectif, et les sceptiques ne peuvent que se confirmer dans leurs doutes.

M. le Begue, en niant que Rousseau ou sa femme aient jamais donné, laissé prendre ou vendu les fameux *Mémoires* ou *Confessions*, convient qu'il en avoit confié une copie à une personne demeurant en pays étranger, dépositaire de ses autres manuscrits; c'en étoit assez pour donner l'inquiétude à cet auteur très-soupçonneux, et qui, vu les bruits extrêmement accrédités sur l'existence de ces

(1) A la date du 20 *mars* 1779, on lit : « Le mot de l'énigme de J.-J. Rousseau que je vous ai envoyée dernièrement est un *Portrait* ». (Cette énigme est tirée du *supplément aux œuvres de Rousseau*, paru en 1779, page 92.)

Mémoires, pouvoit craindre une infidélité de la part du confident, ou un larcin volontaire qui lui auroit été fait.

La cause que M. le Begue de Presle donne du départ de Rousseau de Paris, est encore assez gauche, assez mal-fondée, puisqu'il convient que ce philosophe possédoit 1.450 livres de rentes constituées. Premier fonds assez suffisant pour un ménage aussi médiocre, aussi obscur que celui de Rousseau; d'ailleurs, le supplément qu'il pouvoit y joindre du produit de quelques ouvrages, l'auroit mis très à l'aise. Il s'ensuit que ce n'est pas la nécessité impérieuse qui l'a chassé de la capitale, et qu'il en faut chercher une autre cause, soit dans son inquiétude naturelle, soit dans les alarmes mentionnées ci-dessus, soit dans sa jalousie des honneurs prodigués à Voltaire.

Quoi qu'il en soit, les occupations que se proposoit M. Rousseau à Ermenonville, étoient l'éducation d'un enfant de M. de Girardin, qu'il avoit pris en affection : la recherche des plantes du terrain où il vivoit, la continuation de quelques ouvrages commencés, tels que l'opéra de *Daphnis* et la *Suite d'Emile.*

Le docteur convient que Rousseau étoit triste, morose, qu'il redoutoit une vieillesse douloureuse et infirme, que dans les accès de sa mélancolie il voyoit tout en noir et s'exageroit sa situation; il y a peu de chemin de cet état vaporeux au suicide.

Il finit par certifier que Rousseau ne laisse aucun

ouvrage considérable achevé, qu'il ne faut pas compter sur la *Suite d'Emile*, dont il n'y a que quelques pages, que ses *Confessions* seules sont dans l'état de perfection qu'il desiroit, mais qu'il ne faut pas s'attendre à les voir publier bientôt : consolation grande pour ceux qui redoutoient cette publicité, et sur-tout pour le sieur Diderot.

M. le Begue confirme que la rumeur répandue que ces confessions paroissoient avant la mort de l'auteur, étoit une entreprise occasionée par des lettres du même auteur, publiées contre son gré, et qui n'étoient pas faites pour l'être. N'auroit-il pu arriver que M. Rousseau, avant d'avoir vérifié le fait sur le bruit très-accrédité que ses *Confessions* étoient imprimées, eût eu peur, comme on l'a dit ci-dessus, de quelque manque de foi de son ami, ou d'un vol qui lui auroit été fait; et alors ses terreurs, ses anxiétés, son desir de fuir et de se soustraire aux persécutions, auroient été très-fondés.

La lettre du docteur est datée du 25 août 1778.

Quant à l'addition de M. de Magellan, ce n'est qu'un bavardage, dont le but est plutôt de faire l'éloge du marquis de Girardin, de sa femme, de sa famille et de sa terre, que de Rousseau. La seule anecdote intéressante qu'on y lit, c'est celle-ci : *il m'échappa de dire, je ne sais à quel propos, que l'homme étoit méchant.* « Les hommes, oui, répliqua « M. Rousseau; mais l'homme est bon (1).... » (*Mém. secr.*)

(1) Le *Journal de Paris*, n° 62, 3 mars 1779, publie également un compte rendu analytique de la publication de Lebegue de Presle,

4 avril 1779. Lettre de Mme de B*** aux auteurs du Journal.

« Messieurs.

« Le soin estimable que vous prenez de recueillir tout ce qui peut être honorable à la mémoire de J.-J. Rousseau m'engage à vous envoyer cette lettre que quelques considérations particulières m'ont empêchée de vous donner plus tôt. Elle est copiée sur l'original, c'est ce que vous pouvez assurer. Je la crois d'autant plus propre à être publiée, que dans une correspondance particulière, on voit les sentimens vertueux de cet Auteur si indignement outragé.

...« C'est de tout mon cœur, Messieurs, que je vous voue la plus sincère estime par les sentimens de vénération que vous ne cessez de témoigner à ce grand homme. J'ai vu avec une bien vive sensibilité le zèle avec lequel vous avez repoussé les sarcasmes outrageants dont on a voulu le noircir. Si une maligne vanité a pu sourire aux ridicules que l'envie a cherché à lui donner, je suis bien persuadée que généralement tous les cœurs se sont soulevés aux injures atroces imprimées contre lui; et que vous avez rempli le vœu des honnêtes gens en défen-

compte-rendu qui est vraisemblablement de la main de Corancez, et qui est suivi des lignes suivantes :

« Nous ne ferons aucune réflexion sur cette Brochure : nous « laisserons ce soin à nos lecteurs; et nous croyons qu'ils nous « sauront gré d'avoir recueilli ce que nous avons trouvé de plus « intéressant sur la personne de cet éloquent Philosophe, qui est « encore l'objet de tant de disputes et d'animosités après sa mort. »

dant sa réputation contre des calomnies odieuses.

... « Si vous jugez à propos de faire imprimer ma Lettre, je vous prie, Messieurs, de ne pas m'y signer. En vérité je suis trop obscure pour m'ériger en apologiste de l'ilustre Rousseau. Cette réflexion que j'ai faite pour lui peut être ramenée à vous, et malgré la satisfaction que je trouve à vous donner un témoignage authentique de ma parfaite considération, je suis trop peu recommandable pour que mes sentimens puissent influer sur ceux de personne. »

[Suit le texte de la lettre de Rousseau à M. de L*** (1). A Montmorency, le 5 octobre 1758. « Enfin, mon cher de L. j'ai de vos nouvelles. Vous attendez plutôt des miennes, etc. », reproduit dans la *Correspondance.*] (*Journal de Paris*, nº 94.)

14 avril 1779. Demain on doit donner sur le théâtre lyrique la premiere représentation de la *Buona Figliola maritata*, ou la *bonne fille mariée*, opéra bouffon en trois actes de M. Piccini, avec des divertissemens analogues à la nôce de la *bonne fille.* Il y aura des acteurs nouveaux qui débuteront dans cette piece; il Signor Poggy, dans le rôle du *Colonel*, et la Signora, sa femme, dans celui de la *bonne fille.*

On attend à ce théâtre en outre pour nouveautés, *le Devin de village*, avec une musique nouvelle de Jean-Jacques Rousseau et l'*Iphigénie en Tauride* du chevalier Gluck. (*Mém. secr.*)

(1) Deleyre.

20 avril 1779. On donnera aujourd'hui la première représentation du *Devin du Village* dont tous les airs ont été remis en musique par J.-J. Rousseau (1). Ce grand homme, dégoûté depuis longtems de tout ce qui avoit rapport à la Philosophie et aux Lettres, et dont l'âme sensible avoit besoin de se distraire des maux que lui avoient causés les chefs-d'œuvre dont il a enrichi notre langue, ne s'occupoit plus depuis un grand nombre d'années que de musique et de botanique. Il consacroit tous les après-midi de l'Eté à la Botanique, et ceux de l'Hiver à la Musique.

Nous ignorons quel sera le sort de cette nouveauté. Rousseau lui-même ne s'est point dissimulé la difficulté de cette entreprise, mais voici en substance la réponse qu'il fit à l'un de nous qui lui opposoit le succès constant de cette pièce telle qu'elle a été jouée jusqu'à présent, et l'impossibilité apparente de mettre plus de graces, plus de naïveté dans les airs et de fondre mieux, pour ainsi dire, la musique et les paroles :

« La Musique est une langue comme la poésie, du moins c'est ainsi qu'elles doivent être considérées

(1) Cet article est sans doute de Corancez. Le passage fort intéressant où il fait parler Rousseau « en substance » ne serait-il pas extrait d'une lettre de Jean-Jacques?

Nous ne croyons pas qu'il ait été publié des lettres de Rousseau à Corancez; il n'est pourtant pas invraisemblable qu'une correspondance ait existé entre eux. (Voyez à la date du 11 janvier 1778, une lettre à Mme de C***, publiée dans le *Journal de Paris*, et faisant allusion aux feuilles communiquées à Rousseau par la

toutes deux. De tous tems on a distingué dans les airs les musettes, les brunettes, les Romances, les airs de chasse, etc..., mais dans la musique théâtrale, les styles doivent se varier autant que les passions qui y sont exprimées ont elles-mêmes de nuances différentes, suivant la nature des personnages qui les éprouvent, et ces nuances sont infinies pour l'homme de génie qui a appris à les connoître. Pourquoi dans le grand nombre de Tragédies-Opéra qui existe tant en France qu'en Italie, y en a-t-il si peu de bons et point de parfaits? C'est parce que les Auteurs n'étoient que Musiciens et qu'ils ne se proposoient rien de plus que de faire des airs et de la Musique. Conseiller à un musicien de mettre en musique une Tragédie parce qu'il sait faire de bonne musique, c'est conseiller à un jeune homme qui a de l'esprit et qui fait de très-jolis vers de prendre le genre de Corneille, de Racine, de Voltaire ou même de Molière. Que peuvent faire à la Tragédie ou à la Comédie? Que fera ce jeune homme et ses beaux vers et ses jolis madrigaux et ses belles tirades de morale? Pas plus qu'aux Comédiens ordinaires leurs beaux airs de bravoure, leurs roulades, leurs brillans accompagnemens et leur mélodie mal adaptée. Ils peuvent plaire l'un et l'autre, mais à ceux qui ne vont à l'Opéra que pour entendre chanter n'importe quoi, et à la Comédie pour entendre des vers, des tirades et des épigrammes. Ce mauvais goût a régné long tems au Théâtre-François. Les poètes et les acteurs trouvoient leur compte à faire et à débiter de belles stances pleines d'antithèses; les auteurs parce qu'avec de l'esprit et le

correspondante qui est de toute évidence Mme de Corancez, femme de l'entrepreneur, nous dirions aujourd'hui le rédacteur en chef de ce journal.)

don de la Poésie, c'étoit besogne plutôt faite que de conserver à leurs personnages le langage de la nature; les Acteurs, parce qu'il leur étoit agréable de fixer l'attention sur eux-mêmes, et qu'assurés de plaire à la multitude, ils trouvoient doux de recueillir sans grand talent beaucoup d'applaudissemens. Il faut sans doute de la poésie et de l'esprit pour faire une bonne Tragédie ou une bonne Comédie, comme il faut de la musique et de beaux airs pour une Pièce de Théâtre en musique; mais il faut autre chose encore et la nature doit y être suivie si scrupuleusement qu'il ne soit pas possible de voir dans l'un ni dans l'autre genre, ni le Poète ni le Musicien.

« Tous les Arts qui ont pour but l'imitation de la nature se ressemblent. Il y a dans tous ceux qui la professent les gens du métier, qui dans la Peinture font des visages, dans la Poésie, des vers, et dans la Musique, des airs. Ceux d'entr'eux qui ont du talent et de l'Esprit font des visages bien dessinés, des vers nombreux et des airs bien modulés. Mais les génies seuls savent donner aux personnages qu'ils représentent ou qu'ils font parler l'attitude et l'expression qui leur conviennent dans la situation représentée, et vous conviendrez sans peine que pour remplir ce grand but, le seul qui soit digne d'un grand Théâtre, il faut plus que des couleurs, des vers et des airs.

« Vous paroissez, par exemple, regretter beaucoup le Duo *Tant qu'à mon Colin j'ai su plaire*; je crois comme vous qu'il est agréable; mais il ne me paroît pas rendre la véritable situation des deux Amans. Colette, avant d'aborder Colin, a consulté le Devin, qui lui a conseillé, pour se faire aimer davantage, de feindre d'aimer moins; Colin au contraire ne peut ramener Colette qu'en lui montrant beaucoup d'amour et le regret du passé. Vous voyez qu'au moment du duo, l'un est de bonne foi, et l'autre joue un rôle qui lui est étranger. Ils chantent cependant alternativement le même air et les mêmes notes pendant le cours du petit Dialogue. Supposez actuellement cet air aussi agréable que vous le voudrez; s'il est contraire à la situation des deux Amans, à l'expression qui lui est propre, il n'est plus dans la vérité théâtrale, et par cela seul j'ai dû le refaire. J'ignore si j'aurai réussi, mais le défaut de succès ne prouvera rien contre la vérité des principes. »

Nous avons cru devoir rendre compte des motifs qui ont engagé cet homme célèbre à substituer cette nouvelle musique à l'ancienne, persuadés que cette connoissance peut servir à l'intelligence de la composition des différens morceaux qu'il a refaits, ou du moins retarder le jugement de ceux qui trop occupés des anciens airs ne se prêteroient pas facilement à goûter les nouveaux. On y voit d'ailleurs comment ce grand homme envisageoit les Arts, et quelle haute idée il avoit de la Musique en particulier en lui supposant une destination plus noble que celle de chatouiller pour un moment les oreilles.

On nous assure dans ce moment que l'Administration de l'Opéra, pour respecter davantage la mémoire de cet homme sublime, remet cet ouvrage tel qu'il est sorti des mains de l'Auteur, sans aucune addition, ni retranchement dans le Divertissement. C'est une satisfaction qu'il n'a jamais pu se procurer de son vivant. (*Journal de Paris*, nº 110).

21 avril 1779. Les changemens faits au *Devin du Village* ne sont pas aussi considérables que nous l'avions annoncé. L'auteur a laissé subsister plusieurs des anciens Airs et n'en a refait que cinq, qui sont : *J'ai perdu tout mon bonheur*, *Si des galans de la Ville*, *L'amour croît s'il s'inquiète*, *Non Colette n'est pas trompeuse*, et *Quand on sait aimer et plaire*; des deux *Duo*, le Dernier susbsiste, l'auteur n'a changé que *Tant qu'à mon Colin j'ai su plaire.*

Soit que les anciens airs revinssent involontairement à la mémoire des Acteurs, soit que les répétitions n'ayent pas été assez multipliées, soit que les acteurs n'ayent pas assez travaillé, il est certain qu'ils étoient dans un état pénible qui les empêchoit de donner à leur chant de la grâce et de la facilité à leur jeu.

Cette nouvelle musique n'a pas réussi. On a applaudi cependant le premier air, et surtout *Non Colette n'est pas trompeuse*, mais beaucoup, plus encore les airs qui n'ont point été changés, ce qui suppose qu'il auroit préféré les anciens. (*Journal de Paris*, n° 111).

23 avril 1779. On a remis mardi, le *Devin de Village* avec une nouvelle musique, qui ne consiste cependant que dans quelques ariettes refaites par l'auteur. Le public n'a pas été content de ces changemens. On a même sifflé en quelques endroits. En général, les ouvrages de génie ne peuvent se remanier sans en souffrir parce que fondus d'un seul jet, les imperfections mêmes y tiennent aux beautés et qu'on ne peut toucher aux unes sans affoiblir les autres. (*Mém. secr.*)

Le 24 avril 1779. Aux auteurs du Journal. Le 23 avril 1779. Messieurs. En rendant compte de la première représentation du *Devin du Village* de M. Rousseau, vous paroissez imputer le défaut de succès de cet ouvrage à la manière dont il a été exécuté par les Acteurs qui y ont chanté; je m'empresse de détruire une impression aussi désobligeante pour les sujets de l'Académie et je déclare en rendant justice aux soins, au zèle qu'ils ont tous employé pour la mise de cet ouvrage, que les hésitations qui vous ont porté à penser que les Acteurs n'étoient pas sûrs de leurs rôles, ne proviennent pas d'un défaut de mémoire, mais de la quantité prodigieuse de fautes de prosodie qui se trouvent répandues dans la partition, et que l'on ne s'est pas permis de corriger, pour ne pas altérer les intentions de l'Auteur.

J'ai l'honneur d'être, etc. DE VISMES.

(*Journal de Paris*, nº 114).

De Paris, le 24 avril 1779. J'ai assisté à l'Opéra à la première représentation du *Devin de Village*, embelli de la nouvelle musique de J.-J. Rousseau. Les avis des spectateurs étoient très-partagés; les uns prétendoient que cette musique ne vaut pas l'ancienne, d'autres ont trouvé que Rousseau s'étoit surpassé. Il peut être vrai, à certains égards, qu'il n'y a qu'une façon de sentir et de s'exprimer;

mais il faut supposer qu'on veuille parler la même langue. On regrette, dans le nouveau *Devin de village*, la charmante naïveté et la simplicité de l'expression de l'ancien; mais on y retrouve une musique plus savante et plus profondément sentie, et qu'un talent supérieur, comparable à celui de Gluck n'en a pas moins rendue propre à peindre la nature. (*Corr. secr. de Métra*).

(*Même date*). On annonce une nouvelle édition des œuvres de J.-J. Rousseau, et les Libraires qui l'ont entreprise promettent d'y joindre ses fameux mémoires. Il est permis de douter que cet ouvrage tant attendu soit publié chez nous intact, et dans toute sa pureté. Mais on en fait espérer d'autre part une édition authentique, ce qui met une infinité de gens dans les transes. Ce sera le livre formidable où seront écrits en caractères de feu les gros péchés de quelques-uns de nos philosophes. On parle aussi d'une espéce de préservatif qui est sous presse : c'est un volume d'ordures contre Jean-Jacques; cette manière de se défendre aura de la peine à réussir; le celèbre Génevois a montré tant de vertu et de modération, que ses partisans s'échauffent au seul doute qu'on ose proposer sur l'espéce de réputation sacrée dont il jouit. En effet, si quelqu'un de nos gens de lettres a mérité le nom de philosophe, c'est bien feu M. Rousseau; la calomnie, quelque génie qu'elle emploie pour souiller sa mémoire, verra avorter toutes ses brigues et ses machinations. (*Corr. secr. de Métra.*).

25 avril 1779. Aux auteurs du Journal. Paris, ce 21 avril. Messieurs. Ce que vous avez déjà publié sur M. Rousseau, et ce que vous avez dit dans votre feuille d'hier (1) sur les motifs qui l'avoient déterminé à changer quelques airs dans son *Devin du Village* ne laissant aucun doute sur vos sentimens relativement à tout ce qui intéresse cet homme célèbre, je crois pouvoir être certain que pour remplir à son égard un acte de justice et d'équité, vous publierez dans votre plus prochain journal, des observations contenant les volontés positives de Rousseau sur la reprise de son *Devin du Village*, telles qu'elles ont été remises par écrit à l'administration de l'Opéra; afin que tout le monde puisse juger de la manière dont on a rempli ce qu'on devoit au Public et à M. Rousseau.

1° Il avoit été expressément convenu qu'à cette nouvelle reprise, Le *Devin du Village*, seroit remis au théâtre précisément comme il avoit été donné originairement à Fontainebleau avec tous les airs de ballet de la composition de Rousseau, suivant l'ordre et la disposition marqués dans la partition gravée et que les ballets finiroient par la contredanse *Allons danser sous ces ormeaux*, dont les paroles indiquent la sortie générale. Il eût été impossible de prévoir que le ballet d'un Opéra de M. Rousseau seroit abandonné dès la première représentation aux doubles, et qu'on y feroit danser en bottes un seigneur en habit de satin brodé avec

(1) Voyez l'article du 20 avril 1779.

des plumes sur sa tête et des diamans dans sa poche.

2o M. Rousseau a refait tout ce qu'il a cru pouvoir mieux faire, et laissé le reste tel qu'il étoit. Cette reprise ne doit donc, en quelque sorte, être considérée que comme une nouvelle édition revue et corrigée par l'Auteur. Persuadé que l'ouverture devoit avoir un caractère qui ne fût ni bouffon ni pastoral, mais seulement villageois, il s'est fort déterminé à conserver l'ancienne comme ayant précisément ce mérite. Cependant, malgré la convention expresse de ne pas donner dans cette nouvelle reprise un seul morceau qui ne fût pas de Rousseau, on a donné une ouverture qui n'est pas de lui, et quelque agréable qu'elle puisse être, il n'en est pas moins vrai que l'on a commis une infidélité, et que l'on doit, quand on annonce l'ouvrage d'un Auteur, exécuter le sien et non pas celui d'un autre.

3o Comme le caractère des Airs dépend du mouvement, et que personne ne peut mieux qu'un Auteur lui-même, sentir le caractère qu'il a voulu donner aux paroles pour lesquelles il a composé le chant, on suit toujours l'indication placée au commencement des airs pour en fixer le mouvement et l'expression, et rien ne semble pouvoir dispenser d'observer religieusement ce devoir, surtout quand on exécute l'ouvrage d'un auteur mort. L'air *J'ai perdu tout mon bonheur*, et qui, dans la première musique, exprime la tristesse mélancolique d'une Bergère abandonnée, et peint dans la nouvelle édition l'oppression d'un cœur d'une Amante désolée parce qu'elle se croit trahie, est écrit *larghetto.* Le second air, *Si des galans de la ville*, auquel Rousseau trouvoit trop de chant, et qu'il a voulu rendre plus pastoral et plus vrai en y exprimant l'accent d'une voix sanglotante, et l'air d'indifférence que Colette doit affecter, est écrit *andante*; l'air du Devin l'*Amour croît* doit être chanté *allegretto.* L'air *Quand on sait aimer et plaire*, auquel Rousseau a voulu donner une expression moins légère et plus amoureuse que dans la première musique, est écrit *andante*, et quiconque a lu quatre lignes des écrits de J.-J. Rousseau et a été le témoin de la nouvelle reprise de son *Devin du Village*, doit être persuadé qu'il n'auroit pas été possible à Rousseau d'écrire des syllabes françoises sans des notes de musique dans la manière dont celles de cet air ont été chantées. Le duo *Tant qu'à mon Colin* est écrit *largo*, *avec sourdines à tous les instrumens*, excepté les basses, qui sont marquées *pincé sans sourdines.*

4° Quant à l'exécution générale de l'ouvrage, l'intention de Rousseau étoit que les airs fussent caractérisés et le récitatif parlé; c'est-à-dire que Colette chantât toujours d'une voix douce et naïve, Colin d'une voix légère et le Devin d'une voix grave et emphatique. L'accompagnement du rôle de Colette doit être très doux, celui de Colin léger, mais bruyant, et celui du Devin très prononcé dans les tons graves et adouci dans les tons aigus, parce que c'est au grave que s'exprime l'emphase.

L'orchestre étoit donc prié d'observer en général que l'accompagnement de la voix, surtout dans les scènes de tendresse et de naïveté, n'est pas une symphonie, mais un effet secondaire, et par conséquent les *forte* de l'accompagnement ne doivent être que des *piano* de symphonie, et les *piano*, des *pianissimo*.

5° Le Récitatif simple du Devin du Village paroit être non-seulement le chef-d'œuvre de cet ouvrage, mais il est peut-être parmi les modernes le modèle le plus parfait de l'identité de la Poésie et de la Musique. C'est à le débiter presque aussi couremment que le discours ordinaire, sans hausser ni soutenir la voix qu'autant qu'il faut précisément pour conserver la modulation, et bien prononcer les paroles que l'Acteur doit essentiellement s'attacher et y mettre bien plus d'accens que de sons; c'est-à-dire plus de sentiment que de voix.

6° Quand le *Devin du Village* parut à Fontainebleau, et qu'il y reçut ces applaudissemens qui se sont perpétués pendant trente années, il étoit accompagné par un clavecin. Il fut accompagné de même à Paris quand il y parut, et M. Rousseau a toujours reclamé dans les dernières reprises dont il a eu connoissance pour que l'on accompagnât de même son ouvrage, parce qu'il regardoit le Clavecin comme absolument nécessaire à l'exécution d'un Opéra, surtout pour le récitatif simple, attendu que quand les parties d'accompagnement ne sont pas, comme dans les savans opéras de Gluck, écrites dans les parties d'orchestre, le violoncelle toujours à deux ou trois octaves au-dessous de la voix humaine ne peut manquer de faire avec elle une harmonie sèche et disjointe, et conséquemment rude et insupportable à l'oreille. Et il n'y a que l'empire aveuglé de la routine qui ait pu soutenir jusqu'à présent cet effet barbare. La harpe, si on la montoit, afin de lui faire tenir l'accord, en cordes de laiton, comme sont les harpes Ecossoises, un grand *forte piano* ou tout au moins un clavecin placé dans le milieu de l'Orchestre immédiatement au-dessous et en face du Chanteur, seroient les seuls instrumens capables d'éviter à l'oreille la disparate des sons entre le violoncelle et la voix, et de soutenir suffisamment la modulation. On ne doit pas craindre que le son de ces instrumens seuls ne soit pas assez fort pour se faire entendre dans la salle; car il seroit bien mieux qu'ils ne pussent être entendus que par l'Acteur auquel ils ne doivent servir que de souffleur, afin de l'aider à soutenir la justesse et à trouver l'intonation de la déclamation notée. En un mot, le *Récitatif simple* n'est fait, dans tout mélodrame, que pour parler au cœur ou à l'esprit de l'Auditeur et laisser reposer son oreille que l'Orchestre ne fatigue que trop souvent, en se mettant toujours en avant du chanteur au lieu d'être toujours en arrière; mais quand on supposeroit que l'accompagnement du Clavecin n'est qu'une affaire de goût dans les opéras ordinaires, on ne peut s'empêcher de convenir que c'est une affaire de droit pour le *Devin du Village*, parce que c'est ainsi qu'il a toujours été donné, et que M. Rousseau l'a toujours réclamé. Aussi n'a-t-on pas le droit de se plaindre de ce qu'on n'a pas daigné faire essayer une seule représentation dans la forme indiquée par l'Auteur.

Quant au Public, il est trop juste et trop éclairé pour croire pouvoir juger impartialement dans un seul moment, et d'après une seule réprésentation détestable, d'un ouvrage contre lequel une habitude de trente années devoit nécessairement l'avoir prévenu; et quel que soit enfin son jugement, il n'est personne qui ne révère et n'estime le zèle et la bonne foi d'un Auteur qui, malgré le succès constant de vingt années, a cru trouver encore quelque chose à refaire dans son ouvrage.

J'ai l'honneur d'être, etc.

Un abonné.

(*Journal de Paris*, nº 115).

28 avril 1779. M. d'Alembert, qui depuis qu'il est secrétaire de l'Académie, a cru se reconnoître le talent de l'Eloge, a totalement adopté ce genre : il vient de faire celui de Milord Maréchal, cet illustre Ecossois victime de son zèle pour la maison de Stuart et de sa haine pour la tyrannie.

.....Il paroît que le desir de plaire au Roi de Prusse et de satisfaire au devoir de l'amitié ont déterminé M. d'Alembert à entreprendre l'ouvrage en question. On trouve que profitant des augustes auspices sous lesquels il les produisoit, il a été beaucoup plus hardi que de coutume, tant contre la religion que contre les Souverains : il parle et s'égaye très-librement sur ces deux objets, et cette fois perd de vue la sage maxime qui ordonne d'y être bien réservé. Au reste, le pamphlet est imprimé à Berlin et l'Académicien n'y a pas mis son nom.

M. d'Alembert, dans le récit de la vie de son héros, ne pouvoit guere se dispenser de rendre compte de quelques faits relatifs à *Rousseau de Genève*; il prétend qu'il a eu des torts envers milord Maréchal; que celui-ci a eu la générosité de dissimuler; il laisse percer à cette occasion son propre ressentiment envers ce philosophe, et, sans le dénigrer ouvertement, comme M. Diderot, cherche à atténuer ce que ce véridique personage auroit pu dire de lui dans ses *Confessions* ou *Mémoires.* Il y a à parier par ces insinuations, que cet ancien ami du Genevois craint de n'y être pas ménagé.

Cet éloge, au surplus, est encore moins celui de milord Maréchal que du Roi de Prusse : ce Monarque y est représenté non-seulement comme un héros, comme un roi, comme un philosophe, mais comme le protecteur le plus aimable, l'ami le plus généreux, le cœur le plus sensible, en un mot, comme joignant aux qualités les plus sublimes du trône, toutes celles de l'homme privé. (*Mém. secr.*)

1er mai 1779. Aux auteurs du *Journal.* « J'ai observé, Messieurs, que vous recueillez avec une sorte de respect tout ce qui a pu échapper à la plume de M. Rousseau pour le consigner dans votre Journal; je crois devoir concourir à vos vues,

Messieurs, en vous envoyant la lettre ci-jointe et la réponse dont il m'a honoré. Je ne la publiai point dans le tems, quelque bien que cette publication eût fait à mon livre, parce qu'elle m'étoit trop avantageuse. Aujourd'hui, je crois cette publication sans conséquence par rapport à moi. J'ai l'honneur d'être, etc.

BALLIÈRE.

« A M. Rousseau de Genève,

« Paris, 28 août 1764.

« Monsieur, je vous prie d'accepter cet exemplaire de la théorie sur la Musique (1) comme le témoignage de ma sincère admiration pour vos talens et vos vertus. Si vous voulez bien y jetter les yeux, vous verrez que je n'ai pas toujours adopté vos opinions; mais personne ne sait mieux que vous, Monsieur, combien la liberté de penser est précieuse, et d'ailleurs je ne crois pas avoir manqué aux égards qui vous sont dus. Les paradoxes que j'avance pourront étonner, révolter la multitude, mais je me consolerai, Monsieur, si plusieurs obtiennent votre suffrage et si l'ouvrage peut être de quelque utilité et simplifier l'étude d'une science qui n'a de difficultés que celles que les hommes y ont introduites.

« J'ai l'honneur d'être, etc...

« BALLIÈRE. »

[Suit la « Réponse de M. Rousseau », lettre datée de Motiers, ce 28 janvier 1765 : « Deux envois de M. Du-

(1) Cet ouvrage se trouve à Rouen, chez Machuel, Libraire. (*Note de Ballière.*)

chesne, qui ont demeuré, etc... », qui figure à la *Correspondance.*] (*Journal de Paris*, nº 121.)

8 mai 1779. En attendant que le monument que M. l'abbé Mignot fait ériger à son oncle dans son abbaye de Scellières puisse fournir matière à la gravure de s'exercer, on a imaginé une estampe allégorique relative à cet objet. On voit au milieu un tombeau simple, où l'on suppose que les cendres de Voltaire sont renfermées. Les quatre parties du monde désignées, l'Europe par M. d'Alembert, l'Asie par l'Impératrice de Russie, l'Afrique par un certain prince nègre nommé Orenoko, enfin l'Amérique par le docteur Franklin, tous dans le costume de leur nation, groupés ensemble, viennent rendre hommage à ce grand homme, pleurer sur son tombeau et y déposer des palmes : le secrétaire de l'Académie assez ridiculement ouvre la marche, en donnant la main à l'impératrice des Russies : mais à la droite du tombeau, s'élance l'ignorance, avec tous les attributs de l'Envie, du Fanatisme et de la Superstition, et semble s'y opposer et les repousser.

Dans le lointain, on voit le tombeau élevé dans l'*Elysée* ou l'*Isle des Peupliers*, à Ermenonville, par M. le marquis de Girardin, à Rousseau.

Cette idée, de rassembler sous le même point de vue deux hommes si différens et cependant également persécutés, auroit été fort heureuse si on l'eût mieux exécutée. On a déjà vu qu'une partie de la composition étoit pitoyable, l'autre est obscure et ne désigne pas assez les efforts du clergé et sa rage effrenée contre les mânes du chef de la philosophie moderne. C'est, sans doute, ce qui a empêché d'en défendre la vente jusqu'à présent. (*Mém. secr.*)

De Paris, le 15 mai 1779. La veuve de J.-J. Rousseau vient de désavouer publiquement l'édition des œuvres de ce célèbre écrivain, qu'un libraire de Bruxelles a fait annoncer dans les feuilles publiques avec le plus grand faste. Elle déclare que « tous les anciens ouvrages de feu son mari, corrigés par lui-même, et les originaux des nouveaux écrits, annoncés dans un *prospectus* qui est actuellement sous presse, et que va faire paroître incessamment la Société typographique de Genève, ont été remis à ladite Société, qui est chargée de la seule édition complète et authentique des ouvrages de M. Rousseau. (*Corr. secr. de Métra.*)

16 mai 1779. Aux auteurs du Journal. Messieurs. L'empressement avec lequel vous avez bien voulu accueillir dans votre journal tout ce qui avoit rapport à l'homme dont j'ai l'honneur de porter le nom, me fait espérer que vous voudrez bien y insérer les déclarations ci-dessous, dont l'original existe parmi ses papiers; elle doit tenir le Public en garde contre la nouvelle imposture d'un libraire de Bruxelles qui, en annonçant une édition en 9 volumes in-4° des Œuvres de M. J.-J. Rousseau, a osé avancer dans le n° 33 de la Gazette de Leyde, *que cette collection avoit été avouée et dirigée par l'Auteur lui-même.*

Copie de la Déclaration écrite par M. Rousseau, et qui existe dans ses papiers.

« On a tâché de m'intéresser à cette édition par l'appas du gain, et on m'a fait faire pour cela par un libraire de Paris, des propositions assez magnifiques pour devoir naturellement me tenter; mais non seulement je me suis refusé à la proposition, j'ai encore désavoué, dans une protestation signée tout ce qui s'imprimeroit désormais sous mon nom. L'on a donc pris le parti de se passer de moi, et d'aller en avant comme si je participois à l'entreprise. L'édition se fait par souscription et s'imprime, dit-on, à Bruxelles, en beau papier, beaux caractères, belles estampes. On n'épargnera rien pour la prôner dans toute l'Europe, et pour en vanter sur tout l'exactitude et la fidélité. Comme elle contiendra beaucoup de nouvelles Pièces refondues ou fabriquées par mes ennemis (1), on ne manquera pas de les munir de titres plus que suffisans aux yeux d'un Public qui ne demande pas mieux que de tout croire, et qui ne s'avisera pas si tard de faire le difficile sur leur authenticité. »

Au reste, Messieurs, comme le Libraire de Bruxelles, en annonçant aujourd'hui cette édition, incorrecte et infidèle, a osé ajouter qu'il *alloit mettre*

(1) « Cette prédiction s'est accomplie à la lettre, car on a ajouté « par forme de supplément au neuvième volume une multitude « de pièces controuvées, ou non avouées par la note que l'Auteur « a fait lui-même des pièces qui devoient composer son édition « générale. »

sous presse les Œuvres Posthumes de M. J.-J.Rousseau, je crois devoir au Public et à la vérité de déclarer que tous ses anciens ouvrages, corrigés par lui-même, et les originaux des nouveaux écrits, annoncés dans un Prospectus qui est actuellement sous presse, et que va faire paroître incessamment la Société Typographique de Genève, ont été remis à la dite Société, qui est chargée de la seule Edition complette et authentique des ouvrages de M. J.-J. Rousseau, et qu'on ne doit ajouter foi en aucune maniere aux prétendus ouvrages que l'on pourroit annoncer de toute autre part.

J'ai l'honneur d'être, etc.

Veuve J.-J. Rousseau.

(*Journal de Paris*, n° 136).

De Paris, le 29 mai 1779. Nécrologe des hommes célèbres de France (1). Une compagnie de commerce a entrepris de publier annuellement l'éloge des citoyens dont la réputation doit survivre à la courte durée de leur existence. Ce volume contient les éloges de MM. de Voltaire, J.-J. Rousseau, Le Beau, Le Moyne, Adam, Le Kain et Challe. Les deux premiers morceaux sont de M. Palissot. Tous les journaux vous ont rendu compte de celui où le détrac-

(1) Par une société de Gens de Lettres, tome XIV. A Paris, chez Knapen, imprimeur à la cour des aydes, au bas du Pont Saint-Michel, in-12 de 250 pages.

Le *Journal de Paris* (n° 131, 11 mai 1779) annonce également l'apparition de ce tome XIV du *Nécrologe*.

teur des philosophes dit que c'est à l'auteur de *Zaïre* et de *Mahomet* que « les vrais connoisseurs assigneront l'époque de la décadence de l'art ». M. Palissot peut être regardé comme le créateur d'un genre de panégyrique tout-à-fait nouveau. On lui reproche d'avoir omis ce trait dans l'éloge du célèbre Génevois : On avoit voulu exclure M. Palissot d'une de nos académies de Province, pour avoir essayé de vouer plusieurs de ses confrères au ridicule de la Comédie des *Philosophes*. M. Rousseau étoit de ce nombre et avoit été le plus maltraité. Lorsqu'on le sollicita de servir le ressentiment commun, il n'écouta que la générosité de son caractère. « Si ma personne peut fournir un sujet dramatique, répondit-il, je pardonne à l'auteur d'avoir succombé à l'envie d'en faire usage ; si au contraire il n'a pas saisi mon portrait, personne ne me reconnoîtra. » (*Corr. secr. de Métra*).

29 mai 1779. Quoiqu'on ait prétendu que Rousseau eût laissé peu de manuscrits, on en répand aujourd'hui une liste nombreuse et qui l'emporte sur celle de ses œuvres imprimées. En voici le catalogue.

Extrait de la Polysinodie. — *Jugement sur la paix perpétuelle.* — *Traduction du premier livre de l'histoire de Tacite.* — *Discours sur la premiere vertu du héros,* plus complet que celui imprimé sous ce titre. — *L'engagement téméraire,* comédie en trois actes et en vers. — *Emile et Sophie,* ou *les Solitaires.* — *Le lévite d'Ephraïm,* poëme en prose, en quatre chants. — *Lettre à Sara.* Cet ouvrage entrepris par une espece de défi, est destiné à répondre à cette question : *si un amant d'un demi-siecle pouvoit ne pas faire rire? — Traduction de l'Apolokintosis de Seneque sur la mort de l'Empereur Claude. — Mémoire lu à l'Académie des Sciences, l'an* 1742, *concernant de nouveaux signes pour la musique. — Réponse à M. Rameau, dans une brochure intitulée :* Erreurs sur la musique de l'Encyclopédie. — *Essai sur l'origine des langues*, où il est parlé de la mélodie et de l'imitation musicale. — *Lettres et Mémoires sur divers sujets. — Les confessions de Jean-Jacques Rousseau*, en six livres. — *Les rêveries du promeneur solitaire :* titre que l'auteur a donné au journal de ses pensées pendant ses promenades vers la fin de ses jours. — *Considérations sur le gouvernement de la Pologne. — Traduction de l'épisode d'Olinde et Sophronie*, tirée du Tasse. — *L'oraison funebre du feu Duc d'Orléans. Aventures de Mylord Edouard*, suite de la nouvelle Héloïse, *Lettres, mémoires et pieces fugitives sur divers sujets.* Cette collection très-étendue contient notamment, *Lettres à M. le Maréchal Duc de Luxembourg, sur la Suisse en général, et particuliérement sur le Val de Travers, lieu de son domicile. — Lettres à M. le Président de Malesherbes sur les motifs de sa retraite à la campagne. — Une très-longue lettre sur l'existence de Dieu. — Lettre sur la botanique*, dans le but de rendre plus agréable et plus facile l'étendue de cette partie de l'histoire naturelle. — *Lettres diverses à ses amis.*

Du reste, la veuve Rousseau déclare qu'elle a remis la totalité des manuscrits qui lui restent, à la Société typographique de Genève, et que c'est la seule avouée. (*Mém. secr.*)

1er juin 1779. Compte-rendu de l'*Eloge de Jean-Jacques Rousseau par M. De Lacroix, avocat.* A Amsterdam et se trouve à Paris chez Le Jay, 1778, in-8o de 42 pages. (*Journal encyclopédique.*)

De Paris, le 17 juillet 1779. Il court dans le public une lettre adressée sous le nom de Madame de La Motte à M. Fréron, au sujet des deux fameuses notes de la *Vie de Sénèque.* On y observe à ce journaliste que ces deux notes méritent quelque distinction entre elles, et qu'il a privé avec injustice M. Négeon, qu'on assure en être l'auteur, de la part qui lui est due de la condamnation prononcée contre M. Diderot. [Suit le texte du commencement de la lettre (1)].

Cette lettre, Monsieur, me donne l'occasion de mettre devant vous un nouvel acteur sur la scène. M. Négeon sans doute vous étoit inconnu jusqu'à ce moment. Vous voyez que c'est un des plus zélés miliciens de la troupe encyclopédique. De tels étendarts seuls peuvent inspirer le courage nécessaire pour attaquer un adversaire de la force de J.-J., même après

(1) *Lettre à M. Fréron* (fils), *par Madame de la Motte* (Mme Latour de Franqueville). « Monsieur, j'ai longtems hésité, à vous rendre compte du scandale, etc... » Cette lettre du 15 mars 1779 occupe dans *Jean-Jacques Rousseau vangé par son amie* (édition de 1779), les pages 39 à 51. Dans l'édition de 1782 (*La Vertu vengée par l'amitié*), Madame de La Motte n'est désignée que par les initiales : Madame D. L. M. (pages 137 à 154). Voyez ci-dessous à la date du 25 novembre 1779, *note.* Fréron n'ayant pas jugé opportun de publier la lettre de « Mme de La Motte », on voit que Mme Latour de Franqueville essaya de frapper à d'autres portes.

sa mort. Les écrits de ce philosophe sont eux-mêmes les armes les plus victorieuses par lesquelles ses ennemis puissent être terrassés; au reste, toutes les âmes honnêtes et sensibles sont intéressées à venger sa mémoire. Celle qui s'est élevée contre ses détracteurs sous le nom de Madame La Motte les persiffle très plaisamment dans le passage qui suit. [Suit une autre citation de la lettre.]

La lecture des notes elles-mêmes n'aura pas manqué, Monsieur, de vous inspirer l'indignation qui perce à travers le ton de plaisanterie répandu dans cette lettre. Il seroit superflu que je vous transcrivisse d'autres passages pour confirmer votre jugement sur l'auteur de calomnies aussi maladroites qu'elles sont atroces. (*Corr. secr. de Métra*).

10 août 1779. Jean-Jacques Rousseau, durant son séjour à Londres, y avoit vendu tous ses livres, on ne sait pourquoi, sans doute dans son projet fol de renoncer à la littérature pour ne s'occuper que de botanique. Ce furent MM. Hume et Dutens qui les acheterent et les partagerent entr'eux. Dans le lot du second se trouva un exemplaire du livre de l'*Esprit* de M. Helvétius, avec des notes marginales de la main du philosophe, étendues et curieuses. M. Dutens a imaginé de faire imprimer une nouvelle édition de cet ouvrage avec ces notes. C'est l'imprimeur Barbou qui s'en est chargé; mais il éprouve beaucoup de contrariétés, et il n'a encore pu obtenir cette permission (1). (*Mém. secr.*)

(1) Voir plus loin, deux articles du 28 décembre 1779.

De Versailles, le 12 août 1779. Lettres de M. de Longueville, écrivain public. Je vous ai annoncé les essais de cet auteur singulier. Il avoit gardé le silence pendant dix mois. La raison qu'il en donne est précisément celle qui met la plume à la main de beaucoup d'écrivains. M. de Longueville nous dit assez clairement qu'il n'a point d'esprit quand il a faim. Son estomac n'est pas aussi complaisant que celui des beaux-esprits *qui paroissent ne se nourrir que du parfum des fleurs de l'Hélicon. C'est en dévorant les flancs d'un vaste aloyau qu'il obtient le feu, l'énergie, la délicatesse, la fécondité de l'esprit.* On s'apperçoit parfaitement dans ses ouvrages que les produits de sa profession ne suffisent pas pour entretenir constamment son *physique* dans cette disposition si nécessaire au développement des facultés de son âme. Il faut avouer cependant qu'il lui échappe souvent des saillies heureuses. La nouvelle production que je vous annonce renferme le *Portrait de J.-J. Rousseau* en dix-huit lettres. (*Corr. secr. de Métra*).

De Paris, le 25 novembre 1779. L'acquit de ma conscience, Monsieur, exige que je vous communique au moins un fragment d'une lettre qui vient de m'être adressée (1). C'est un reproche indirect que l'on me fait de ne vous avoir pas encore parlé

(1) Vraisemblablement par Mme Latour de Franqueville. Voyez plus haut, article du 17 juillet 1779, *note*.

du tribut qu'un anonyme a rendu aux mânes de J.-J. Rousseau outragées...

«L'année dernière parut une traduction des *Œuvres de Sénèque* par M. de la Grange : elle fut critiquée dans son motif et dans son exécution. Le Sr. Diderot, mime fameux de la secte philosophique, avide d'occasion de débiter son jargon convulsif, saisit celle-ci, et sous le manteau de l'anonyme (ruse si familière à l'infériorité, si nécessaire à la calomnie) il entreprit de justifier, dans un *Essai sur la Vie de Sénèque,* et le précepteur de Néron, et son traducteur, précepteur des enfants de H...

«Je lus cet essai, et mettant à part son style gigantesque, ses captieux raisonnemens, ses citations tronquées, etc..., j'y retrouve encore la note la plus atroce, la plus outrageante, la plus lâche, la plus méchamment conçue contre le vertueux Jean-Jacques Rousseau, son ancien ami, son coopérateur d'un grand ouvrage si médiocrement terminé, qui venoit à peine d'exhaler son dernier soupir. Je rejettai ce livre méprisable, en gémissant sur mon insuffisance, qui refusoit à mon indignation le plaisir de bourrer durement un auteur dont le charlatanisme m'avoit séduit jusqu'alors. Mais ce n'étoit pas le dernier de cette secte décriée dont la méchanceté scélérate devoit me révolter.

«Un écrivain qui a usurpé une haute réputation (1) a, dans un plat éloge de Milord M*** (2) osé ternir la mémoire de Rousseau par l'imputation la plus grave, la plus fourbe et la plus contraire aux principes de ce

(1) D'Alembert.

(2) Milord Maréchal.

bon Jean-Jacques, qu'il accuse d'avoir été *coupable* d'ingratitude envers son ami bienfaiteur.

« Outré de colère et d'indignation à la vue de tant d'injustices envers ce digne homme, j'allois surmonter tout amour-propre pour répondre à de tels outrages et me livrer à toute la violence de mon ressentiment, lorsque le soulèvement a été général; tant d'atrocités répétées ont enfin ouvert les yeux sur les complots de ces calomniateurs, et mis à bout les pacifiques amis de Jean-Jacques.

« Munis de titres respectables, ils viennent de dénoncer au tribunal du public les facteurs odieux de tant de libelles. Ce n'est pas qu'on n'ait opposé beaucoup d'entraves à leur zèle; ils ont été barrés de tous côtés, lorsqu'ils ont voulu élever la voix pour confondre l'imposture et faire entendre la vérité : l'intrigue les a forcés de recourir aux presses étrangères; mais leur courage a tout surmonté, la dignité de leur entreprise a redoublé leur sollicitude. Je vous engage à attirer l'attention des gens honnêtes sur les pièces justificatives rassemblées dans une petite brochure de 72 pages, qui paroît à l'ombre sous le titre de *Jean-Jacques Rousseau vengé par son ami* (1), etc..., avec cette épigraphe :

Vertit furiale venenum
Pectus in amborum, præcordiaque intima movit.
Au Temple de la Vérité.

« Je passe sur l'avertissement. Vous avez le mien. Suit une *lettre à un anonyme*, ou *procès de l'Esprit et du*

(1) Coquille ou erreur volontaire? C'est *amie* qu'il faut lire. La brochure a pour titre : *Jean-Jaques Rousseau vangé par son amie ou morale pratico-philosophico-encyclopédique des coryphées de la secte* [par Mme Latour de Franqueville]... *Vertit furiale venenum*

cœur de M. d'A... L'auteur, soi-disant femelle, voudroit débuter par le ton ironique qui sied si bien à démontrer les ridicules, et qui en a plus que l'homme contre lequel elle écrit? Mais on voit que la gravité de son objet la domine, ce qui rend son style plus amer que plaisant... »

Mon ami continue à analyser la brochure; mais il seroit superflu, Monsieur, que je vous transcrivisse le reste de sa lettre, qui contient une entière justification de Jean-Jacques, contre les imputations de ses ennemis. Un journal étranger vous a déjà fait connoître les lettres originales de J.-J. Rousseau et de Mylord M... dont M. Du Peyrou à Neufchâtel est le dépositaire. Des pièces aussi authentiques ne laissent plus d'armes à la calomnie et confondent les calomniateurs. (*Corr. secr. de Métra*).

23 septembre 1779. On peut se rappeler la jolie pièce des *Tu* et des *Vous* de Voltaire. Une dame ayant fait dernièrement un voyage à Ermenonville, demanda sur les lieux si Rousseau tutoyoit sa femme (1). Sur l'affirmative, elle fit les couplets suivants :

Pectus in Amborum, præcordiaque intima movit. Met. Lib. IV, V, 505 et 506. Au Temple de la Vérité, 1779, in-8o de 72 pages. Cette brochure développée et augmentée de plusieurs pièces, est devenue plus tard *La Vertu vengée par l'amitié* que nous avons décrite précédemment.

(1) Voir, à ce sujet la lettre adressée de Monquin à Thérèse, le 12 août 1769 : « *Depuis vingt-six ans, chère amie...* », où le *tu* et le *vous* alternent d'une manière si dramatique.

AIR : *Chantez, dansez, amusez-vous, etc...*

De Jean-Jacques prenons le ton,
Et ne parlons que son langage,
Que *Vous* ne soit plus de saison,
D'un couple heureux soyons l'image.
Vous effarouche les Amours,
Et *Toi* les ramène toujours.

Tu tiens à *Vous*, peut-être à moi,
Moi j'aime *Toi*, c'est ma folie,
Et tel est mon amour pour *Toi*
Que pour *Toi* seul j'aime la vie.
Vous effarouche, etc.

Ce vilain *Vous* peint la froideur,
Ce joli *Toi* peint la tendresse;
Vous souvent afflige le cœur,
Toi, bien placé, comble d'ivresse.
Vous effarouche, etc.

Plus donc de *Vous*, mais fêtons *Toi*,
Toi fixe à jamais mon hommage;
Quelqu'un dira : mais c'est la loi
Je suis mon cœur et non l'usage.
Vous effarouche les Amours,
Et *Toi* les ramène toujours.

(*Mém. secr.*)

27 novembre 1779. Mlle le Vasseur, veuve de Jean-Jacques Rousseau, qui de sa servante étoit devenue sa femme, vient de rentrer dans son premier état : elle a épousé le nommé Nicolas Montretout, un des laquais de M. le Marquis de Girardin, Seigneur d'Ermenonville, chez lequel le philosophe s'étoit retiré : c'est lui qui lui a élevé le monument dont on a parlé.

M. de Girardin est furieux de la bassesse de cette femme, et tous les partisans de Rousseau sont bien honteux de lui avoir vu placer son affection en une pareille compagne (1). Cet événement confirme l'idée qu'on avoit déja du triste intérieur du philosophe, et les soupçons que dans son désespoir il a accéléré sa mort. (*Mém. secr.*)

17 décembre 1779. Le mariage de la veuve de Jean-Jacques Rousseau est très-vrai, et M. le marquis de Girardin a expulsé de chez lui cette femme, à laquelle il avoit conservé la retraite donnée à son mari (2). (*Mém. secr.*)

(1) Au sujet du ménage de Rousseau, feu Édouard Rod a développé, dans la *Revue Hebdomadaire* du 15 janvier 1910, une pensée vraiment inattendue : à l'en croire, c'est Thérèse qui aurait fait une mésalliance en s'unissant à Jean-Jacques.

« Née pour partager la vie de *quelque brave homme* obscur », dit le regrettable psychologue, « *elle eut le malheur*, le très grand « malheur de *tomber sur un homme de génie* entouré d'orages et « d'éclairs. *Elle fut la victime* de ce contre-sens, dont elle souffrit « autant ou plus que Jean-Jacques. *Ses vains efforts pour le « quitter en font foi.* Pour être *humbles et muettes*, comme elles le « furent, ses *souffrances* n'en ont pas moins droit à quelques « égards. Il y a plusieurs manières de manquer sa destinée : « pourquoi donc être si sévère pour celle qui la manque *en tombant « sur un grand homme*, et si indulgent pour celle qui la manque en « tombant sur un malotru?... »

(2) J.-S. Quesné, qui semble avoir assisté en personne à la translation des cendres de Rousseau d'Ermenonville au Panthéon, le 7 octobre 1794, raconte que, le cortège traversant les rues de Montmorency : « on remarqua avec autant de surprise que d'indi- « gnation la veuve du Philosophe, à la fenêtre d'un cabaret pour « le voir passer, tandis que le décret lui assignait une place au « convoi. Elle était à côté du palefrenier John, ancien domestique « de M. de Girardin, qui avait échangé ce nom britannique contre

28 décembre 1779. Il y a douze ans que M. Dutens étant à Londres acheta les livres de J.-J. Rousseau au nombre d'environ mille volumes; ce qui le détermina surtout à cette acquisition, ce fut un exemplaire du livre de l'*Esprit*, avec des remarques à la marge de la propre main du philosophe. Rousseau, de son côté, ne consentit à la vente qu'à condition que pendant sa vie le possesseur ne publieroit point les notes qu'il pourroit trouver sur les livres vendus, et que surtout il ne laisseroit pas sortir de ses mains le premier : il paroît qu'il avoit entrepris de refuter l'ouvrage de M. Helvétius; mais que

« celui de Bailly, et vivait au Plessis-Belleville (Oise), à trois kilo-
« mètres d'Ermenonville, depuis la mort de Jean-Jacques, dans
« l'intimité avec cette femme, ne pouvant l'épouser, en ce qu'elle
« aurait perdu la pension de quinze cents francs accordée par
« l'Assemblée Nationale tant qu'elle resterait en veuvage. » (*Supplément indispensable aux éditions des oeuvres de J.-J. Rousseau, Particuliarités inédites* par J.-S. Quesné. Deuxième tirage, corrigé, Paris, Ledoyen, libraire, Palais Royal, Galerie d'Orléans, 16, 1843, in-8° de 31 pages, pages 16 et 17.)

Il semble établi, en effet, que Thérèse n'a pas épousé *légalement* le palefrenier John, dit Bailly, *alias* Nicolas Montretout qui, dans l'acte de décès de la veuve Jean-Jacques Rousseau, est nommé, à titre de témoin, Jean-Henri Bailly, *homme de confiance* de la dite. En tous cas, elle produisit en 1790 à la Convention la curieuse pièce suivante :

« Je soussigné, prêtre, curé du Plessis-Belleville, diocèse
« de Meaux, certifie à tous ceux qu'il appartiendra, que
« Madame veuve Rousseau, ma paroisienne, n'est pas remariée,
« comme on le débite faussement, et qu'elle a juré de ne
« perdre jamais le nom comme la qualité de veuve d'un
« homme aussi célèbre. En foi de quoi j'ai signé le présent
« certificat, pour lui servir de ce que de raison.

« Au Plessis-Belleville, ce 31 octobre 1790.

« MADIN, *curé du Plessis-Belleville.* »

le voyant persécuté il avoit renoncé à son projet. Celui-ci instruit que M. Dutens étoit acquéreur de l'exemplaire en question, lui fit proposer par M. Hume de le lui envoyer : lié par sa promesse il n'y put consentir, mais crut ne pas y manquer en faisant part à l'auteur des remarques principales. M. Helvétius y répondit par une lettre, et il en promettoit une autre qu'il n'eut pas le tems de finir; la mort l'enleva huit ou dix jours après.

Cette anecdote est la seule chose précieuse à extraire d'un pamphlet intitulé : *Lettres de M. D.* [Dutens] *à M. de B.* [Debure] *sur sa refutation du livre de l'Esprit d'Helvétius par J.-J. Rousseau, avec quelques lettres de ces deux amateurs* (1); tout le reste ne valoit pas les fraix de l'impression; les notes mêmes du critique et la refutation de l'auteur, isolées et sans suite, ne sont ni instructives, ni intéressantes. (*Mém. secr.*)

De Paris, le 28 décembre 1779. Dans un temps où l'empire des lettres étoit déchiré par mille petites guerres intestines, J.-J. Rousseau n'a jamais attaqué de propos délibéré ni les principes, ni la conduite, ni les ouvrages de qui que ce soit. C'est une exception honorable à faire en sa faveur. Il avoue pourtant qu'à la première apparition d'un livre célèbre il avoit résolu d'en réfuter les principes qu'il trouvoit dangereux; mais il ajoute qu'ayant appris que l'auteur étoit poursuivi, il jetta dans l'instant ses

(1) Londres et Paris, 1779, in-12

feuilles au feu. Quoiqu'il ne désigne point cet ouvrage, on sait qu'il s'agissoit du livre *De l'Esprit*. Vous conviendrez avec les justes appréciateurs de J.-J. que personne n'étoit autant que lui capable de renverser l'échaffaudage d'un système aussi pernicieux : et pour vous convaincre que ma vénération pour ce digne homme ne me fait point d'illusion à cet égard, je vais mettre sous vos yeux quelques-unes des notes dont J.-J. avoit formé le canevas de sa critique. Elles font infiniment regretter qu'il ait sacrifié l'ouvrage avec trop peu de reflexion peut-être, par égard pour M. Helvétius, qui n'en fut pas moins poursuivi, tandis que les impressions dangereuses de son livre auroient du moins été en partie effacées. Ces notes se trouvent à la marge d'un exemplaire du livre *De l'Esprit* et sont écrites de la propre main de Rousseau. Elles decelent cette pénétration profonde, ce coup d'œil vif et lumineux, cette justesse et cette clarté de raisonnement qui caractérisent si particulièrement le moindre de ses écrits. Ce volume in-4° que j'ai vu chez M. de Bure, où il est déposé, se trouva au nombre d'environ mille autres que M. du Tens acheta de J.-J. lorsqu'il demeuroit à Wolton dans une maison de M. d'Avenport, sous la condition que le livre *De l'Esprit* ne sortiroit pas de ses mains, et que les notes qu'il contenoit ne seroient pas publiées de son vivant.

La mort de J.-J. donnant à M. du Tens la faculté de faire un libre usage de ces notes, il n'a pu résister au désir de les communiquer au public. Elles sont insérées en partie dans une brochure qui paroît tout récemment, et dans laquelle on retrouve avec plaisir quelques lettres de ces deux personnages si différemment recommandables et de caractères si opposés. Venons aux notes.

[Suit un extrait de la brochure de Dutens dont il est question à l'article précédent, et dont le texte est reproduit dans la plupart des éditions de Rousseau.] (*Corr. secr. de Métra.*)

De Paris, le 1er janvier 1780. On a cru jusqu'à présent que J.-J. Rousseau copioit de la musique uniquement pour vivre, et l'on a été dans l'erreur. Ce grand homme, si singulier à la vérité, mais si vertueux, conservoit soigneusement les petites sommes que ce travail lui rapportoit et s'en servoit pour soulager des personnes honnêtes dont il connoissoit les pressans besoins. Tout se sait à la longue. Ce secret, si bien gardé pendant sa vie, a transpiré depuis sa mort. C'est un fleuron de plus à ajouter à sa couronne. J.-J. ayant à peine de quoi vivre, a donc, à force d'épargnes, trouvé le moyen d'empêcher les autres de mourir. Peut-on citer à présent ces riches qui, abondans de tout, même en prodiguant tout, donnent difficilement, et seulement pour faire rougir ceux qui reçoivent.

Des gens dignes de foi assurent que Rousseau dans sa dernière retraite prenoit soin d'une bonne femme du village, et qu'on a trouvé cette pauvre femme, accablée de la mort de J.-J. à genoux devant le tombeau de son bienfaiteur. Les personnes qui l'ont prise sur le fait lui ayant demandé pourquoi elle étoit à genoux : « Hélas ! dit-elle, *je pleure et je prie !* —Mais, ma bonne, M. Rousseau n'étoit point catholique. —Il m'a fait du bien, *je pleure et je prie.* Ce fut avec toutes les peines du monde qu'on arracha de la tombe cette bonne femme qui fondoit en larmes, on la retrouve sur les premières épreuves de la gravure où M. Moreau a consigné le tombeau de ce philosophe. (*Corr. secr. de Métra*).

(*Même date*). M. Rousseau faisoit ordinairement plusieurs airs sur les mêmes paroles. Il donnoit aisément l'un de ces airs; mais personne au monde n'auroit pu l'engager à céder celui qu'il avoit adopté pour lui. (*Corr. secr. de Métra.*)

27 janvier 1780. Madame Denis, niece de M. de Voltaire, vient de faire une sottise, dans son genre, à peu près aussi forte que celle de la veuve de Jean-Jacques Rousseau : elle s'est remariée à un certain M. Duvivier, qui a commencé par être soldat, a été occupé en suite en qualité de copiste à la Secrétairerie du Comte de Maillebois, a plu à ce Seigneur qui se l'est attaché, en a fait son Secrétaire en titre, et lui a fait avoir une charge de commissaire des guerres des Maréchaux de France.

Madame Denis a 68 ans; elle est laide, grosse comme un muid et d'une mauvaise santé. Malgré la considération de son oncle, qui se réfléchissoit sur elle, elle desiroit depuis longtems d'en être débarrassée, pour devenir maîtresse de sa fortune et de ses actions. A peine jouït-elle de ces deux biens et la voilà qui se remet sous la tutelle d'un maître impérieux, dur, sans complaisance; et qui ne peut guere même lui procurer les plaisirs qui excitent ordinairement les veuves à se remarier. Il a 58 ans et est estropié d'un bras, qui lui a été mal remis après une chûte; on dit qu'il est aimable quand il veut, mais qu'il ne le veut déja plus vis-à-vis de sa femme; qu'à peine le mariage a-t-il été déclaré, il s'est rendu le maître; qu'il a forcé Madame Denis, accoutumée à dîner, à n'avoir personne le soir et à se coucher de bonne heure, à changer de train de vie, qu'il lui procure beaucoup de monde à souper, la fait veiller et jouer, et semble vouloir s'en débarrasser promptement, à force d'excès.

Du reste, sottise des deux parts : ceux qui connoissent M. Duvivier assurent qu'il avoit quinze ou vingt mille livres de rentes, et qu'il pouvoit fort bien rester garçon avec cette fortune, sans s'exposer à devenir le fléau d'une femme et l'horreur de sa famille. Madame Denis proteste qu'elle ne lui a donné que part d'enfant, mais on se doute bien que la cupidité seule ayant pu être le motif de l'époux, il va la dépouiller de son mieux. Toute sa famille est furieuse; l'abbé Mignot, que sa sœur avoit engagé à venir demeurer chez elle, l'a quittée dès le matin où il a appris cette nouvelle; il n'a pas même voulu dîner. M. d'Hornoy n'est pas moins outré, et en général le public se moque d'elle, sans la plaindre. Elle faisoit un si mauvais usage de sa fortune, même envers les gens de lettres, qu'on est peu touché du malheureux sort qu'elle se prépare. (*Mém. secr.*)

De Paris, le 26 juin 1780. Toutes les religions ont leurs pèlerinages; la philosophie a aussi les siens. La foi véritable, les préjugés et la superstition conduisent aux uns, la vénération la plus douce conduit à ceux-ci : c'est le sentiment d'estime et de respect pour la mémoire de Jean-Jacques, qui attire tant d'hommages au tombeau qui renferme les cendres de cet homme de bien. Déjà la moitié de la France s'est transportée à Ermenonville pour y visiter la petite isle qui lui est consacrée, les amis de ses mœurs et de sa doctrine, renouvellent même chaque année ce petit voyage philosophique; mais tout cela n'étoit point assez pour la gloire de ce peintre enchanteur de l'Amour et de la Sagesse; la Reine, et tous les Princes et Princesses de la Cour s'y sont eux-mêmes transportés la semaine dernière. On m'a assuré que cette illustre famille étoit restée plus d'une heure à l'ombre des peupliers qui environnent le tombeau de Jean-Jacques. La beauté du lieu qui, sans contredit, est sans égale, tant par l'entente ingénieuse de sa distribution et des plantations, que par l'heureuse position des différens sites et des eaux qui les arrosent, fut l'objet de leur admiration et de leurs éloges. Peu de jours auparavant, une société très-estimable où se trouvoit M. l'abbé L... parcouroit ce beau parc. La conversation s'étoit animée sur le compte de Jean-Jacques, et l'on se rapproche de son élisée. C'étoit vers le soir, le temps étoit calme, l'air étoit frais, la nature foiblement éclairée par les derniers rayons du soleil, n'en étoit que plus intéressante, et l'aspect du monument plus touchant. Chacun rêvoit pénétré d'une douce émotion, lorsque l'ab... L... crayonna sur le tombeau ces deux vers si convenables à sa position, et d'une application si juste au sage auquel il est consacré :

> Sous un simple feuillage, au milieu d'une eau pure,
> Ici, repose en paix l'ami de la Nature.

Rien n'est moins recherché; rien n'est plus naturel; et pourtant, on ne l'avoit pas dit. Le marquis de Girardin en a félicité l'ab... L... en lui protestant que c'étoit, de toutes les épitaphes qu'on lui avoit adressées pour Jean-Jacques Rousseau, celle qu'il auroit préférée, s'il n'avoit cru devoir fixer le souvenir de cet homme immortel dans le style qui fut le sien (*Ici repose l'homme de la nature et de la vérité*). (*Corr. secr. de Métra*).

23 août 1780. Le nouvel ouvrage qu'on donne du citoyen de Genève a pour titre : *Rousseau juge de Jean-Jacques* (1); il se vend publiquement, et il est aisé de conclure de là qu'il ne contient rien moins que ses fameux mémoires. Cependant on croit cet écrit authentique; mais c'est un mauvais service qu'on rend à ce grand homme; c'est le délire

(1) Première édition, partielle (le premier *dialogue* seulement) publiée à Liechtfield, par Brooke Boothby. Voyez les articles du 9 septembre et du 28 novembre 1780, *note*.

d'une imagination noire, d'un philosophe atteint de la fievre chaude. (*Mém. secr.*)

26 août 1780. Depuis que la Reine est allée visiter le château d'Ermenonville, ce lieu est devenu plus fréquenté que jamais. Entre les hommes qui y ont été, plusieurs se sont distingués par les vers qu'ils y ont laissés; fruit d'une verve excitée par la vue de tant de morceaux délicieux du même genre qu'on y trouve. Voici ceux du Duc de Nivernois :

> Je ne traiterai plus de fables
> Ce qu'on nous dit de ces beaux lieux,
> Où les mortels devenus presque Dieux
> Goûtent sans fin des douceurs ineffables;
> De l'Élysée où tout est volupté,
> Je regardois le favorable asyle
> Comme un beau rêve à plaisir inventé:
> Mais je l'ai vu, ce séjour enchanté,
> Oui, je l'ai vu, je viens d'Ermenonville.

(*Mém. secr.*)

De Paris, le 27 août 1780. On aspiroit avec impatience après la première livraison de la nouvelle édition des œuvres de Jean-Jacques Rousseau. Les écrits posthumes de ce philosophe, annoncés d'une manière intéressante par les dépositaires des manuscrits, inspiroient le plus grand désir de les posséder, mais le mobile humain, le fatal intérêt, a trompé notre attente; et la fausse peur des contrefactions éloigne la jouissance des souscripteurs, en rejetant les nouveautés sur les deux dernières livraisons. Les huit premiers volumes qui paroissent contiennent *Emile* et *Julie* suivis chacun d'un fragment qui y est relatif. L'un ayant pour titre *les amours de Mylord Edouard* (1), n'est que le développement de la douzième lettre de Saint-Preux à M. de Wolmar, dans la 5e partie de l'*Héloïse*...

Edouard est dans la plus grande perplexité : aimé de deux femmes intéressantes, malgré la différence extrême de leur position et de leurs sentimens, sa délicatesse ne lui permet de posséder ni l'une ni l'autre. Sa position assez étrange paroîtra sans doute plaisante et peut-être risible à nos aimables corrompus, qui ne croient guère aux jouissances chimériques de la vertu; et ces Messieurs eussent bientôt applani tous les embarras, en les prenant toutes les deux à la fois, c'est-à-dire Laure et la Marquise.

Le fragment qui suit *Emile* a pour titre *Les Solitaires* ou *Emile et Sophie.* Le grand point moral de cet écrit manque malheureusement à cet ouvrage; de sorte qu'il eut été peut-être plus prudent de soustraire ce morceau tel qu'il est que de le publier. En effet, quel découragement ne doit-il pas inspirer lorsqu'il nous présente Emile désespéré, Sopie avilie et criminelle? Qui pourroit supporter sans indignation, sans colère, ces odieuses images? Et puis à quel mépris n'est-ce pas exposer des préceptes d'éducation qui n'ont abouti qu'à retarder peut-être la faute impardonnable de cette

(1) Voyez la note à l'article du 26 mai 1762.

Sophie, pour la rendre plus monstrueuse? O Jean-Jacques, l'avez-vous donc pensé? La vertu ne seroit qu'une chimère, dont la pratique surpasse les facultés humaines?... Non, je ne puis le croire en méditant vos écrits, mais n'ayant pu terminer celui-ci, il falloit, pour éviter les funestes impressions qu'il pourroit faire, le jeter au feu. Je sens qu'en mettant Emile aux prises avec le malheur, en le plaçant dans une suite de situations effrayantes, vous voulez démontrer que les principes dont il fut nourri pouvoient seuls l'élever au-dessus d'elles : ce projet étoit beau, l'exécution en auroit été aussi intéressante qu'utile; c'eût été mettre en action la morale d'*Emile*; c'étoit la justifier et la faire aimer; mais en ne retrouvant Emile et Sophie que des victimes du malheur et de l'ignominie, quel espoir reste-t-il à la vertu? Il est aisé de juger que le plan de Jean-Jacques étoit de ramener Emile et Sophie, par une suite de catastrophes et d'événements funestes, à une solitude paisible et durable qui eût enfin montré l'heureux fruit de leurs principes; mais la mort, nous dit-on, ne permit pas à M. Rousseau de reprendre cet ouvrage qu'il avoit interrompu pour ses *Confessions*. Combien n'a-t-on pas lieu de le regretter, en retrouvant dans ce début, cette empreinte sublime de sensibilité qui distingue si particulièrement le génie de cet estimable philosophe! il y a des traits qui semblent placer le cœur entre l'enclume et le marteau. Je doute, Monsieur, que vous puissiez vous défendre d'un serrement de poitrine à la lecture des circonstances qui suivirent la déclaration révoltante de Sophie; mais c'est à l'ouvrage même qu'il faut recourir pour éprouver ces diverses émotions, ces inquiétudes qui, vous agitant successivement, vous amènent à cet aveu fatal qui accable : Voici cet intéressant passage qui révèle à Emile tout l'excès de son malheur, et le livre aux irrésolutions, aux tourmens les plus cruels:

« Un jour qu'entraîné par mes transports », etc..., [citation de la scène des aveux de Sophie et de celles qui suivent, jusqu'à : Tel était mon état...]

Votre sensibilité, Monsieur, est le meilleur juge auquel je puisse vous renvoyer pour apprécier cette énergie si naturelle, si difficile à peindre, et toujours celle de ce sublime Jean-Jacques. (*Corr. secr. de Métra.*)

9 septembre 1780. Mémoires de J.-J. Rousseau. On juge aisément que ce premier titre a été mis exprès pour faire prendre le change au public : suit le véritable : *Rousseau juge de Jean-Jacques, Dialogue*, d'après le manuscrit de M. Rousseau, laissé entre les mains de M. Brooke-Boothby, avec cette épigraphe : *Barbarus hic ego sum, qui non intelligor illis.*

Dans un avertissement, l'éditeur annonce que cet ouvrage lui fût confié par son auteur au mois d'Avril 1776.

Vient après un paragraphe isolé, sans titre, qu'on doit supposer de Rousseau; il porte :

«Qui que vous soyez, que le ciel a fait arbitre de cet écrit, quelqu'usage que vous ayez résolu d'en faire et quelqu'opinion que vous ayez de l'auteur, cet auteur infortuné vous conjure par vos entrailles humaines et par les angoisses qu'il a souffertes en l'écrivant, de n'en disposer qu'après l'avoir lu tout entier. Songez que cette grace que vous demande un cœur brisé de douleur, est un devoir d'équité que le ciel vous impose.»

Autre préface en regle, où l'auteur rend compte *du sujet et de la forme de cet écrit* : c'est-à-dire, pourquoi il a imaginé un Dialogue entre un François et Rousseau, et s'est introduit en tiers sous le titre de *Jean-Jacques* seulement.

Enfin suit le Dialogue fort long, où il y a peu de faits, où l'on remarque une imagination noire, exaltée jusqu'au délire, et en même tems une dialectique de la tête la mieux organisée et la plus froide.

A la fin est un *Postcriptum* sans titre, comme le paragraphe du commencement, où Rousseau dit qu'il avoit résolu de déposer à la seule garde de la Providence son manuscrit sur le grand autel de l'Eglise Notre-Dame de Paris; qu'il s'y transporta à cet effet le 24 Février 1776; mais qu'ayant trouvé que par une précaution toute nouvelle on avoit fermé les grilles des bas côtés qui environnent le chœur, il n'avoit pu pénétrer jusqu'à l'autel.

Après quoi est une priere à Dieu sous ce titre : *Dépôt remis à la Providence.* Un dernier avis de l'éditeur termine ce livre; il y apprend que depuis que l'impression est finie, le manuscrit original, tout très-proprement écrit de la main de Rousseau, a été déposé dans le *British Musœum*. (*Mém. secr.*)

12 septembre 1780. La brochure intitulée *Rousseau juge de Jean-Jacques* (1) est une espèce d'introduction des *Confessions*. Quelques faits répandus çà et là très-rarement dans cet écrit ne peuvent qu'augmenter le désir d'en apprendre davantage sur l'origine, les instigateurs et les instrumens des persécutions éprouvées par ce grand homme.

Il paroît d'abord que Rousseau avoit fort à cœur de détruire le bruit accrédité par ses ennemis qu'il n'étoit pas l'auteur de la musique du *Devin de Village*, et qu'il attribuoit principalement ce bruit à M. d'Alembert, ayant intérêt de le faire croire; il paraîtroit que ce dernier auroit beaucoup mis à contribution le dictionnaire de musique du premier dans ses *Elémens de Musique.*

Rousseau réclame encore la musique d'un *Salve Regina*, qu'il avoit composée pour Mlle Fel et que l'envieux M. d'Alembert vouloit être de Pergolese.

Rousseau se plaint qu'on lui attribuoit en 1772 des sorties violentes contre le parlement Maupeou; qu'on l'accusoit de se louer à outrance dans l'*An*

(1) *Rousseau Juge de Jean-Jacques. Dialogue.* (*Barbarus hic ego sum quia non intelligor illis.* Ovid. Trist.) *Premier dialogue, d'après le manuscrit de* M. Rousseau *laissé entre les mains de M. Brooke-Boothby.* A Lichtfield, chez J. Jackson, aux dépens de l'éditeur, et se vend chez Dodsley, Cadell, Elmsly et Strahan. M.DCC.LXXX, in-8° de 6 feuillets et 334 pages. Une seconde édition : A Londres. M.DCC.LXXX., in-8° de 10 pages plus 1 feuillet non chiffré et 251 pages.

deux mille quatre cent quarante, ouvrage avoué aujourd'hui par M. Mercier.

L'éditeur dans une note dit, que M. Rousseau étoit si bien revenu de ses préjugés contre l'Angleterre, que peu de tems avant sa mort il lui donna commission de lui chercher un asyle dans ce pays pour y finir ses jours : fait précieux ! en ce qu'il confirmeroit les soupçons que ce philosophe inconstant commençoit à se déplaire à Ermenonville, et surtout celui que dans un accès de son humeur noire il avoit accéléré la fin de ses jours (1).

Rousseau s'imaginoit que le prince de Conti avoit rendu le château de Trye inhabitable, parce qu'il y avoit logé; ce qu'il trouvoit inconséquent avec l'empressement que S. A. avoit mis pour l'y attirer, et à celui avec lequel on engageoit le prince de Ligne à l'accueillir par une belle lettre qui a couru tout Paris.

Rousseau regardoit comme dérisoire de vouloir à toute force lui envoyer le vin d'honneur à Amiens, faire battre le tambour des gardes à la porte à Londres; enfin il nous apprend qu'au Temple le prince de Conti lui envoya sa musique à son lever.

Il nous apprend qu'on avoit détenu longtems à la Bastille un libraire et un Genevois, pour les endoctriner sur son compte.

(1) Citant cet alinéa de l'article que nous reproduisons ici, dans sa « *Réponse à la lettre de M. Stanislas de Girardin* » (Paris, 1825, page 121), Musset-Pathay fait remarquer que ce ne doit pas être à Ermenonville que Brooke-Boothby a vu Rousseau, et qu'ainsi la conjecture de l'auteur des *Mémoires secrets* serait sans fondement.

La femme d'un restaurateur établi rue de Grenelle, enthousiasmée des ouvrages de Jean-Jacques, pour avoir l'honneur de le servir et qu'il continuât à lui donner sa pratique, lui vendoit ses denrées à meilleur compte : il le découvrit et en sut très mauvais gré à cette femme, qu'il regarda comme gagée par ses ennemis pour l'humilier.

Rousseau prétend qu'on étoit parvenu dans la retraite où on l'avoit attiré en Dauphiné, à écarter de lui toute encre lisible : malgré toutes ces précautions il trouva à écrire ses *Confessions* avec de l'encre de la Chine.

Enfin il parle beaucoup d'une faute grâve, qu'il avoua dans le tems de ses liaisons avec les Philosophes modernes, pour les empêcher de le croire meilleur qu'il n'étoit et dont ils abuserent. Il ne dit point ici ce que c'est que cette faute grâve : mais on voit qu'il en veut beaucoup à ces philosophes, qu'il les regarde comme ses plus cruels ennemis et comme les auteurs du dénigrement général qu'il a éprouvé depuis. (*Mém. secr.*)

22 septembre 1780. Le Sieur Baudron, premier violon de la Comédie Françoise, s'est avisé de refaire la musique de *Pygmalion*, scene lyrique de Jean-Jacques Rousseau. Il a déclaré ne s'être permis cette tentative, que parce que la musique n'étoit pas de ce grand homme, mais d'un M. Coignet, négociant à Lyon, contre lequel il s'est cru permis de lutter. Il a conservé scrupuleusement le seul morceau de Jean-Jacques. Il paroît que son essai n'a pas eu de succès et sa musique n'a été jouée qu'une fois, le lundi 11 de ce mois (1). (*Mém. secr.*)

1er octobre 1780. Entre les singularités du château d'Ermenonville, qui continue a être l'objet des promenades des Parisiens et de leur admiration, le monument élevé à la Philosophie est, après le tombeau de Jean-Jacques, ce qui fixe le plus l'attention.

C'est une moitié de temple découvert, construit sur le sommet de la montagne, avec les six colonnes de son péristyle.

Dans l'intérieur, on lit cette inscription latine : *Templum inchoatum philosophiæ nondum perfectæ Michæli Montagne, qui omnia dixit, dedicatum, sacrum esto.*

(1) On lit dans le *Journal de Paris* du 10 septembre 1780 : « Aux « rédacteurs du *Journal de Paris.* Messieurs, voici l'instant de « détromper le public sur un préjugé qui pourroit tourner à mon « désavantage, et me faire soupçonner d'une vanité ridicule; on « donne demain lundi à la Comédie Françoise une représentation « de *Pygmalion*, de Rousseau, avec une musique nouvelle; cette « musique est de moi, Messieurs, et vous jugez combien j'ai « intérêt de publier que celle de la pièce, qui a été jusqu'à présent « exécutée, n'est point, comme tout le monde le croit, de ce « grand homme, auteur des paroles. Elle est de M. Coignet, « négociant à Lyon; si elle eût été de l'immortel auteur du *Devin* « *de Village*, mon respect pour lui, et mon admiration m'eussent « empêché de faire d'autre musique sur le même sujet; j'ai conservé « scrupuleusement, comme je l'ai dû, le seul morceau qui soit de « lui; c'est l'instant où Pygmalion travaille.

« J'ai l'honneur d'être, etc...

« BAUDRON, *premier violon de la Comédie Françoise.* »

Voyez article du 29 octobre 1775, *note.*

Sur chacune des six colonnes, *Newton, lucem; Descartes, nil in rebus inane; G. Penn, humanitatem; Montesquieu, justitiam; Jean-Jacques Rousseau, naturam : Voltaire, ridiculum.*

Au milieu est une colonne brisée, avec ces mots : *quis hoc perficiet*? Au-dessus de la porte, on trouve cette devise : *Rerum cognoscere causas.*

A mi côte est un hermitage, avec son enclos, dans le goût le plus propre au genre, des nattes et des meubles de bois le plus commun. La porte est tournée vers le temple, avec ces deux vers françois plus plats que simples :

> Au Créateur j'élève mon hommage
> En l'admirant dans son plus bel ouvrage.

Vient ensuite le désert, avec cette inscription : *Scriptorum chorus omnis amat nemus et fugit urbes.* (*Mém. secr.*)

8 novembre 1780. On ne sauroit croire quels ressorts secrets et de toute espèce font mouvoir aujourd'hui les philosophes démasqués par Jean-Jacques Rousseau dans ses Mémoires, à dessein de noircir ce grand homme, de le décréditer, de le faire passer pour un menteur, pour un impudent, un plagiaire. Il y a grande apparence que c'est quelque animosité de la même espèce qui pousse l'auteur du *Journal Encyclopédique* à faire ligue avec eux et à devenir l'organe de leurs calomnies. Voici une prétendue anecdote qu'il révèle avec beaucoup de modération apparente, mais en même temps de la manière la plus injurieuse à la mémoire du grand homme qu'il attaque :

« En 1750, dit-il dans le volume d'octobre, M. Pierre Rousseau reçut de Lyon une lettre qui étoit adressée tout simplement à *M. Rousseau, auteur, à Paris*. M. Jean-Jacques Rousseau n'avoit pas encore cette grande et juste célébrité dont il a joui depuis cette époque : M. Pierre Rousseau avoit déjà donné des pièces à trois théâtres, et il étoit chargé d'un ouvrage public. Le facteur crut naturellement qu'elle étoit pour celui-ci, qui en recevoit beaucoup. La lettre étoit conçue à peu près en ces termes : « Monsieur, je vous ai envoyé la musique « du *Devin de Village*, dont vous ne m'avez pas accusé « la réception : vous m'avez promis d'autres paroles; « je voudrois bien les avoir, parce que je vais passer « quelque temps à la campagne, où je travaillerai, « quoique ma santé soit toujours chancelante. » Cette lettre étoit signée *Grenet* ou *Garnier*, autant que nous pouvons nous en souvenir, nous répondîmes tout de suite à ce musicien que, sans doute, il s'étoit trompé... Comme nous ne pouvions pas présumer que cette lettre dût tirer à conséquence, nous négligeâmes de la garder... Quand on donna en 1753 le *Devin du Village*, nous fîmes part de cette anecdote à M. Duclos de l'Académie françoise, qui s'étoit déclaré ouvertement l'admirateur de cet intermède; il parut en désirer quelque preuve : nous écrivîmes à Lyon, d'où l'on nous répondit que le musicien dont nous demandions des nouvelles, étoit mort depuis deux ans... » (1).

(1) Voilà un décès qui vient bien à propos, pour répondre à l'enquête exigée par Duclos ! Or, il se trouve que bien des années plus tard, le dit musicien lyonnais était encore en vie. Grétry,

Le journaliste (1) ajoute ensuite que, depuis, il avoit osé élever des doutes contre la propriété de Jean-Jacques, quant à la musique de cet intermede; qu'il lui envoya le journal où il l'attaquoit; que peu après, il s'est expliqué plus clairement, à quoi le philosophe n'a répondu que par le silence... Il tire enfin un argument nouveau des morceaux de musique que Jean-Jacques Rousseau a voulu substituer depuis aux anciens, et qui ont été trouvés si médiocres qu'il a fallu les faire disparoître à jamais (*Mém. secr.*)

15 novembre 1780. — Aux auteurs du Journal.

dans ses *Mémoires*, raconte qu'il voulut tirer cette affaire au clair : « J'ai, dit-il, fréquenté exprès l'homme de Lyon que les « littérateurs, envieux de Rousseau, nommaient le principal « auteur de cette production légère. Je n'ai rien trouvé dans cet « homme qui annonçât qu'il eût pu faire une phrase de chant. »

(1) Pierre Rousseau, de Toulouse, était « entrepreneur » du *Journal Encyclopédique*. A la date du 18 juin 1765, les *Mémoires secrets* insèrent cet « Extrait d'une lettre de Bouillon du 10 juin 1765..... « Rien de plus singulier, de plus louable que la « fortune de M. Pierre Rousseau de Toulouse, qui, d'Auteur « médiocre et méprisé à Paris, est devenu un manufacturier « littéraire très-estimé et très-riche. Il préside, comme vous savez, « au *Journal Encyclopédique*, à la *Gazette Salutaire* et à la *Gazette* « *des Gazettes* ou *Journal Politique*, etc. Vous ne sauriez croire, « Monsieur, combien ces trois entreprises lui rendent : pour le « concevoir, imaginez qu'il est à la tête d'une petite république « de plus de soixante personnes, qu'il loge, nourrit, entretient, « salarie, etc., dans laquelle tout travaille, sa femme, ses enfans, « sa famille; que le manuscrit, l'impression, la brochure, la reliure « de ces ouvrages périodiques se font chez lui, et que, malgré les « frais énormes de cette triple production, il met encore vingt mille « francs net de côté, au point d'être aujourd'hui en marché d'une « terre de 180.000 livres, qu'il est à la veille d'acheter et qu'il « compte payer argent comptant. »

Messieurs : Aussitôt après la mort de Jean-Jacques Rousseau, on a imprimé qu'il étoit un artificieux scélérat.

S'il nous a trompés, quel homme devenant son accusateur ne seroit pas suspect? Avant de le traiter de fourbe, il faut avoir durant soixante ans, prouvé aux yeux de l'univers, qu'on ne l'est pas soi-même. Quiconque voudra lui contester sa vertu, nous doit de la sienne de bien puissans témoignages, et ceux qui avec un trait de plume veulent flétrir sa réputation, seront forcés d'avouer qu'il n'est personne au monde qui puisse se croire à l'abri d'un attentat si commode.

M. Pierre Rousseau, Rédacteur du journal de Bouillon, semble l'accuser aujourd'hui, non d'artifice, mais d'une sorte d'imposture, et voici sa preuve.

En 1750, il reçut une lettre signée *Grenet* ou *Garnier*, adressée à M. Rousseau, *Auteur à Paris*, conçue *à-peu-près* ainsi :

« M. Je vous ai envoyé la musique du *Devin du*
« *Village* dont vous ne m'avez pas accusé la récep-
« tion. Vous m'avez promis d'autres paroles; je
« voudrois bien les avoir, parce que je vais passer
« quelques jours à la campagne, où je travaillerai,
« quoique ma santé soit toujours chancelante. »

En 1753, Jean-Jacques donne le *Devin du Village*. M. Duclos est instruit du prétendu quiproquo, *il paroît desirer quelque preuve*, mais la lettre de *Grenet* ou *Garnier* a passé aux papiers inutiles.

On écrit à Lyon. Il résulte de la réponse que le Musicien dont on demande des nouvelles est mort depuis deux ans.

Par la suite, le Journaliste de Bouillon élève à ce sujet des doutes; il les réitère; il rencontre Jean-Jacques qui garde le plus parfait silence.

Et tout cela paroît tendre à démontrer que Jean-Jacques a volé le *Devin du Village.*

J'ignore parfaitement quel peut être le motif de M. Pierre Rousseau dans cette affaire; j'ignore s'il a existé un *Grenet* ou *Garnier*; si cet être incertain a écrit la prétendue lettre; mais supposons tout cela vrai : je puis, ce me semble, opposer mes doutes à ceux de M. Pierre Rousseau, quand il oppose les siens à une possession qui, depuis trente années, n'a encore été contestée que par lui.

Or, Messieurs, il me paroît *douteux :*

1° Que vos lecteurs agissent autrement que M. Duclos, et qu'il veuillent juger sans preuve.

2° Il me paroît *douteux* qu'un *à-peu-près* rende fidellement le sens d'une lettre reçue il y a trente ans; car, la moindre altération seroit ici très-importante. Si, par exemple, au lieu de lire *d'autres paroles*, on lisoit *des* paroles, le cas deviendroit moins grave.

3° Il me paroît *douteux* qu'un musicien habitant une ville telle que Lyon, doué d'assez d'intelligence pour composer la musique du *Devin*, dans la relation qui existe de toute nécessité entre les deux compositeurs du même ouvrage, soit assez inepte pour adresser bêtement sa lettre *à M. Rousseau, Auteur à Paris.* Ce conte puérile est calqué sur une balourdise connue, et depuis long-tems les Parisiens l'ont attribuée à des campagnards.

4° Si tout autre avoit reçu une lettre si singulièrement suscrite, il eût au moins présumé que la musique envoyée sous la même adresse, avoit eu le même sort, et que Jean-Jacques, musicien de profession, pouvoit très-bien l'avoir refaite après trois ans d'attente inutile; lui qui a bien fait le Dictionnaire de musique sans contredit.

5° La mort d'un homme ne prouve pas qu'on l'ait volé, au lieu que cette mort arrivée à point nommé, établit un doute violent sur une lettre égarée si mal-à-propos. Pourquoi M. *Grenet* ou *Garnier* n'a-t-il dit mot à personne de son ouvrage, ni de ses espérances? Pourquoi n'a-t-il pas laissé d'esquisses même imparfaites? S'il n'avoit été que chargé de faire représenter l'opéra, toujours en supposant la lettre vraie, cette bévue seroit cruelle.

6° M. Pierre Rousseau élève à deux reprises des doutes dans son journal, dont il adresse un exemplaire à Jean-Jacques.

D'abord, au lieu d'élever simplement ses doutes, il en falloit nettement rapporter la pitoyable cause; ensuite, il n'est pas sûr que l'Auteur d'*Émile* ait pris la peine de lire le journal de Bouillon.

7° M. Pierre Rousseau a depuis rencontré plusieurs fois Jean-Jacques, lequel a toujours gardé le silence; et cette indifférence apparemment a choqué M. Pierre Rousseau, mais elle n'établit aucune présomption raisonnable, contre Jean-Jacques, qui a paru s'inquiéter si peu des doutes du journaliste.

8° Pourquoi, dit encore celui-ci, réclame-t-il la musique du *Devin du Village* dans un ouvrage qui ne devoit paroître qu'après sa mort? Et pourquoi le Journaliste de Bouillon veut-il qu'on ne réclame pas après sa mort ce qu'on s'est attribué toute sa vie?

9° Mais, ajoute-t-il, si Jean-Jacques est auteur de la première musique du *Devin du Village*, pourquoi la seconde est-elle si médiocre?

Je pourrois, à mon tour, demander à M. Pierre Rousseau en quoi cette derniere lui a paru si médiocre; je pourrois lui demander par quelle raison il exige que de deux musiques, faites sur les mêmes paroles, l'une dans le premier feu de la composition poétique, l'autre dans un âge plus avancé; l'une dans une obscurité paisible, l'autre dans les chagrins d'une gloire persécutée; l'une avec le désir de charmer dans un nouvel art et dans un nouveau genre, l'autre avec la douleur d'avoir trop bien réussi; pourquoi, dis-je, M. Pierre Rousseau voudroit-il exiger que la derniere fût la meilleure?

Vous témoignez, Messieurs, pour l'admirable Genevois, une si parfaite vénération, que j'ose vous prier de déposer dans votre journal des réflexions qui ont moins pour objet d'établir en sa faveur une défense surabondante, que de montrer combien ses adversaires sont quelquefois maladroits, et combien leur acharnement est coupable. J'ai l'honneur d'être, etc...

Signé : LE FEBVRE, *auteur du nouveau solfège* (1). (*Journal de Paris, n° 320.*)

27 novembre 1780. On parle beaucoup d'un manuscrit cacheté (2) confié par Rousseau à M. l'ab-

(1) Cette lettre est reproduite dans le 29e vol. de l'édition in-12 de Genève, 1782.

(2) C'était, comme on sait, le manuscrit de *Rousseau juge de Jean-Jacques*, ouvrage dont une partie avait été publiée cette même année 1780, à Liechtfield, puis à Londres d'après un autre manuscrit confié à Brooke-Boothby. (Voyez l'article du 12 septembre 1780.) Il semble qu'ici le gazetier se trompe sur la date (1er janvier 1776) accompagnant les lignes de Condillac sur le paquet. C'est plus tard que ce dernier a reçu le dépôt, si, du moins, Rousseau lui-même n'a pas commis une erreur de date. Il précise pourtant : « Je pris « sur moi mon paquet et je me rendis le *samedi* 24 *février* 1776 « sur les deux heures à Notre-Dame, dans l'intention d'y présenter « le même jour mon offrande... », etc... Puis : « Je sortis rapidement « de l'église, etc... Je venois d'apprendre qu'un homme de lettres « de ma plus ancienne connoissance, avec lequel j'avois eu quelque « liaison que je n'avois cessé d'estimer... étoit à Paris depuis peu « de jours. Je regardois la nouvelle de son retour comme une « direction de la Providence, qui m'indiquoit le vrai dépositaire « de mon manuscrit..., etc. » Il porte le paquet à l'abbé de Condillac : « Je le lui remets avec un transport de joie, avec un battement « de cœur qui fut peut-être le plus digne hommage qu'un mortel « ait pu rendre à la vertu..... *Quinze jours* après, je retourne chez « lui... Il me parla de cet écrit comme il auroit parlé d'un ouvrage « de littérature que je l'aurois prié de lire pour m'en dire son « sentiment... Je le priai seulement de le remettre à quelqu'un « plus jeune que lui, qui pût survivre assez à lui et à moi pour le « publier un jour sans craindre d'offenser personne. Il s'attacha « singulièrement à cette dernière idée, et il m'a paru par la sus- « cription qu'il a faite pour l'enveloppe du paquet, et qu'il m'a

bé de Condillac. On lit sur l'enveloppe quelques lignes datées du 1er janvier 1776 de la main du dernier, où il déclare que la volonté de l'auteur est que le paquet ne soit ouvert qu'après le siècle révolu.

Ce manuscrit, depuis la mort de l'Académicien, a passé entre les mains de l'abbé de Reyrac et va être remis à l'abbé de Mably, frère du défunt. Il est épais, tout au plus d'un pouce, de la grandeur du papier à lettres ordinaire : ainsi l'on ne peut soupçonner que ce soient les fameuses *Confessions* de ce singulier personnage.

Au reste, Rousseau aimoit à faire de ces mystères. Il avoit remis autrefois à Madame de la Live un pareil dépôt. Cette Dame, dont il avoit été amoureux fol, s'étant brouillée avec lui, voulut lui rendre le paquet ; il lui répondit qu'il lui avoit ôté son amour, mais non son estime, et qu'elle pouvoit le garder; à la mort de Rousseau, comme il n'a été question en rien de l'ouverture de ce paquet, devant avoir lieu à cette époque, et que depuis quinze ans on n'a pas suivi l'anecdote, on ne sauroit dire ce qu'il est devenu. (*Mém. secr.*)

18 décembre 1780. Ermenonville, ou *Lettre écrite par une jeune dame de Paris, à son retour d'Erme-*

« communiquée, qu'il portoit tous ses soins à faire en sorte, comme « je l'en ai prié, que le manuscrit ne fût point imprimé ni connu « avant la fin du siècle présent... » (*Rousseau juge de Jean-Jacques, histoire du précédent écrit.*)

Le manuscrit confié à Condillac est actuellement conservé à la Bibliothèque de la Chambre des députés.

Voyez, d'autre part, l'article du 28 décembre 1789.

nonville, à l'une de ses amies à la campagne, en date du 10 mai 1780. Ce pamphlet très-court est une critique assez vive du lieu et du maître. On trouve que le premier n'est qu'une petite copie du parc de lord Cobham, en Angleterre, et que le second n'est qu'un fol sauvage, grossier et sans goût, un singe de la philosophie, à qui elle a tourné la tête. Il appelle ce désordre affecté :

L'aimable nature
Dont la douce simplicité
Est une touchante peinture
D'une tranquille liberté.

C'est le style d'une des inscriptions qu'on y rencontre partout et qui commence par ces vers pompeux :

Disparoissez, jardins superbes
Où tout est victime de l'art,
Où le sable couvrant les herbes
Attriste partout le regard.

A la place de ces belles sentences, la dame critique prétend qu'on pourroit écrire : « Tout est ici « victime de l'art dans le genre du chaos, et ce « chaos artificieux y attriste encore bien davantage « le regard que dans tous les lieux brutes et incul- « tes où l'on a laissé bonnement subsister l'ouvrage « de la nature. » (*Mém. secr.*)

13 juin 1781. Extrait d'une lettre de Lyon du 8 *juin* :

« Nous avons perdu depuis quelque temps M. Bordes, académicien de cette ville. Il étoit peu connu en littérature, parce qu'il étoit fort modeste, que la louange l'importunoit et qu'il n'avoit pas de prôneurs. Il a d'ailleurs peu imprimé : il osa entrer en lice contre Jean-Jacques Rousseau (1), et a fait deux discours pour réfuter les paradoxes de ce grand homme, lesquels pourroient figurer avec honneur à côté des œuvres de celui-ci.

« Il a fait des poésies légères dont quelques unes ont été attribuées à Voltaire entr'autres la jolie *Epître au pape sur les Castrati.* On a aussi de lui une très-belle

(1) Au début du VIIe livre des *Confessions*, Rousseau parle de ses relations avec Borde. « Je revis M. Bordes (à Lyon, en 1741), « avec lequel j'avois depuis longtemps fait connoissance, et qui « m'avoit souvent obligé de grand cœur et avec le plus grand « plaisir. En cette occasion (le prochain départ de Rousseau pour « Paris), je le retrouvai toujours le même. Ce fut lui qui me fit « vendre mes livres, et il me donna, par lui-même ou me procura « de bonnes recommandations pour Paris. » Et plus loin : « J'avois « obligation à tous ces honnêtes gens. Dans la suite, je les négligeai « tous, non certainement par ingratitude, mais par cette invincible « paresse qui m'en a souvent donné l'air. Jamais le sentiment de « leurs services n'est sorti de mon cœur, mais il m'en eût moins « coûté de leur prouver ma reconnoissance que de la leur témoigner « assidûment... J'ai donc gardé le silence et j'ai paru les oublier. « Parisot et Perrichon n'y ont pas même fait attention et je les ai « toujours trouvés les mêmes : mais on verra vingt ans après, dans « M. Bordes, jusqu'où l'amour-propre d'un bel esprit peut porter « la vengeance lorsqu'il se croit négligé. »

C'est moins de vingt ans, c'est dix ans plus tard, que Borde a commencé à manifester sa mauvaise humeur, dans son *Discours sur les avantages des Sciences et des Arts*, prononcé à l'Assemblée publique de l'Académie des Sciences et Belles-Lettres de Lyon, le 22 juin 1751, et dans la polémique qui suivit. En parlant de vengeance *vingt ans après*, Rousseau fait allusion à la *Prédiction tirée d'un vieux manuscrit*, qui a constamment passé pour être de Borde, et qui est peut-être de Voltaire (voy. à la date du 21 juin 1762, *note*); ou à la *Profession de foi philosophique*; (voy. à l'article du 13 septembre 1763, *note*).

Ode sur la guerre, où il est tout à la fois poëte et philosophe.

« Il a encore composé de très-jolies comédies, du moins elles sont réputées telles par ceux qui les ont lues. Elles ne sont point imprimées; mais on espère qu'elles ne tarderont pas de l'être.

« Une qualité très-rare, dans M. Bordes, c'est qu'il ne parloit jamais de lui dans ses œuvres. » (*Mém. secr.*)

17 juillet 1781. On se rappelle que lorsque Rousseau de Genève rentra dans le Royaume après le décret lancé contre lui par le Parlement, il affecta de renoncer aux livres et à la Littérature et de se livrer uniquement à la Botanique; il alla herborisant par toute la France et se retira sur-tout en Dauphiné, où il prit le nom de *Renou*. Madame la Présidente de Verna, de Grenoble, sachant qu'il avoit établi son séjour dans la province, lui écrivit pour l'inviter à prendre un gîte dans son château; il lui répondit et cette piece originale, restée manuscrite entre les mains de Madame la Marquise de Ruffieux, fille de la Présidente, ayant échappé aux Editeurs des Œuvres de ce grand homme, mérite d'être consignée ici :

« Laissons à part, Madame, je vous supplie, les livres et leurs auteurs », etc... (1). (*Mém. secr.*)

(1) Cette lettre, datée de Bourgoin, le 2 décembre 1768, et signée Renou, est reproduite dans la *Correspondance*.

6 septembre 1781. Extrait d'une Lettre de Grenoble du 31 août :

« M. le Franc de Pompignan, Archevêque et Comte de Vienne, poursuivant toujours avec un zele infatigable les apôtres de l'Incrédulité ou les ennemis de l'Église, vient de publier encore un *Mandement portant défenses de lire dans son Diocese les œuvres de Jean-Jacques Rousseau et l'Histoire politique et Philosophique des Etablissemens et du Commerce des Européens dans les deux Indes, par le Sieur Rainal.*

« Dans cet écrit pastoral, très-bien fait dans son genre, on distingue ce parallele des deux coryphées de la Philosophie moderne. Voltaire plus fécond, du moins quant à la multitude de ses ouvrages; né Poëte, ce que l'autre n'étoit pas; esprit brillant, écrivain plus poli, et en général plus soutenu dans son style; Jean-Jacques, génie plus fort et plus nerveux, plus éloquent, quoiqu'avec de fréquentes inégalités; plus propre à manier le raisonnement. Tout considéré, et sans décider quel étoit celui qui, par l'abus et la supériorité de ses talens, pouvoit faire le plus de mal, il est certain dans le fait, que les Écrits de Voltaire ont eu plus de lecteurs; ils devoient en avoir davantage : l'inapplication et la légereté s'en accommodoient mieux; ils ouvroient un champ plus vaste à la licence de tout penser et de tout faire. C'est l'attrait de cette licence qui multiplie les incrédules; aussi Voltaire a-t-il conservé jusques à la fin de ses jours, la dictature dans la république des mécréans. On y admiroit le Citoyen de Geneve; il n'a pu y obtenir que la seconde place. Dans les combats qu'il a livrés à la Religion, il a soutenu ce caractère de singularité, répandu sur toutes les actions de sa vie. Franc et ingénu, il a dédaigné les subterfuges, familiers aux écrivains impies : il n'a pas prétendu, comme la plupart d'entre eux, et notamment Voltaire, qu'à l'ombre d'une ironie qui n'en est que plus insultante, ou d'une allégorie qui ne trompe personne, il auroit droit de se plaindre qu'on lui attribuât calomnieusement le dessein d'attaquer le christianisme : il a dit nettement et sans détour qu'il n'y croyoit pas.

« Il a retenu beaucoup plus de vérités que les athées et les déistes anciens ou modernes; mais il ne les a retenues que pour les affoiblir, et les défigurer. Il terrasse le matérialisme; le déisme retouché de sa main n'en a pas plus de consistance.

« Sa morale est moins dépravée que celle des autres incrédules; il la colore quelquefois. du vernis de l'austere vertu; mais ce stoïcisme aboutit enfin au relâchement le plus scandaleux.

« Il témoigne une profonde vénération pour la personne de Jésus-Christ... Nous pouvons et nous devons croire que cette vénération n'étoit pas feinte; il ne déguisoit pas ses sentimens... » (*Mém. secr.*)

Paris, *28 novembre 1781. L'éloge analytique et historique de Michel de Montagne*, par M. de la Dixmerie, est une de ces nouveautés dont tout le bon, tout l'intéressant a plus de deux siècles. C'est une sorte de travail que le lecteur éclairé aime beaucoup mieux faire et fait bien plus utilement lui-même en méditant les ouvrages originaux. Montagne est un de ces écrivains qui sont toujours si supérieurs aux éloges qu'on regrette de perdre à les louer un temps qu'on employeroit si délicieusement et avec tant de profit à les relire; ce sont de ces auteurs dans la gloire desquels disparoissent tous les faiseurs d'analyses. Dans un dialogue qui sert à grossir ce volume, Montagne et Bayle veulent prouver (eux qui doutoient tant et prouvoient si peu) à leur interlocuteur, J.-J. Rousseau, que son éloquence est pauvre, aride, que l'*Emile* ne vaut pas ce qu'on le prise, enfin que cet auteur est un prosateur médiocre et un vil plagiaire. Je ne répéterai pas pour justifier J.-J. Rousseau, le propos de l'homme de beaucoup d'esprit qui a dit qu'en littérature on est lavé du crime de plagiat, dès qu'on tue celui à qui l'on vole. Mais son génie, à qui l'eût-il pris? Sa belle âme, à qui l'eût-il dérobée? (*Corr. secr. de Métra.*)

Le 16 février 1782. M. de *la Live d'Epinay* vient de mourir; c'étoit un riche amateur des arts, jouant la comédie, et en faisant exécuter à sa terre avec beaucoup de goût et de magnificence; sa femme est une virtuose, surtout célebre par la passion de Jean-Jacques Rousseau, que le mari avoit recueilli chez lui, et qu'il appeloit son *Ours.* (*Mém. secr.*)

Le 20 février 1782. L'édition complette des œuvres de M. l'abbé de Voisenon paroît enfin. On y lit quelques notices sur des gens de lettres morts et vivans, dans le genre de celles de Voltaire à la fin du *Siècle de Louis XIV*, mais beaucoup plus gaies, plus piquantes et plus satyriques. Messieurs Marmontel et Diderot, entre autres, s'y sont trouvés tellement maltraités, qu'ils ont obtenu la suspension de la distribution de l'ouvrage et un carton à leur article. Le défunt peignoit le premier comme une espece d'étalon, qui s'étoit fait bien venir de quelques riches Financieres, et avoit accru sa fortune considérablement plutôt par ses talens physiques que par ses talens littéraires.

Le second étoit représenté comme un charlatan ne croyant pas à sa drogue; comme un enthousiaste factice, cherchant à électriser ses admirateurs; comme un fourbe, propre à faire des dupes; en un mot, l'Abbé de Voisenon sembloit à cet égard s'accorder assez avec ce qu'en dit Rousseau dans ses *Confessions*. (*Mém. secr.*)

Le 10 mai 1782. Les *Confessions* (1) de Jean-Jacques Rousseau, tant attendues, paroissent enfin, et se vendent même avec une sorte de tolérance. Mais on n'en a que la partie la moins curieuse; elles ne vont que jusqu'au tems où il vint à Paris et se fit auteur. Cette soustraction fait même appréhender que le surplus ne soit pas parfaitement exact. (*Mém. secr.*)

Le 15 mai 1782. M. Diderot, fâché qu'on eût mutilé son ouvrage sur Senèque, a pris le parti de

(1) *Les Confessions de J.-J. Rousseau* (les VI premiers livres seulement, suivis des *Rêveries du Promeneur solitaire*). Genève, 1782, 2 vol. in-8° [publ. par les soins de Du Peyrou à la Société Typographique].

Les derniers livres, suivis de lettres, ont paru, d'abord subrepticement en 1789, en 5 vol. in-8° ou in-12, à Genève [chez Barde et Manget] et à Paris, chez Maradan, puis à Genève [imprimés à Neuchâtel par Louis Fauche-Borel], en 1790. (Voyez à la date du 29 juin 1790.)

le faire imprimer en pays étranger sous le titre plus imposant d'*Essai sur les Regnes de Claude et de Neron et sur les Mœurs et les Ecrits de Seneque pour servir d'introduction à la lecture de ce Philosophe.* Il est aussi plus étendu et embrasse deux volumes avec un grand appareil de notes de deux especes : les unes de l'Editeur, et les autres de l'Auteur même. Tout cela sent beaucoup le charlatan. Pour surcroît, il y a joint une espece de dédicace à un M. Naigeon, qui a fait les premieres notes, et est représenté comme l'instigateur du travail du Philosophe, conjointement avec un Baron d'Holbach. Celui-ci tient bureau ouvert de philosophie, il est le point de ralîment, c'est à sa table que viennent s'asseoir les Aristippes de la secte moderne. M. Diderot a affecté de faire venir dans les notes le nom et les éloges des principaux, qui sans doute le prôneront à leur tour. Qui croiroit que l'étalage de tant d'érudition n'a été imaginée, comme on l'a dit, que pour amener une note sanglante contre Rousseau. Il n'étoit que désigné dans la premiere édition, dans celle-ci M. Diderot le nomme et redouble de fureur. Il sentoit approcher le moment de la publicité des fameuses *Confessions*, et il a cru sa diatribe plus nécessaire. Sous prétexte de se disculper, il la développe et l'étend; il s'en fait d'autant plus gloire, qu'il déclare avoir su être ménagé, et ne venger en ce moment que les Philosophes, ses confreres et ses amis.

Outre cette digression qui fait grand bruit, comme il a replacé dans l'édition nouvelle des morceaux retranchés dans celle de France, on a trouvé différentes allusions au regne précédent, qui excitent une violente tempête contre le moderne Tacite. (*Mém. secr.*)

De Paris, le 22 mai 1782. Les Confessions de J.-J. Rousseau paroissent enfin, suivies des *Rêveries du Promeneur solitaire.* Je les ai lues avec cette avidité que l'on met à connoître tout ce qui est sorti de la plume de cet éloquent écrivain. Cette lecture m'a fait un grand plaisir, mais elle ne m'a pas pleinement satisfait. J'admire le courage du citoyen de Genève quand il expose, sans restriction, les fautes dont il a été coupable, les motifs qui l'y ont conduit, et les remords qu'il en a éprouvés. Je l'estime et je l'aime quand, déployant, pour ainsi dire, tous les replis de son intérieur, il dit à ses lecteurs attendris : « Si vous voulez vous bien connoître, savoir ce que vous avez de vices et de vertus,.... étouffez votre amour-propre et n'écoutez que la voix de votre conscience, alors vous serez justes et bons. » Oh ! combien il mérite les respects et la reconnoissance des hommes, des philosophes, quand il ne se propose d'autre but que celui d'être utile, et de sacrifier son orgueil à la sûre et douce satisfaction d'éclairer les esprits. Mais ne dois-je pas être un peu surpris de le voir nommer comme complices de ses fautes des individus dont il devoit taire le nom? Je m'explique. Il est des personnes qu'il pouvoit, qu'il devoit même nommer. Il devoit faire connoître ces charlatans de vertu qui ont usurpé le nom de philosophes et même celui de sages, dont il fut la dupe et la victime, et sous l'oppression desquels ont gémi tant d'autres dupes. Dans les six livres que nous avons de ses *Confessions*, il ne parle point d'eux, hors une seule fois par hasard, où il nomme Grimm et Diderot qui, dit-il, avoient concerté un voyage d'Italie, dans lequel Grimm vouloit faire commettre beaucoup d'impiétés à Diderot, ne trouvant rien de si plaisant que de faire fourrer Rousseau à l'inquisition à la place de Diderot. Ailleurs, quand il dit quelque chose de cette espèce de gens, il en parle en somme sans désigner qui que ce soit. Son sixième livre finit au moment de son arrivée à Paris. Peut-être en aura-t-on la suite dans un certain paquet cacheté, trouvé après sa mort, avec cette inscription : *Dépôt à l'amitié pour être ouvert en 1800*, paquet qui fut remis à l'abbé de Condillac (1) et qui est à présent entre les mains de M. l'abbé de Mably. Si cela est, justice est faite. Elle doit l'être. Au surplus dans l'état où est aujourd'hui cet ouvrage, il est encore digne de son auteur. On y reconnoît cette âme brûlante qui sait donner de l'intérêt aux détails les plus minutieux. Quoique les six premiers livres des *Confessions* qu'on vient d'imprimer ne portent la vie de Jean-Jacques que jusqu'à l'âge de vingt-six ans, il est impossible de se défendre du charme que l'auteur a su donner

(1) C'est un manuscrit des *Dialogues* et non des derniers livres des *Confessions* que Rousseau avait confié à Condillac; (Voyez aux dates des 27 novembre 1780, *note*, et 28 décembre 1789.)

même aux espiègleries de son enfance : le dédaigneux orgueil de nos philosophes peut seul chercher à jetter du ridicule sur ces petits objets. Il n'est pas douteux que beaucoup de gens répètent d'après eux les sarcasmes insolens qu'ils se sont déjà permis : il y a tant d'esprits qui ne savent que *jurare in verba magistri !* Pour moi, en dépit de toutes leurs fureurs, j'élèverai toujours ma foible voix en faveur de l'immortel citoyen de Genève. Mon âme jouit du plaisir de croire qu'il fut réellement vertueux. Quand sa misanthropie commence à me devenir insupportable, je me rappelle qu'il fut horriblement persécuté ; je me souviens que les âmes énergiques s'indignent facilement contre ce partage inégal que fait la destinée, de l'autorité aux gens médiocres et vils, et de l'impuissance civile au génie, et je trouve alors cent raisons qui justifient son dégoût pour les hommes. Quel que soit leur jugement, j'admirerai sans cesse l'auteur d'*Emile*, je chérirai ses ouvrages, je respecterai sa mémoire, je le regretterai comme un des bienfaiteurs de l'humanité, en un mot, *manibus dabo lilia plenis.* (*Corr. secr. de Metra.*)

Le 29 mai 1782. Les *Confessions de Jean-Jacques* sont divisées en livres.

Le premier embrasse les seize premieres années de sa vie depuis le moment de sa naissance jusqu'à celui où il quitta Geneve, sa patrie, en 1728. Cette époque, quoique courte, est assez variée par les différens genres d'éducation qu'il reçut, et d'occupations auxquelles il se livra. L'anecdote la plus curieuse est celle d'une Demoiselle Lambercier, sœur d'un Ministre chez lequel on l'avoit mis pour apprendre le latin, et qui suppléant à son frere, fouetta un jour de ses mains le petit Jean-Jacques, ce qui lui agita si délicieusement le sang, que depuis lors il n'a jamais perdu le goût de cette volupté, et c'étoit celle qu'il préféroit même à l'œuvre de chair.

Dans le cours du second livre, il va d'abord à Annecy, y fait connoissance d'une Mad. de Warens qui le détermine à aller à Turin pour s'y rendre catholique; il devient garçon graveur, laquais; il vole un ruban pour en faire présent à la cuisiniere, et étant découvert, il accuse au contraire cette cuisiniere d'avoir fait le crime et de lui avoir donné le ruban dans le dessein de le séduire; il est chassé avec elle.

Il est placé au troisieme livre dans une autre maison et s'en fait expulser volontairement par son inconstance naturelle. Il retourne à Annecy chez Mad. Warens; il entre au séminaire; on ne peut en faire un Prêtre; il étudie la musique sous un M. le Maître; celui-ci qui l'enseignoit aux enfans de chœur, quitte la cathédrale et revient en France dont il étoit. Jean-Jacques le suit par ordre de Mad. de Warens; il s'avance avec lui jusqu'à Lyon, puis l'abandonne au moment où ce malheureux, sujet à l'épilepsie en éprouve une attaque dans la rue : il retourne à Annecy, et trouve sa bienfaitrice partie pour Paris.

Dans le quatrieme livre il visite la Suisse. Il

entre chez M. de Bonnac, Ambassadeur de France à Soleure, s'y attache à sa secrétairerie; il en sort pour venir à Paris y faire une éducation; il écrit une satyre contre l'oncle de son pupile, et cherche partout Mad. de Warens dont il apprend le séjour dans cette capitale. Point du tout, elle est repartie; il se remet à ses trousses; on lui dit à Lyon qu'elle est à Chambery, et il s'y rend.

L'époque intéressante du cinquieme livre est le dépucélement de Rousseau. Il avoit alors environ vingt ans. C'est Mad. de Warens qui couchant déjà avec son laquais, lui rend cet office; et cette femme, singuliere comme le héros, qui étoit dévote, n'avoit point de tempérament, arrangeoit ainsi à la fois deux amans, son confesseur et sa religion; et l'Auteur, au milieu de tant d'inconséquences, la peint si avantageusement que, malgré ses écarts, ses contradictions et sa crapule apparente, on l'aime et l'estime. Sa santé se délâbre avant vingt-cinq ans; il tombe dans un état vaporeux et spasmodique dont il ne s'est jamais relevé.

Le sixieme livre commence par une peinture délicieuse de la vie qu'il mene dans une campagne où il se retire avec Mad. de Warens pour soigner sa santé. Il s'y applique plus fortement à l'étude. Il se livre à la théologie, à la métaphysique, à la géométrie, aux belles-lettres. Il devient majeur; il recueille la succession de sa mere; sa santé ne se rétablit point; il part pour Montpellier. Bonne fortune qu'il a d'une femme d'un certain parage; elle lui donne rendez-vous chez elle au retour : il revient aussi foible, aussi mal portant ; il a des remords sur son infidélité envers Mad. de Warens ; il rompt son engagement et vole vers elle : il trouve sa place prise par un perruquier. Il ne peut supporter cette disgrace, et après avoir lutté longtems, il quitte. Il est chargé de l'éducation des enfans de M. de Mably, Grand-Prévôt de Lyon. Il y vole du vin, il se dégoûte de son métier ; il sent qu'il n'y est pas propre ; il retourne auprès de sa maman. Il n'y reste que peu de tems : la trouvant plus froide que jamais et plus dérangée dans ses affaires, il forme mille projets de fortune dans le dessein de contribuer à la soulager. Enfin, il s'arrête à celui de devenir un fameux compositeur en musique et part pour Paris, afin de soumettre au jugement de l'Académie son projet qui doit faire révolution dans cet art.

Ici finissent les *Confessions*, du moins celles imprimées, dont on voit qu'il manque la partie la plus essentielle. (*Mém. secr.*)

Le 31 mai 1782. Les *Confessions* de Rousseau, telles qu'on les a, ne satisfont pas à beaucoup près la curiosité du lecteur : il y manque la partie la plus essentielle, celle de son séjour à Paris jusqu'à sa mort. En outre, on a mis des étoiles à quantité de noms qui rendent moins intéressans les évenemens qu'il raconte faute d'en connoître les héros. D'ailleurs, la plupart des faits sont minutieux et racontés très-longuement. Il faut un charme aussi attrayant que celui du style de l'Auteur pour en supporter la lecture; mais la singularité du personnage, le bruit qu'il a fait, la hardiesse de ses systêmes, la naïveté de ses aveux, l'orgueil qui regne dans toute la narration, ont donné la plus grande vogue à ce livre, quelque imparfait qu'il soit, et quelque mutilé qu'on le suppose.

Ses *Rêveries* ou *Promenades solitaires*, qui suivent au nombre de dix, suppléent au reste par quelques faits assez détaillés, tels que celui de sa chute à Menil-Montant le vingt-quatre octobre 1776, lorsqu'il fut renversé par un Danois qui précédoit le carrosse du Président de Saint-Fargeau. Cependant ils sont tellement noyés dans des réfléxions moroses, dans une foule d'idées noires, apocalyptiques et tenant un peu de la vision, qu'il est difficile de dévorer également cette lecture; d'autant que ce rabachage tient beaucoup à un ouvrage de la même espece qu'on connoissoit déjà, intitulé *Rousseau juge de Jean-Jacques*. (*Mém. secr.*)

Le 23 juin 1782. Le Sieur *Palissot*, convaincu de l'impossibilité de laisser subsister dans sa piece la scene du Crispin à quatre pattes, ce qui la rend bien moins piquante, lui fait manquer à peu près tout son effet et donne au denouement une sorte d'insipidité, a cru devoir se concilier encore tout le parti nombreux attaché à Rousseau, 1° par un désaveu authentique et inséré au *Journal de Paris*, qu'il ait eu jamais en vue d'attaquer ce grand homme; 2° en ajustant dans la scene quelques vers très-propres à le justifier, et à prouver, au contraire, sa vénération pour lui; 3° par la suppression absolue du disciple du Philosophe converti en quadrupede. C'est dans cet état que les *Philosophes* ont été joués hier pour la seconde fois en présence d'une affluence nombreuse qu'avoit attiré la circonstance et en général elle a eu un grand succès. On a applaudi avec transport ces vers adaptés pour ôter toute équivoque et empêcher de laisser susbister l'idée que l'Auteur eût eu aucun dessein de flétrir la mémoire de Jean-Jacques.

> Je lui dois la justice.
> Qu'il ne connut jamais la brigue, l'artifice
> De la philosophie il étoit entêté;
> Au fond plein de droiture et de probité.

On a crié *Bis*; et le sieur Dugazon qui faisoit le rôle, a dû les répéter comme une ariete.

En outre, le Sieur Palissot a eu l'adresse d'ajouter quelques vers relatifs à la scene du jeudi :

> Ne peut-on pas gagner des Acteurs, des Actrices,
> Faire baisser la toile à force de rumeur...

Mais depuis ce moment un froid glacial s'est emparé du public, et l'enthousiasme s'est évanoui tout à coup. (*Mém. secr.*)

1er septembre 1782. On a recueilli toutes les lettres qu'on a pu retrouver de Rousseau pour en grossir l'édition de ses œuvres, ce qui fait qu'on y a imprimé sans choix jusqu'à des billets et chiffons qui ne méritoient aucune publicité. On n'auroit pas cru que paresseux, incivil, misanthrope, farouche, comme il étoit, il eût tant écrit. Cependant, soit qu'on n'en eût pas d'une date plus récente, soit qu'on les ait omises à dessein, ainsi que la suite des *Confessions*, elles ne vont que jusqu'à 1770. Les plus curieuses sont celles qui constatent diverses anecdotes de sa vie et les éclaircissent.

On y voit comme, en 1755, le Roi de Pologne Stanislas, ayant ordonné qu'on rayât M. Palissot de la Société littéraire de Nanci, pour avoir joué en plein théâtre Rousseau, celui-ci sollicita et obtint la grace du coupable, et c'est ce même ingrat qui fit ensuite *les Philosophes*.

On y voit comment les Corses en 1765 solliciterent Rousseau de leur rédiger un code de législation, demande qui lui rioit et flattoit son orgueil; mais qui excita si vivement la jalousie de Voltaire, qu'il se mit à la traverse et empêcha que l'exécution n'eût lieu.

Au reste, la plupart de ces lettres étoient imprimées, et il y en a peu de nouvelles. (*Mém. secr.*)

17 septembre 1782. Depuis longtemps, on se plaint de la fainéantise des chanoines, on demande à quoi ils servent, on les regarde comme des « porcs engraissés de la dîme de Sion »... Un digne membre de cet ordre l'a vengé cet année : Le chevalier des chanoines est l'abbé de Montdenoix, chanoine lui-même de l'Eglise de Paris, docteur de la Maison et Société de Sorbonne... Au Synode du 26 février, il a prononcé un *discours sur l'excellence de l'état canonial.* Ce discours est enrichi surtout des portraits de Voltaire et de Rousseau qui ont merveilleusement plu au clergé. Il paroît que c'est le morceau pour lequel il a le plus de complaisance et il avoue dans un petit avertissement que c'est ce qui l'a déterminé en partie à livrer son ouvrage à la presse ! Le style est pur, simple et *noble* comme le sujet. (*Mém. secr.*)

Le 13 novembre 1782. Relation de la séance de l'Académie royale des Sciences tenue aujourd'hui Mercredi pour sa rentrée publique d'après la Saint-Martin.

[Après diverses communications, Condorcet prononce différents éloges, entr'autres celui du Dr Tronchin :]

« Une chose qui distingue spécialement le talent de M. de Condorcet, c'est la variété qu'il met dans ses éloges. On a été plus à portée d'en juger durant cette séance où il en a lu trois. Cependant il faut tout dire, et ils étoient eux-mêmes très-diversifiés par les sujets. Après avoir fait sentir tous les avantages de la géographie, dans le premier, il s'est étendu dans le second sur la science du Médecin. Il s'agissoit du Docteur Tronchin, dont nous avons déjà rapporté quelques traits de sa vie, quelques principes de sa doctrine. Une anecdote que nous ignorions, c'est la faveur rare de son admission à l'Académie dont il étoit exclu de droit par les circonstances. En effet, comme Protestant, il ne pouvoit être reçu au rang des Académiciens ordinaires ; comme attaché à M. le Duc d'Orléans, il n'avoit pas de qualité pour être classé parmi les Associés étrangers; cependant, le désir de la compagnie de le posséder dans son sein fit passer par dessus la règle, et il fut reçu en 1778.

« Outre le service que Tronchin a rendu à la France en y introduisant l'inoculation, elle lui a d'autres obligations : celle d'avoir introduit un nouveau systême de traitement pour la petite vérole par le régime rafraîchissant substitué au régime échauffant; celle d'avoir rendu l'air aux malades qu'on étouffoit en les renfermant dans leur propre atmosphere empesté; d'avoir persuadé aux femmes de faire de l'exercice pour leur santé et la conservation de leurs charmes, par cette méthode usitée aujourd'hui chez nos plus grandes Dames de se promener à pied le matin, un bâton à la main, ce qu'elles appellent *Tronchiner*, enfin, d'avoir achevé par ses conseils de gagner sur les meres ce que Rousseau leur avoit déjà persuadé par son éloquence, de nourrir leurs enfans, pratique également conforme à la morale et à la médecine. Au reste, ce grand homme en médecine avoit peu d'invention, et s'il y a fait des révolutions, ç'a été moins comme créateur, que comme observateur qui profite des vérités connues, qui les rajeunit, les fait germer et les remet en vigueur. Il n'a presque point écrit.

« Rousseau avoit été fort lié avec ce Médecin puis l'avoit décrié : il avoit appelé tour à tour *mon ami Tronchin* et *le Jongleur Tronchin*, citation rapportée à regret par l'historien et sur laquelle il a brisé promptement; il s'est, au contraire, étendu avec complaisance sur l'amitié dont Voltaire honoroit le défunt, et qui, après avoir éprouvé quelques légers nuages, s'étoit fortifiée plus que jamais jusqu'au tombeau... » (*Mém. secr.*)

De Paris, le 15 décembre 1782. Les *Confessions* de Jean-Jacques ayant absorbé toute l'attention publique, lors de la livraison qui fut faite de la dernière partie de ses œuvres, on a gardé silence sur tout le reste : cependant, il s'y trouve nombre de morceaux faits pour exciter le plus vif intérêt. Dans ses lettres surtout, la plupart écrites à des amis intimes, on se plaît à voir cet homme sensible, dépouillé du ton d'auteur, s'entretenir simplement et franchement sur quantité d'opinions importantes et sur différentes circonstances de sa vie. Sa lettre explicative à M. Hume ne laisse aucun doute que cet Anglois n'ait servi la passion de MM. Dalembert et Diderot, et que le voyage de Londres, qu'il avoit suggéré, n'ait été substitué à celui d'Italie, dans lequel l'un de ces philosophes et M. Grimm, se proposoient de le livrer aux griffes de l'Inquisition. On est tour à tour attendri, indigné, révolté de tant de candeur payée de tant de trahison et de perfidie. Il faut pourtant avouer qu'à moins d'être soi-même un monstre, on ne peut concevoir qu'un personnage comme M. Hume ait pu s'avilir, se dégrader au point de jouer un rôle aussi infâme que celui d'être l'instrument infernal des machinations des ennemis de J.-J.; mais on ne peut disconvenir aussi que l'ingénuité de l'explication du sublime auteur d'*Emile* n'en présente les preuves convaincantes. Si l'on n'apperçoit pas ce qui donna naissance à tant d'animosités et de persécutions, on voit du moins que J.-J. eut dû les prévenir. Il n'est pas possible de lire sans la plus vive émotion les plaintes affectueuses qu'il adresse à Diderot sur le refroidissement qu'il en éprouva dès 1758, c'est-à-dire sept ans à peu près avant son fatal voyage d'Angleterre.

Vous vous plaignez beaucoup des maux que je vous ai faits, etc... (1).

Diderot n'en tint pas compte, et laissa cet ami respectable à son désespoir. J.-J. se détermine à lui écrire encore, et voici comme il lui peint ce qui l'y engage.

Vous pouvez avoir été séduit et trompé, etc... (2).

Les philosophes tiennent à ce langage. Cependant, écoutez-les, leur bouche est sans cesse remplie des mots d'humanité, de générosité, surtout de sensibilité; mais leur cœur n'est plein que de vent ou de fiel. Lisez les notes insérées dans la vie de Sénèque, et prononcez.

Les trois quarts des hommes font grand cas d'une certaine stupidité, qu'ils décorent du beau nom de fermeté ou de stoïcité, dont l'efficacité sublime est

(1) Quatrième alinéa de la lettre de Rousseau à Diderot (de l'Ermitage), janvier 1757 et non 1758, comme dit le gazetier.

(2) Dernier alinéa de la lettre de Rousseau à Diderot, datée de Mont-Louis, le 2 mars 1758.

de les rendre insensibles à la perte des objets les plus chers et les plus dignes de leurs regrets. Il s'en faut bien que la philosophie eût porté cet excès de dépravation dans le cœur de Jean-Jacques. Il connoissoit la douceur et le prix des larmes; loin de les envisager, ainsi que le vulgaire et les philosophes, comme un signe de foiblesse, il regardoit comme un nouveau motif d'affliction le temps qui nécessairement en tarit la source. Voyez ce qu'il écrit à son ami, M. Vernes, ministre à Genève, sur la mort de sa jeune épouse. L'homme soi-disant fort en sera révolté, mais l'homme vraiment sensible y reconnoîtra ses véritables sentimens. (*Corr.secr. de Métra.*)

23 avril 1783. Mad. *d'Epinay* vient de mourir. C'est cette femme rendue célebre par *Rousseau*, qui en étoit dévenu amoureux, qu'elle logeoit dans son château en un petit bâtiment du jardin destiné pour lui seul, et qu'elle appeloit son *Ours*. C'est celle aussi qui tout récemment a été couronnée par l'académie françoise, comme auteur du livre des *Conversations d'Emilie*, à cause de la bonne morale qu'il contient, mais au demeurant d'un ennui mortel.

Elle n'avoit jamais été jolie; elle n'étoit plus jeune, et au défaut des aventures galantes sur lesquelles elle avoit peu à compter par sa figure, elle avoit donné dans le bel esprit. (*Mém. secr.*)

26 avril 1783. On raconte à l'occasion de la mort de Mad. *d'Epinay* une anecdote peu connue et qui indiqueroit dans *Rousseau* un esprit de vengeance, de méchanceté, de noirceur, dont sans doute il se sera accusé dans ses *Confessions* à l'époque où il parle de cette Dame. On a dit qu'il en avoit été très-amoureux : lors de leur rupture, fondée sur un motif assez léger, et injuste de la part de celui-ci, il affecta de renvoyer à Mad. d'Epinay quelques meubles qu'elle lui avoit prêtés et de mettre au cul de la charette le portrait de cette amante, la face tournée du côté de tous les passans, afin que personne ne l'ignorât (1). (*Mém. secr.*)

(1) Quand Rousseau quitta l'Ermitage, il ne renvoya pas de meubles à Mme d'Épinay. Il se borna à emporter les siens propres, laissant dans le logis ceux qui lui avaient été prêtés. « Je fis « en hâte, dit-il, acheter quelques meubles avec *ceux que j'avais* « *déjà*, pour nous coucher, Thérèse et moi; je fis charrier *mes effets* « à grands frais, malgré la glace et la neige, mon déménagement « fut fait en deux jours, et le 15 décembre, je rendis les clefs de « l'Ermitage après avoir payé les gages du jardinier, ne pouvant « payer mon loyer. » (*Conf.*, livre IX.) Ce qui est confirmé en 1820, par L.-V. Flamand-Grétry, qui habita l'Ermitage : « Je possède, « à l'Ermitage, des effets qui n'ont pas appartenu mais qui ont « servi à Jean-Jacques. Ces effets lui avaient été prêtés par « Mme d'Épinay lors de son entrée à l'Ermitage; Rousseau les y « laissa et eut soin d'en confier la garde au jardinier. On les voit « toujours, etc... » Plus loin, citant Grétry, l'auteur donne le détail de ces meubles. « Le bois de lit de Jean-Jacques. — Une table en « noyer sur laquelle il composa une partie de sa *Julie*. — Deux « chiffonniers en bois de noyer. — Un petit corps de bibliothèque. « — Un baromètre. — Quatre bocaux qui lui servaient, quand il « travaillait le soir dans le jardin, conservés comme par miracle, « jusqu'à ce jour. — Deux gravures, dont une anglaise, représen- « tant *The Soldier's return* (le retour du soldat), et l'autre, les « *Vierges sages et les Vierges folles*. Voilà, pour me servir de l'expres- « sion de Grétry, les effets dont je me crois plutôt le sacristain « que le véritable propriétaire. » (*L'Ermitage de Jean-Jacques Rousseau et de Grétry, poème en huit chants avec un prologue* (et des

10 janvier 1784. L'auteur de l'estampe de *Voltaire* et *Jean-Jacques aux Champs Elysées*, qui a eu tant de succès, vient de mourir. C'étoit le sieur *Mairet*, graveur, éleve de *le Bas*, qui n'étoit pas encore de l'académie, mais très-digne d'y occuper une place. Son burin étoit correct, sa maniere douce et agréable : il sembloit avoir en vue celle de l'élégant *Bartolozzi*, et personne n'étoit plus près de ce charmant original. Du reste, beaucoup d'intelligence et de goût lui eussent incessamment procuré une grande célébrité. (*Mém. secr.*)

21 mars 1784. Le manuscrit dont on parle il y a un an, indiscrétement communiqué par le sieur de Beaumarchais, transpire de plus en plus au moyen des copies furtives qui en ont été tirées; il a pour titre, *Mémoires pour servir à la vie de M. de Voltaire, écrits par lui-même.*

. . . .

En comparant ces mémoires avec ceux de *Jean-Jacques Rousseau*, on voit bien que l'amour-propre a mis la plume à la main de l'un et de l'autre, mais d'une façon aussi différente que l'étoit le caractère de ces deux grands hommes. (*Mém. secr.*)

20 mai 1784. Les arts regrettent beaucoup M. Mairet... Ses deux estampes les plus précieuses

notes), etc., par L.-V. Flamand-Grétry. A l'Ermitage, chez l'auteur, vallée de Montmorency. A Paris, chez Mme Jenny Grétry, 1820, in-8°, pages 137 et 138.)

et qui doivent le devenir davantage depuis sa mort sont deux pendants d'après M. Moreau : *l'arrivée de Voltaire* et *l'arrivée de J.-J. Rousseau aux Champs Elysées.* Ce graveur avoit une connaissance profonde du dessin, une touche moëlleuse, suave et spirituelle. Il est mort le 24 décembre dernier, n'ayant pas *trente ans.* (*Mém. secr.*)

De Paris, 13 mai 1785. M. de Saint-Pierre étoit lié avec J.-J. Rousseau. Il raconte sur cet homme célèbre une anecdote qui peint la sensibilité de son âme. « Un jour, dit M. de Saint-Pierre, étant allé avec lui promener au Mont Valerien, quand nous fûmes parvenus au sommet de la montagne, nous formâmes le projet de demander à dîner aux hermites pour notre argent. Nous arrivâmes chez eux un peu avant qu'ils se missent à table, et pendant qu'ils étoient à l'église, J.-J. Rousseau me proposa d'y entrer, d'y faire notre prière. Les hermites recitoient alors les *Litanies de la Providence* qui sont très-belles. Après que nous eûmes fait notre prière dans une petite chapelle, et que les hermites se furent acheminés à leur réfectoire, Jean-Jacques me dit avec attendrissement : — Maintenant, j'éprouve ce qui est dit dans l'évangile; *Quand plusieurs d'entre vous seront assemblés en mon nom, je me trouverai au milieu d'eux*; il y a ici un sentiment de paix et de bonheur qui me pénètre l'âme. Je lui répondis : — Si Fenelon vivoit, vous seriez catholique. Il me repartit hors de lui et les larmes aux yeux : — Oh ! si Fenelon vivoit, je chercherois à être son laquais pour mériter d'être son valet de chambre... » (*Corr. secr. de Métra.*)

25 aoust 1785. Gravure. *Les Illustres François*, ou Tableaux historiques des grands hommes de la France, dédiés à Mgr le Comte d'Artois, par M. Ponce, son graveur ordinaire, rue Saint-Hyacinthe, porte Saint-Michel, nº 19.

On voit par le Prospectus, que l'Auteur a le projet de rassembler les Portraits des Hommes illustres, dont la France s'honore, et de les entourer de toute leur gloire, en y ajoutant des accessoires qui seront leurs titres à l'immortalité.

Les Portraits actuellement au jour sont ceux de Voltaire et de J.-J. Rousseau. On a rangé ce dernier au nombre des illustres François, quoique né à Genève. Ceux de Henri IV, de Sully, de Turenne et de Descartes paroîtront incessamment. Chaque livraison, composée de deux Estampes, se vendra 3 liv. en feuilles. On ne souscrit point pour cet ouvrage; mais ceux qui désireront se procurer la Collection entière, composée d'épreuves également belles, se feront inscrire chez l'auteur.

Ce projet nous paroît louable. (*Journal de Paris*, nº 237.)

12 octobre 1685. Analyse des Ouvrages de J.-J. Rousseau de Genève et de M. Court de Gebelin, auteur du *Monde Primitif*, par un Solitaire. A Genève, chez Barthelemi Chirol, Libraire, et à

Paris, chez la Veuve Duchesne, rue Saint-Jacques, in-8o de 234 pages.

Saisir le vrai but qu'un Auteur se propose, les principes qu'il établit, les preuves sur lesquelles il appuie ses principes, les conséquences qu'il en tire, les degrés par lesquels il a été conduit à la découverte de son système; voilà en quoi consiste une véritable analyse. Il faut de plus ne lui rien prêter, ne rien retrancher de ce que ses principes et ses preuves peuvent avoir d'essentiel. Il faut enfin que tout soit présenté d'une manière si claire, si naturelle, si suivie, que les plus zélés partisans de l'Auteur soient forcés d'y reconnoître sa doctrine. Le Solitaire a fait cette opération avec un soin et une exactitude extrêmes sur les Ouvrages de J.-J. Rousseau et de M. Court de Gebelin; et après avoir fini son travail, il l'a vérifié sur la portion de leurs Ouvrages qu'ils ont indiquée eux-mêmes pour être la clef de tous les autres.

On a avancé que J.-J. Rousseau n'a ni principes ni doctrine, qu'il se contredit perpétuellement, et que M. de Gebelin n'est qu'un antiquaire dont l'ouvrage est rempli de fatras, de chimères, de conjectures frivoles et d'inutilités. L'analyse du Solitaire fait voir avec évidence le peu de fondement de cette double assertion. Il cherche les principes de Jean-Jacques dans les trois principaux de ses Écrits : son premier *Discours*, celui sur l'*Inégalité* et l'*Émile*, ouvrages que le Philosophe Genevois lui-même a déclaré *être inséparables et former ensemble un même tout;* et il trouve que

Rousseau n'a pas eu tort d'avancer qu'il a toujours écrit dans les mêmes principes. A l'égard de M. de Gebelin, le Solitaire revient à plusieurs reprises sur son plan général et raisonné, sur sa récapitulation, et sur l'ouvrage intitulé *Les Devoirs*, qui termine son huitième volume, ouvrage que cet Auteur adopte, dont il fait le plus grand éloge, qu'il regarde comme un supplément à ce qu'il a dit lui-même, et qui rentre parfaitement dans ses principes politiques et moraux. De ce dépouillement des principes de Jean-Jacques et de M. Court de Gebelin, que résulte-t-il? que l'objet de ces deux Écrivains a été de conduire les hommes au bonheur, chacun par un système qui lui est particulier. Tous deux aspirent à la gloire d'être les réformateurs du genre humain, de détruire ses erreurs et ses préjugés, et le ramenant à la nature. Mais si leur but est le même, leurs opinions sont très différentes; « car par la nature, guide unique de l'un et de « l'autre, M. de Gebelin entend la *nature physique*, « *l'ordre physique qui règne dans la nature; le* « *grand ordre harmonique établi pour diriger l'espèce* « *humaine dans le choix des moyens les plus propres* « *à pourvoir à ses besoins*. Le Philosophe de « Genève entend, par la même expression, *la* « *conscience, le sens moral, ce sentiment exquis du* « *vrai, du beau, du juste, qui souvent dément, dans* « *le fond du cœur, la raison elle-même*. De sorte « qu'en rejettant l'un et l'autre la *raison*, ou « l'ordre métaphysique, le premier s'en tient « uniquement à l'ordre physique, tandis que le

« second s'appuie sur l'ordre moral et en fait la « base principale de toutes ses spéculations. » Rousseau nous dit : C'est la Société, ce sont les institutions qui ont dépravé l'espèce humaine et qui l'ont rendue malheureuse. Dans le système de M. de Gebelin, au contraire, c'est par la Société et les institutions sociales, par les arts et les sciences, suite naturelle de l'obéissance au *grand ordre*, que l'instinct s'est élevé au-dessus de son état primitif, que le genre humain est entré dans la route du bonheur. « Cette route, selon « Jean-Jacques Rousseau, aboutit à la stupidité « d'un orang-outang, ou à l'ignorance d'un sau- « vage tout au plus, et en dernier ressort à l'austé- « rité agreste et presque féroce d'un Spartiate. Le « terme de cette route, telle qu'elle est tracée par « le Philosophe du grand ordre, est la plus grande « activité, l'agriculture, le produit net, le com- « merce, la navigation, l'abondance, le plaisir et « la joie. »

Le Solitaire donne aussi un précis de la vie des deux philosophes dont il analyse le système, et qui, après avoir passé une vingtaine d'années à mener les hommes sur la route du bonheur, furent eux-mêmes très malheureux. L'un, sur la fin de ses jours, est tourmenté des plus déplorables rêveries; l'autre termine les siens *sous les yeux et dans les bras du grand Distributeur de la médecine universelle.*

Cette analyse, dont nous n'avons pu donner qu'une idée très générale, nous a paru très remarquable par la sagacité, la justesse et l'impartialité qui la caractérisent. La lecture en sera utile dans tous les tems à ceux qui voudront envisager les Ouvrages de MM. Rousseau et de Gebelin sous leur vrai point de vue : c'est la clé de leurs systèmes, et on ne peut mieux faire que de la joindre à la collection de leurs Œuvres (1). (*Journal de Paris*, nº 285.)

9 avril 1786. On peut se rappeler une Madame de Warens, qui joue un grand rôle dans les *Confessions* de Rousseau : elle est morte; mais un de ses parents ou amis, ou quelque ennemi de l'historien, a publié depuis peu des mémoires concernant cette Dame,

(1) On lit dans le *Journal Polytype des Sciences et des Arts*, du 29 septembre 1786, une longue lettre anonyme sur le même sujet, lettre d'où nous extrayons ce parallèle de Rousseau et de Court de Gébelin :

« La fin de ces deux Philosophes fut pareille, comme l'avoit « été leur vie : l'imagination de Rousseau lui fit croire que ses « ennemis avoient autant de force pour le persécuter qu'ils en « avoient le désir : il ne voyoit pas que les Grands n'avilissent point « leur autorité pour la faire servir à venger des querelles littéraires ; « ce fut son erreur, et elle empoisonna le reste de ses jours : mais il « crut avoir assez écrit pour éclairer les hommes et il se condamna « au silence. Gébelin, plus tranquille, et contre lequel on ne son- « geoit pas encore à soulever cette autorité, à laquelle les Cotins ne « cessent de crier que ceux qui les méprisent n'ont ni Dieu, ni foi, « ni loi, Gébelin s'exalta sur les conséquences de son système. Il « croyoit que les hommes étoient perfectibles, il souhaitoit de « les voir se perfectionner, il les y invitoit avec une ardeur dont il « est étrange qu'on lui fasse un crime ; il l'espéroit même, et cette « illusion d'une belle âme, si c'est une illusion, ce doux égarement « d'une imagination vertueuse, fut la lueur qui précéda sa fin... » (*Journal Polytype des Sciences et des Arts*, année 1786, tome V. A Paris, de l'imprimerie polytype, rue Favart, où l'on souscrit.)

où il la venge de la manière indécente dont Rousseau la traite et réfute surtout plusieurs calomnies avancées sur son compte. Ces Mémoires sont fort rares : l'on n'en parle que sur parole. (*Mém. secr.*)

20 juillet 1786. Les *Mémoires de madame de Warens* (1), dont on parloit depuis plusieurs mois, sont enfin publiés ici : *pour servir d'Apologie aux Confessions de J.-J. Rousseau*, est-il mis dérisoirement dans le titre. Certes, telle n'a pas été l'intention de l'éditeur, qui dans la préface fait une sortie des plus violentes contre le philosophe Genevois et ses *Confessions*, qu'il qualifie de libelle. Si Diderot vivoit, à ce ton déclamatoire, on croiroit qu'il seroit l'éditeur du nouvel ouvrage.

Du reste, ces mémoires de madame de Warens, qu'on peut regarder comme fictifs, sont peu de chose; ils sont accompagnés de *Pensées diverses*, attribuées à cette Dame, n'ayant rien de neuf au fond, ni de piquant pour la tournure.

Après, se trouvent encore les *Mémoires de Claude Anet*, écrits par lui-même, pour servir de suite à ceux de madame de Warens; mémoires non moins vuides, et non moins controuvés que les premiers. Il faut se rappeler que Claude Anet étoit un paysan devenu le maître Jacques, le *factotum* de madame de Warens, jouant aussi un rôle dans les *Confessions*.

(1) [Les frères Doppet.] *Mémoires de M*[me] *de Warens, suivis de ceux de Claude Anet, publiés par un* C.D.M.D.P. *pour servir d'apologie aux Confessions de J.-J. Rousseau.* A Chambéry, 1786, in-8°.

Enfin, le volume est terminé par quelques lettres prétendues de madame de Warens, et par des réponses et autres pieces peu importantes.

On peut regarder le tout comme un ouvrage de libraire, imaginé pour gagner de l'argent à la faveur du nom celebre de *Rousseau*, et ne répondant, nullement à la curiosité des lecteurs. (*Mém. secr.*)

*22 juillet 1786. Livres Divers. Mémoires de M*me *de Warens et de Claude Anet, pour servir de suite aux Confessions de J.-J. Rousseau.* Édition originale. 1 vol. in-8° de 237 pages d'impression, avec le portrait de Louise de Warens : prix 2 liv. 10 s. broché. A Chambéry, et se trouve à Paris, chez Le Roy, Libraire, rue Saint-Jacques, vis-à-vis celle de la Parcheminerie (1). (*Journal de Paris*, n° 203.)

24 juillet 1786. Les reproches faits à Rousseau à l'occasion de madame de Warens, sur le compte de laquelle on a publié les mémoires justificatifs dont il a été parlé, ont excité un des enthousiastes les plus ardents de ce philosophe, non-seulement à venger sa mémoire à cet égard, mais encore à beaucoup d'autres. Sa brochure est intitulée : *Réflexions philosophiques et impartiales sur J.-J. Rousseau et madame de Warens* (2).

(1) Tel est le titre qu'indique le *Journal de Paris.* Nous ne connaissons que l'édition que nous décrivons dans la note de l'article précédent et qui n'a pas de portrait. Voyez à la date du 12 novembre 1786.

(2) [Par Fr. Chas.] A Genève, 1786, 78 pages in-8°

On a accusé Rousseau d'orgueil et de misanthropie, d'avoir porté et nourri dans son sein un germe de folie, qui est devenue à la fin de ses jours une véritable démence; enfin, d'avoir outragé la nature, en envoyant ses enfants à l'hôpital. L'apologiste du célebre Genevois discute ces différents points avec beaucoup d'onction et d'intérêt, et, sans le justifier absolument, oblige au moins de le plaindre plutôt que de le blâmer. Ce qu'il dit par rapport à madame de Warens est aussi plus spécieux que solide : du reste, peu de faits et beaucoup de bavardage.

On juge que l'auteur a sur-tout en vue M. Servan, cet ancien avocat général du parlement de Grenoble, homme de lettres et philosophe, autant que grand magistrat, qui, après avoir été l'ami de Rousseau, l'on ne sait pourquoi, est devenu son détracteur après sa mort (1). (*Mém. secr.*)

27 septembre 1786. Réflexions philosophiques et impartiales sur J.-J. Rousseau et Madame de Warens; à Genève 1786. Brochure d'environ 80 pages in-8°. Se trouve à Paris, chez Royer, libraire, quai des Augustins.

Cette brochure plaira beaucoup aux amis de Rousseau, parce que l'Apologiste y prononce fermement son estime pour ce grand homme, et

(1) *Cf.* Servan. *Réflexions sur les Confessions de J.-J. Rousseau,* Paris, 1783, 147 pages in-12. Voyez pour le titre complet à la date du 20 juin 1762, *note.*

apprécie avec autant de justice que d'enthousiasme tous ses écrits. L'ouvrage débute par un parallèle de la vie de Rousseau et de celle de Voltaire, qui prouve que la gloire et la célébrité ne sont que des biens douloureux que le vrai sage ne devroit peut-être pas mettre en balance avec le repos de l'esprit dont ils exigent le sacrifice.

L'auteur entreprend ensuite de disculper Rousseau d'*orgueil*, de *misanthropie* et de *folie*, accusations qui lui ont été faites par des hommes vertueux, sages, mais qui se sont laissés égarer par l'esprit de système. « Les préjugés et la prévention surtout approchent quelquefois du fanatisme ; ils aveuglent l'homme et dans cet aveuglement, ils l'attachent avec force à ses opinions, et les font chérir, en lui persuadant qu'il défend les droits sacrés de la vérité ; c'est ainsi que par cette séduction funeste, il devient malgré la bonté de son âme, injuste et méchant. » Cette partie de l'apologie de J.-J. est développée avec une chaleur soutenue, et une force de raisonnement qui produit la conviction la plus décisive. L'Auteur y prouve : 1° que le sentiment de soi rend nécessairement orgueilleux, surtout lorsqu'on voit à quelle distance on se trouve des méchans et des sots qui composent presque en entier nos Sociétés perverses et incurables ; 2° qu'on doit nécessairement devenir Misanthrope lorsqu'on est injustement persécuté. Or quel auteur a jamais reçu plus d'outrages et souffert plus d'humiliations que celui qui, nouveau Socrate, en développant les vérités les plus précieuses de la morale, en nous invitant à l'amour de l'humanité, à l'étude de la nature et à l'exercice des vertus sociales, fut cependant déclaré l'ennemi du genre humain! 3° Enfin l'éloquent défenseur veut justifier Rousseau d'avoir mis des enfans à l'Hôpital. Cela n'étoit pas aisé. « L'auteur d'*Émile* étoit pauvre, il craignoit de « laisser ses enfans dans l'indigence, il redouta de « les confier à une mère dont il connoissoit les « foiblesses et les caprices; il frémit en croyant « que par l'effet d'une mauvaise éducation, ses « enfans, témoins de la dissolution publique, « pourroient devenir des scélérats; cette crainte, « profondément gravée dans son cœur, l'a forcé « à faire un acte qu'on a regardé comme un « attentat, mais qui dans son opinion et ses « principes est peut-être un acte de sagesse et de « prudence. Rousseau en laissant ignorer à ses « enfans leur naissance et leur origine, a cru « sincèrement qu'ils seroient plus heureux; or, s'il « a été dans cette persuasion, plaignons son erreur, « mais n'outrageons point son cœur. »

Eh! qu'est-il besoin d'examiner la vie privée de Rousseau? C'est dans ses ouvrages qu'il faut aller chercher nos instructions et nos lumières. Si ces dépôts précieux renferment les principes de la Sagesse et de la Morale, nous devons les consulter, et les adopter pour règle de nos actions et de notre conduite. Le Génie a imprimé sur ces Écrits immortels sa force et sa sublimité, en y développant les grandes vérités destinées à instruire les Nations, et à raffermir les fondemens de la félicité publique... Les imperfections du caractère sont des taches bien légères, lorsque la beauté et la bienfaisance embellissent le cœur, et qu'on a réparé dans un âge mûr les foiblesses de la jeunesse.

La seconde partie de cet ouvrage est destinée à démontrer que Rousseau n'a point flétri la mémoire de Madame de Warens par le récit de ses foiblesses et par ses éloges : l'Auteur prétend même que *telle qu'elle est, Madame de Warens fut un modèle à proposer à nos femmes de Paris.* Nous renvoyons nos Lecteurs aux observations de M. Servan (1) sur cette matière. L'ouvrage de ce philosophe, plein de force à la fois et de modération, nous a paru sans réplique; et malgré le zèle, l'esprit et le talent de l'Auteur dont nous rendons compte aujourd'hui, nous sommes forcés de convenir que ses raisons ne tiennent pas en présence de celles qu'entasse M. Servan.

Le morceau suivant, qui termine l'Apologie du Citoyen de Genève, nous paroît digne d'un Philosophe : « Rousseau, en faisant le récit des vertus « et des foiblesses de Madame de Warens, a « peut-être voulu instruire et corriger ses contem- « porains. Dans un siècle d'innocence et de mœurs, « il faudroit sans doute présenter sans cesse le « tableau de la vertu, pour inviter les hommes à « vivre toujours sous son empire; mais dans ce « tems de calamité, où le libertinage, les vices, la

(1) *Réflexions sur les Confessions*, etc., déjà citées.

« séduction immolent tant de victimes; dans ces « jours de luxe, d'égoïsme, de calcul, de caprice, « où l'esprit d'intrigue et d'agiotage, agite, bou- « leverse la société, où l'or dispose des honneurs et « des réputations, on est forcé de proposer pour « modèle une femme sensible, qui a expié ses « erreurs par de grandes actions, et dont il faut « oublier les foiblesses, pour ne s'occuper que de ses « vertus sublimes, que l'homme de bien ne cessera « jamais de recommander au respect et à l'imi- « tation». (*Journal polytype des Sciences et des Arts.*)

15 octobre 1687. — Aux auteurs du Journal. Genève, le 23 septembre 1786. Votre silence, Messieurs, me fait présumer que vous ne connoissez point encore l'*Histoire littéraire de Genève*, qui a été imprimée au commencement de cette année en trois volumes in-8°, à Genève, chez MM. Barde, Manget et Compagnie, et qui fait honneur à leurs presses. C'est M. Senebier, ministre du Saint Évangile, Bibliothécaire de la République, et connu avantageusement dans la carrière des Sciences, qui a fait ce don estimable à sa Patrie et à la République des Lettres. Je dis à la République des Lettres, car sans doute, l'histoire littéraire d'une Ville dont l'origine se perd dans la nuit des tems, d'une Ville où l'on rencontre à chaque pas les traces de César, d'une Ville devenue sous Calvin la Rome du Protestantisme, d'une Ville enfin qui a produit Necker et Rousseau; l'histoire littéraire d'une pareille Ville n'est point faite pour être concentrée obscurément dans ses murailles, elle appartient à toute la République des Lettres...

[Suit une longue analyse de l'ouvrage, qui se termine par ces lignes :]

L'article de Calvin paroîtra peut-être à quelques Lecteurs une Apologie plutôt qu'une Histoire, et celui de Rousseau leur confirmera peut-être la vérité de l'adage : « Nul n'est Prophète en son pays », adage que tout le reste de cette Histoire tend à détruire; mais quoi qu'en puissent dire ses Détracteurs, l'Auteur n'aura pas moins la gloire d'avoir donné aux Lettres et à Genève un ouvrage digne de toutes deux. Je suis, etc... *Signé*: Mallet, *Avocat à Genève*. (*Journal de Paris*, n° 228.)

12 novembre 1786. Mémoires de Madame de Warens et de Claude Anet, etc... (1).

Cet ouvrage ne contient rien de fort intéressant ; il n'apprend rien qu'on n'aît vu bien plus vivement décrit dans les *Confessions de J.-J. Rousseau* : Mais Mme de Warens ne fait que des *Mémoires* et point de *Confessions* : aussi ne parle-t-elle du Philosophe de Genève que comme d'un jeune homme qu'elle a comblé de bienfaits, et qui a pour elle de mauvais procédés. Claude Anet en dit un peu davantage : il raconte comme quoi sa Maîtresse répondit à la passion de *Jean-Jacques*,

(1) Suit le titre comme il est annoncé à la date du 22 juillet 1786.

qui se crut supplanté par un Garçon Perruquier; ce que Claude Anet regarde comme *un effet de la folie plutôt que de l'Amour.* « Rousseau, ajoute-t-il, étoit « presque jaloux de moi : maïs les égards que « j'avois pour lui devoient suffire pour l'éclairer sur « les sentimens de notre bienfaitrice et sur les « miens. »

Le but de l'Éditeur paroît avoir été de réhabiliter Mme de Warens dans l'opinion publique; et il nous donne ce récit de ses aventures, comme ayant été tracé par elle-même. Ce n'est pas tout : il nous donne encore les *Mémoires* du jardinier Claude Anet, afin qu'il ne nous reste aucun doute : « Les Mémoires de cette Dame furent, à ce qu'il « prétend, trouvés écrits de sa propre main dans « une cassette laissée par Claude Anet chez de « vieilles demoiselles qu'il servit après la mort de sa « maîtresse (1) ». Mais ceux de Claude Anet lui-même, *nouveau témoin, témoin irréprochable*, où ont-ils été trouvés? C'est ce qu'on a oublié de nous marquer aussi dans l'avant-propos. Trois ou quatre personnes composoient la maison de Mme de Warens, et chacune de son côté faisoit des Mémoires pour notre instruction : il ne manque que ceux du Garçon Perruquier qui a excité tant de jalousie. Il en faut donc revenir à l'aveu naïf échappé à l'Éditeur : « Ces Mémoires n'auroient

(1) Il est singulier que l'auteur du *Journal de Paris* ne songe pas à faire remarquer ici que Mme de Warens a survécu à Claude Anet. Il est singulier aussi que les frères Doppet, auteurs de l'ouvrage, ne s'en soient pas aperçus en lisant les *Confessions*.

« pas vu le jour sans la Célébrité de J.-J. Rous-
« seau. » (*Journal de Paris*, n° 316.)

21 avril 1787. La Religion considérée comme l'unique base du Bonheur et de la véritable Philosophie. Ouvrage fait pour servir à l'éducation des Enfans de S. A. S. Mgr le duc d'Orléans, et dans lequel on expose et l'on réfute les principes des prétendus Philosophes modernes; par Mme la Marquise de Sillery, ci-devant Mme la Comtesse de Genlis. 1 vol. in-8° broché, 5 l. et relié, 6 l. A Orléans, chez Couret de Villeneuve, impr. du Roi; et à Paris, chez Nyon l'aîné, libr., rue du Jardinet; Plassan, Hôtel de Thou, rue des Poitevins; Née de la Rochelle, Onfroy, Royez, quai des Augustins; Belin, Libr., rue Saint-Jacques, et Desenne, au Palais-Royal, n° 216.

[Suivent deux pages et demie de compte-rendu, où se lisent ces lignes :]

J.-J. Rousseau est un des Auteurs qu'elle (*Mme de Genlis*) traite le plus mal. « Que doit penser un Laquais, dit-elle (page 209), qui entend ses maîtres louer avec enthousiasme l'âme, les principes et le génie de Rousseau? Quelle impression feront sur lui les *Confessions* de cet homme si célèbre, si vanté, qui, étant Laquais, vola et rejeta son vol sur une personne innocente; de cet homme qui abjura sa religion pour de l'argent; de cet homme qui a manqué de mœurs, qui eut la plus noire ingratitude envers ses bienfaiteurs, qui fut inhumain pour ses enfans, et qui, après tous ces aveux, prétend être le *Meilleur des Hommes?...* Rien · ne pourroît m'engager, ajoute-t-elle, à prendre un Laquais Philosophe. » Nous pensons bien comme elle : ce seroit vraisemblablement un mauvais Laquais, et un plus mauvais Philosophe. (*Journal de Paris*, nº 111.)

5 mai 1787. Le Médecin philosophe, Ouvrage utile à tout Citoyen, dans lequel on trouve une nouvelle manière de guérir, puisée dans les affections de l'âme et dans la Gymnastique; par M. Doppet, Docteur en médecine de la Faculté de Turin. A Turin, chez les frères Reycenas, Libraires, et se trouve à Paris, chez Le Roy, libraire, rue Saint-Jacques, vis-à-vis celle de la Parcheminerie; in-8º de 78 pages.

« Il faudroit simplifier la matière médicale et réduire les médicamens à un petit nombre; il seroit peut-être possible *de les rendre tous inutiles* en étudiant la nature de plus près; je puis m'abuser, mais je crois entrevoir *un remède sûr dans le mécanisme des passions.* » Voilà ce qu'on trouve dans la Préface du *Médecin Philosophe.* Sur cette annonce, on cherche dans le Livre ce remède tiré du *Mécanisme des passions :* on trouve que les mouvemens produits par le rire pourroient servir à combattre les obstructions; que les pleurs nous soulagent dans nos maux; que l'empire de l'imagination est très puissant; que les personnes qui vont se faire arracher de mauvaises dents ne sentent plus de douleurs en entrant chez le Dentiste, etc... Il n'y a rien de nouveau dans tout cela que de guérir des obstructions en faisant rire ceux qui en sont attaqués. Ce qu'on ne croira guères davantage, c'est que la crainte puisse aller jusqu'au degré *qui guériroit le mal de dents sans rechute.* « Peut-être, dit l'Auteur, *pourroit-elle aller jusque là* », etc...

[Suit une page d'analyse puis :]

Ce qu'on lit avec le plus de plaisir dans les divers chapitres de cette Brochure est le passage suivant de J.-J. Rousseau : « Les Brutes ont un avantage sur nous; si elles n'ont pas l'art de savoir se guérir, elles ont en revanche celui de savoir ne pas se rendre malades. » *Etc., etc...* Beaucoup d'écrivains avoient recommandé aux mères de nourrir leurs enfans : J.-J. Rousseau seul a su les y déterminer; de tels succès sont les prérogatives du génie. (*Journal de Paris*, n° 125.)

2 juin 1787. « *L'Assemblée des Ombres aux Champs Élisées, Mélo-Drame en deux actes et en prose, suivi d'un Divertissement.* Prix, 24 s. à Genève; et se trouve à Paris, chez la Veuve Duchesne, Libraire, rue Saint-Jacques; Jombert fils, rue Dauphine; et chez les marchands de nouveautés. »

Enfin l'immortel Citoyen de Genève a donc aussi son apothéose. L'auteur de cette pièce, M. de La Houssaye, nous apprend dans un Avertissement très original entre lui et un Questionneur, qu'il auroit dû ajouter à son titre d'*Assemblée*, ou l'*Immortalité de J.-J. Rousseau aux Champs Élisées ;* mais il remarque avec le moraliste Figaro, qu'il n'est pas permis d'imprimer tout à Madrid. Nous remarquerons de plus, que l'immortalité du Philosophe Génevois est surtout dans ses Ouvrages. On apprend aussi que ce Mélo-Drame étoit prêt depuis longtemps, et que divers obstacles en ont arrêté la publicité : mais nous pensons, avec M. de la Houssaye, que les retards qu'il a éprouvés ne peuvent nuire à l'intérêt de sa Pièce. La mémoire d'un homme tel que Jean-Jacques est toujours récente. Il n'y a point de Société où ses Écrits, ses malheurs, ses vertus et sa haine vigoureuse contre les Méchans et les faux Philosophes, ne lui aient mérité des partisans nombreux et de justes admirateurs. Nous sommes loin d'imaginer, avec l'Auteur célèbre de *la Religion considérée*, que cet ami courageux de la vérité, ce génie éloquent, qui avoit pris pour devise *Vitam impendere vero*, ait eu un dessein calculé de se contredire sans cesse. Soutenir le pour et le contre, c'est dire vrai, plutôt que se contredire. L'âme de Rousseau étoit brûlante comme sa plume : il la transmet toute entière à ses Lecteurs. S'il s'est égaré quelquefois, je ne puis croire que ce fût par un ridicule système, qui n'eût été propre qu'à glacer son âme et sa pensée, loin de l'élever à cette force sublime qui lui assure un rang si distingué parmi nos Prosateurs les plus éloquens. Nous le répétons : les hommages rendus à sa mémoire intéresseront dans tous les temps la curiosité publique. C'est avec raison que l'auteur de l'*Assemblée des Ombres* se flatte que sa pièce ne peut manquer d'être bien accueillie sur tous les Théâtres où elle sera représentée.

Mais sur lequel des Théâtres de Paris Saint-Preux et Julie d'Étange nous offrirent-ils, dans une scène pleine de vie et de chaleur, tout ce qu'ils nous font aimer et sentir dans quatre Volumes? Où Sophie, si intéressante par la vivacité, la candeur et les espiègleries d'un premier amour; où Émile, Colin, Colette, et le Devin du Village, se verront-ils revivre sur la Scène? Sera-ce aux *François* ou aux *Italiens?* L'Auteur, à cette question, laisse les uns et les autres maîtres de la résoudre. Quoique les François aient de J.-J. Rousseau lui-même la Scène de Pygmalion, il semble que l'ouvrage de M. de La Houssaye doive mieux convenir aux Italiens. La Musique et le Divertissement de la fin ne seroient pas si bien exécutés ailleurs; et de plus, les décorations de la *Belle Arsène* et des *Trois Sultanes* rendroient peu dispendieuse la représentation de l'*Assemblée des Ombres*.

Quant aux Acteurs, rien ne manque à cet égard au Théâtre Italien; il ne seroit pas difficile de faire ici leur éloge. Le public, dans les Pièces de M. Desforges, leur prodigue les applaudissemens les plus mérités. M. de la Houssaye trouvera sans peine, dans la Troupe françoise des Italiens une Julie d'Étange, un Saint-Preux, un Émile, une Sophie, une bonne Mère et tous les autres personnages à l'aide desquels il a voulu mettre en action la morale et les idées du Philosophe de Genève. On peut s'en convaincre par une esquisse de l'ordonnance de la Pièce, ordonnance qui fait honneur à l'imagination et aux talens de M. de la Houssaye.

La Scène s'ouvre par un spectacle imposant. Pluton est assis sur son trône. La Vérité, à qui Rousseau avoit dévoué sa vie et sa plume, présente une requête. Elle demande qu'il soit permis à ceux qui ont le plus admiré Jean-Jacques sur la terre, de lui offrir leurs hommages dans l'Élisée. Pluton souscrit à ses vœux. Le Palais de Pluton, environné de ses juges et de ses gardes, disparoît; il fait place aux Champs Élisées. Les premières ombres qui s'offrent aux regards de la Vérité sont Julie d'Étange et son Amant. Cette scène est traitée avec beaucoup d'intérêt et de chaleur. Julie a un mirte à la main, et Saint-Preux un faisceau de roses : c'est leur tribut d'hommage à Jean-Jacques. La Vérité les conduit vers le bosquet où le Philosophe se dérobe à tous les regards. Vient ensuite une mère et sa fille qu'elle a allaitée. Les tableaux que présente cette scène offrent un contraste avec la scène suivante, entre une Nourrice, un petit garçon et sa mère qui ne l'a pas nourri elle-même. Ici la leçon est mise en action de la manière la plus vive et la plus pénétrante. Suivent les ombres de Rameau et de Lulli, qui terminent le premier Acte. Ces grands musiciens se plaignent des novateurs qui les ont proscrits : ils s'accordent à prendre pour juge Jean-Jacques, qui a fait preuve de ses connoissances en musique : ils se rendent à son bosquet pour honorer ses talens. Un divertissement d'Ombres Lullistes et Ramistes met fin à ce premier Acte.

Émile et Sophie ouvrent le second par une scène attachante par le fond des idées et des images : la Vérité les conduit aussi au bosquet solitaire de leur Maître. Presque aussi-tôt le Fanatisme, que Jean-Jacques a tant détesté durant sa vie, s'élance du fond des Enfers. Son apparition est horrible. Le Monstre a une torche à la main. Il veut mettre le feu au bosquet qui dérobe le Philosophe à ses yeux. La Vérité s'y oppose. Elle implore une seconde fois la puissance de Pluton. Les Enfers s'entr'ouvrent, et le Monstre retombe en frémissant dans l'abîme. C'est au Théâtre que cette Scène doit avoir tout son effet.

L'Immortalité, annoncée par une musique céleste, descend au fond du Théâtre sur un nuage étincelant de rayons. Elle apprend à la Vérité sa Sœur que le génie et la vertu s'épurent sur la terre par les persécutions, et qu'il ne faut espérer de justice que chez les Morts. Elle tient une couronne destinée à Jean-Jacques. La Vérité demande que Minos, qui s'est rendu auprès du Philosophe, permette que le bosquet s'entr'ouvre. Minos paroît assis à côté de Jean-Jacques, qui tient à la main le Tome de ses Confessions. Le Juge se lève, il exhorte le Citoyen de Genève à recevoir les hommages qui l'attendent; il lui déclare *qu'il répondroit et disputeroit en vain*, que les décrets sont irrévocables chez les Ombres. Cette interdiction de répondre justifie l'auteur de l'objection, *Pourquoi Jean-Jacques ne dit-il rien dans la Pièce?* Ce n'était guère le cas de faire parler le Philosophe. Qu'eût-on pu lui faire dire? Eût-il disputé sur les honneurs qu'on lui rend? les auroit-il refusés ou approuvés? Le silence tire l'Auteur de cet embarras. L'Immortalité et la Vérité, compagnes désormais inséparables de Jean-Jacques, le conduisent vers un trône. La Vérité désire que l'Amour, si bien peint dans l'*Héloïse*, intervienne à la Fête. Il arrive avec les personnages du *Devin du Village*. Ici la Gaîté, les Saillies et les Peintures les plus riantes reposent agréablement l'imagination.

A tous égards, l'Auteur de l'*Assemblée des Ombres* doit s'applaudir de son idée; c'en est une heureuse de célébrer l'Auteur d'*Émile* sur le Théâtre. Il nous semble qu'il l'a très-heureusement exécutée : mais la représentation seule peut mettre le Public à portée d'en juger en dernier ressort. — S. A. (*Gazette de Littérature, des Sciences et des Arts*, nº 22) (1).

16 juillet 1787. Les Ligues achéenne, suisse, hollandoise, et Révolution des États-Unis de l'Amérique comparés ensemble, par M. de Mayer, 2 vol. in-12, chez Cuchet, libraire, rue et hôtel Serpente [à Paris], 4 liv. brochés, 5 liv. reliés.

Cet ouvrage est divisé en deux parties..., on y

(1) Supplément au *Journal historique et politique de Genève*, par M. Mallet-Dupan, l'aîné.

voit comment les Républiques se forment, comment les peuples s'affranchissent, comment ils reviennent aux premières bases de la Société Civile, etc., etc...

On lira avec curiosité les rapprochemens que M. Mayer a faits de l'Abbé de Mably et de J.-J. Rousseau. Ce dernier avoit dit dans son *Contrat social* tout ce qu'on pouvoit dire sur ces grands intérêts. (*Journal de Paris*, *supplément au* nº 197.)

25 janvier 1788. *Dictionnaire de Musique*, dans lequel on simplifie les expressions et les définitions Mathématiques et Physiques qui ont rapport à cet Art; avec des Remarques impartiales sur les Poëtes lyriques, les Versificateurs, les Compositeurs, Auteurs, Executans, etc., etc.; par J.-J.-O. de Meude-Monpas, Chevalier. A Paris, chez Knapen et fils, Libr.-Imp. de la Cour des Aides, au bas du pont Saint-Michel. In-8º de 232 pages avec cette épigraphe :

Les discours trop savans ne parlent qu'aux oreilles.

M. le Chevalier de Meude-Monpas a eu pour objet, dans ce Dictionnaire, de se rendre intelligible aux commençans; *il a tâché de se rapprocher des personnes qui n'ont aucune connoissance des langues anciennes*, *non plus que des Mathématiques et de la Physique*. Personne n'ignore que J.-J. Rousseau a publié un Dictionnaire de Musique : M. de Meude-Monpas en a abrégé ou rectifié un grand nombre d'articles; et il évite soigneusement d'employer des expressions *trop abstraites*. « J'ai souvent, dit-il encore dans la Préface, « abandonné la froide « régularité du *style* pour me faire entendre « *indubitablement* ».

[Suivent trois colonnes de citations, puis :]

M. de Meude-Monpas, dans plusieurs endroits nomme Rousseau son maître : mais *jurare in verba Magistri* n'est pas toujours sa devise, il le combat de tems en tems, et alors, il dit : « Je n'approuve « pas l'opinion de J.-J. Rousseau... Je n'approuve « point du tout la manière dont J.-J. Rousseau « traite cet article... » (*Journal de Paris*, n° 25.)

7 septembre 1788. Œuvres complettes de J.-J. Rousseau, nouvelle édition, classée par ordre de matières, et ornée de 90 figures, 2 premiers volumes. A Paris, chez Poinçot, libraire, rue de la Harpe, n° 135.

Nous avons déjà beaucoup d'Editions des *Œuvres de J.-J. Rousseau*; mais celle-ci surpassera infiniment toutes les précédentes en magnificence, et elle sera aussi plus complette, puisqu'on promet dans le Prospectus qu'elle sera *enrichie de grand nombre de Pièces et notes de l'Auteur qui n'avoient pas encore été publiées*.

Cette première livraison de deux volumes contient une partie de la *Nouvelle Héloïse* précédée d'une longue *Introduction* par M. Mercier et du *Voyage à Ermenonville*, par feu M. Le Tourneur, servant de Préface, avec neuf gravures, dont trois nouvelles, dessinées, par M. Marillier; les six autres d'après M. Moreau, le tout gravé sous la direction de M. Ponce, graveur du cabinet de Mgr comte d'Artois.

[Suit une analyse du *Voyage à Ermenonville* de Le Tourneur, analyse qui se termine par la citation de « vers charmants faits par une femme à l'aspect d'odieuses inscriptions » relevées sur le tombeau de J.-J. à l'île des Peupliers :]

Qui donc sur ce tombeau vient mêler à nos pleurs
Les poisons de la haine et le fiel de l'envie?
Ah ! qui que vous soyez respectez nos douleurs :
Rousseau fut malheureux pendant toute sa vie;
Mais il crut que la mort finirait ses malheurs :
Se seroit-il trompé? Ne troublez pas sa cendre;
Il est temps qu'il repose : épargnez notre ami.
Las ! à peine il est endormi :
Parlez du moins plus bas, il pourroit vous entendre.

[Ces vers, ajoute le journaliste, sont de Mme la comtesse de B*** (1).]

La nouvelle édition dont il s'agit aura trente-deux ou trente-quatre volumes, et sera rangée par ordre de matières. Elle est in-8o et in-4o. Le premier format coûte 10 liv. les 2 vol., et 24 liv. en papier vélin. L'in-4o, 24 liv., et 48 liv. On souscrit à Paris chez Poinçot, Libraire, rue de la Harpe, no 135, en payant 12 liv. d'avance pour l'in-8o, papier ordinaire, et pour les autres, à proportion. (*Journal de Paris*, no 251).

(1) Voyez l'article suivant.

12 septembre 1788. Aux auteurs du *Journal.*

Qui donc sur ce tombeau, etc...

Messieurs, ils ne sont pas de Mme la Comtesse de B***, ces neuf vers cités dans l'Extrait des deux premiers volumes des *Œuvres complettes* de J.-J. Rousseau, au nº 251 de votre journal (1).

Insérés primitivement dans le *Journal des Sciences et des Beaux-Arts*, vous leur donnâtes vous-mêmes, une existence littéraire dans votre nº 179 de l'année 1780. L'*Almanach des Muses* mit le sceau à leur bonne fortune en les publiant de nouveau page 120 de 1781.

Aujourd'hui qu'ils cessent d'être anonymes, permettez-moi de réclamer cet acte de reconnoissance envers un Philosophe qui n'aimoit point les ingrats.

Signé : Sylvain MARÉCHAL, avocat.

(*Journal de Paris*, nº 256).

8 avril 1789. [Dans la rubrique « livres divers » :] *Eloge de J.-J. Rousseau*, broch. in-8º de 68 pages d'impression. A Genève, et se trouve à Paris, chez Mouteau, libraire, quai des Augustins, nº 24. (*Journal de Paris*, nº 98).

28 décembre 1789. Aux auteurs du *Journal.* A Beaugency, le 10 décembre 1789. Messieurs. Lorsque M. l'abbé de Condillac vivoit auprès de Beaugency, ses habitudes sociales étoient circonscrites

(1) Voyez l'article précédent.

dans un cercle étroit. Parmi les amis qu'il s'étoit choisis, il avoit distingué M. le Maistre qui à titre du mérite qu'il avoit et de la confiance qu'il méritoit, étoit devenu dépositaire du Manuscrit, que J.-J. Rousseau avoit remis à M. l'Abbé de Condillac, en lui faisant promettre que cet Ouvrage ne seroit connu qu'après l'expiration du siècle.

M. le Maistre en a averti le public dans une lettre insérée dans le *Journal de Paris* en 1783, nº 44. Voici ce qu'il dit dans cette lettre :

« A la mort de M. l'abbé de Condillac, Mme sa « nièce l'a remis (ce manuscrit), à M. l'abbé de « Reyrac qui le lui a rendu avant de mourir. Depuis « cette dernière époque, Mme de... me l'a remis en « me communiquant en même tems, et les inten- « tions de M. de Condillac, premier dépositaire, « et les siennes. »

La mort a enlevé M. le Maistre il y a quatre ans. La confiance de l'auteur célèbre et infortuné du Manuscrit ne sera point violée : et si la personne qui en est aujourd'hui dépositaire venoit à mourir, quelques amis dont cette personne est entourée le recueilleront. Les précautions les plus scrupuleuses sont prises par avance à ce sujet.

Le 1er janvier 1801, un nombre de personnes graves et instruites s'assembleront. L'écriture de chaque enveloppe du manuscrit sera confrontée et reconnue avant son ouverture, et l'on en fera un procès-verbal authentique. L'ouvrage sera lu avec l'attention et l'intérêt que doit inspirer une œuvre de J.-J. Rousseau. Aussitôt on rendra public le résultat, de ce comité. Le manuscrit sera copié, et ensuite livré à l'impression. L'original ne servira que pour collationner, et après l'impression il sera déposé dans une bibliothèque publique, afin que l'on puisse confronter et croire.

Tel a été jusqu'à présent et tel sera le sort du manuscrit que J.-J. Rousseau, trop célèbre et trop sensible pour que sa célébrité n'ait pas contribué à ses malheurs, a remis à M. l'abbé de Condillac, à qui, plus d'une fois, M. le Maistre et moi, nous avons entendu faire l'éloge et de l'auteur, son Ami, et du manuscrit dont il avoit lu plusieurs passages pris au hasard.

Lorsqu'on juge, Messieurs, d'après deux grands hommes comme J.-J. Rousseau qui a écrit, et l'abbé de Condillac qui prononce, on peut espérer que le dépositaire du manuscrit aura, au 1er janvier 1801, d'agréables étrennes à donner au Public pour le premier jour et d'une année, et d'un siècle (1).

J'ai l'honneur d'être, etc...

Signé : PLINGUET,
ingénieur en chef de Mgr le duc d'Orléans.

(*Journal de Paris*, nº 362).

8 mai 1790. Volland, libraire, quai des Augustins,

(1) Il s'agit du manuscrit de *Rousseau juge de Jean-Jacques* actuellement conservé à la Bibliothèque de la Chambre des députés. A l'époque où écrivait Plinguet, l'œuvre était publiée depuis près de dix ans. Voyez l'article du 27 novembre 1780.

numéro 25, propose les livres suivans à un rabais extraordinaire :

Œuvres complètes de J.-J. Rousseau, ornées de son portrait, 17 volumes, in-4°, gr. papier, 45 livres, au lieu de 120 livres.

Il ne reste plus que cinquante et quelques exemplaires de cet ouvrage.., [Suit une énumération d'autres livres.] (*Journal de Paris*, n° 128, supplément n° 22.)

15 juin 1790. Un des admirateurs de J.-J. Rousseau et de Voltaire fit faire en 1778, d'après nature, des portraits en pied de ces deux grands hommes par M. Suzanne, sculpteur, ancien pensionnaire du Roi; ils sont costumés ainsi qu'ils avoient l'habitude de l'être et dans l'attitude de marcher. Ces modèles, de la hauteur d'un pied, sont précieusement finis, et frappans tant pour la ressemblance que pour le maintien; l'artiste a su saisir l'un et l'autre avec précision.

Le Propriétaire, désirant mettre le Public à même de se procurer les portraits de ces deux Personnages, vient de proposer au sieur Suzanne de les faire mouler, et l'a engagé à ouvrir une souscription qui sera de 24 livres pour chaque figure en talc reparée avec soin : la demeure du sieur Suzanne est barrière Sainte-Anne, dans le passage de la rue Poissonnière à celle de Paradis, n° 18. On souscrit chez lui, tous les jours, à une heure après-midi; il prendra aussi des arrangemens particuliers avec les personnes qui désireroient ces mêmes figures en bronze couleur antique (1).

Nota. Chaque souscripteur, pour une seule ou pour les deux figures, sera tenu de donner la moitié du montant de la souscription pour laquelle l'Artiste ne demandera que le tems nécessaire au reparage des Figures. Les souscripteurs étrangers, ou ceux des différens départemens de France, voudront bien affranchir leurs lettres, accorder le tems nécessaire, et ajouter 3 livres de plus au prix convenu par Figure, et ce pour prix d'emballage; celui du transport devant être inévitablement à leur charge. (*Journal de Paris*, n° 166, supplément n° 38.)

Mercredi 23 juin 1790. Un artiste a fait présent à l'assemblée nationale du buste de Jean-Jacques Rousseau : il a été placé vis-à-vis des bustes de Francklin et de Washington. Sur la physionomie de ce grand homme, qui est très ressemblante, on voit l'expression de ses malheurs plutôt que celle de son génie, mais c'est qu'en effet, dans les dernières années de sa vie, la physionomie de Rousseau n'exprimoit plus que ses malheurs. A côté du buste est le contrat social : ce n'est peut-être pas le plus beau titre de la gloire de Rousseau, mais parmi ses titres de gloire, c'est celui qui a le plus de rapport

(1) Nous ne trouvons aucune mention de cette statue dans l'*Iconographie* de M. de Girardin.

avec les travaux de l'assemblée nationale (1). (*Journal de Paris* n° 174).

29 juin 1790. Avis sur une nouvelle Edition de la seconde partie des Confessions de J.-J. Rousseau. Cette édition, faite à Neufchâtel en Suisse, a deux avantages bien incontestables sur celles qui ont eu cours jusqu'à ce moment; le premier est de présenter dans toute sa fidélité et toute sa pureté le texte original; il ne faut que comparer, pour se convaincre des retranchemens et des changemens marqués que se sont permis les Editeurs de Genève. Au livre IXe, il y a de leur part omission de deux pages entières, et de beaucoup de phrases et de choses de détail dans tout le cours de l'ouvrage.

Les changemens et les altérations qu'ils ont pris sur eux de faire sont très multipliés, et dans plusieurs endroits défigurent l'original; le second avantage de cette Edition-ci sur toutes les autres est d'être enrichie de pièces relatives aux *Confessions* et publiées pour la première fois, et d'un très grand nombre de Lettres intéressantes qui n'avoient point encore été imprimées. Une augmentation aussi considérable a fourni deux volumes de plus.

(1) On lit dans le *Journal de Paris* du 4 juillet 1790, n° 185 :

« Dans la feuille du 23 juin, nous avons annoncé qu'un artiste avoit offert à l'Assemblée Nationale le Buste de J.-J. Rousseau, et le volume de son Contrat Social. Cet hommage a été fait par M. Chariot, huissier-commissaire-priseur de Paris, ainsi qu'il résulte du décret rendu à ce sujet par l'Assemblée, et d'une lettre particulière qu'il nous a écrite. »

Cette Edition, bien exécutée, en cinq volumes in-8°, et cinq volumes in-12, a pour garant de son authenticité M. Du Peyrou, qui l'a dirigée. Elle se vend à Paris chez le sieur Grégoire, Libraire, rue du Cocq Saint-Honoré, près le Louvre.

On trouve, chez le même, les Œuvres complettes de J.-J. Rousseau, formant avec les Confessions trente-cinq volumes in-12 (1). (*Journal de Paris*, n° 180).

23 décembre 1790. Assemblée nationale, mardi soir 21 décembre... On l'a cent fois remarqué, cent fois écrit et imprimé; c'est chez les Nations libres que naissent les grands hommes, et c'est là aussi qu'ils reçoivent les récompenses les plus propres à s'acquitter envers les hommes de génie, et à leur susciter des égaux. Il ne faut pas plusieurs moyens pour cela, le même suffit : car la récompense décernée à un grand Homme devient à l'instant l'espérance de l'homme qui peut devenir grand. M. Barrère de Vieuzac, pénétré du sentiment de ces véri-

(1) Dans le *Mercure de France* du 27 novembre 1789, n° 47, Du Peyrou avait publié une déclaration, datée du 21 novembre, *Déclaration relative aux Confessions de J.-J. Rousseau, accompagnée de quelques notes*, pour protester contre la publication faite par Pierre Moultou des derniers livres des *Confessions*. Cette déclaration est reproduite en tête de « *Pièces relatives à la publication des Confessions*, in-4° de 12 pages, s. l. ni date (vraisemblablement Genève, Barde et Manget, 1789). M. Ph. Godet a raconté l'incident dans tous ses détails au chapitre XIV de *Madame Charrière et ses amis*, 2 vol. in 8°, Genève, A. Jullien, 1905.

tés, a pris la parole au commencement, et voici comment il a parlé (1) :

« MESSIEURS,

« Vous avez décrété solennellement, dans le mois d'août dernier, que les récompenses publiques pourroient devenir le partage des Veuves des hommes qui ont servi la Patrie. J'ai l'honneur de vous présenter aujourd'hui une adresse conforme à ces sages décrets.

« La Veuve d'un Homme célèbre vient réclamer aujourd'hui, auprès des Représentants de la Nation, des secours dans l'indigence qui la menace. Cette Veuve est celle de J.-J. Rousseau : elle jouit de quelques modiques pensions, qu'elle ne doit qu'au nom de son illustre Epoux. Mais ce ne sont là que des bienfaits précaires. Si les titres de ces bienfaits existent, elle ne les connoît pas : ces sources peuvent se tarir à chaque instant, et la laisser en proie aux angoisses du besoin; et cette crainte est malheureusement trop justifiée par la perte d'un de ses bienfaiteurs dont les enfants ont dilapidé la succession.

« Vous n'écouterez pas, MM., les clameurs de la Calomnie qui ont retenti dans ce Royaume; elle a si long-tems tourmenté l'Auteur du Contrat social, elle a si lâchement entrepris de remuer ses cendres, qu'elle ne pouvoit pas sans doute épargner sa Veuve.

« Cette femme respectable a été accusée d'avoir avili le nom célebre de Rousseau dans les bras d'un second mari. C'est dans ce Temple des loix qu'on doit venger la Veuve du législateur de l'Univers, trop long-tems calomniée.

(1) Le discours qui suit est reproduit dans le 14e vol. de l'édition Poinçot, page 292.

« Non, MM., elle n'a jamais manqué à la mémoire de Rousseau : *elle ne voudroit pas changer le titre de sa Veuve pour une couronne*, ce sont les propres expressions de sa sensibilité que je n'ai pu entendre de sa bouche sans émotion, j'en tiens dans les mains les témoignages authentiques qui m'ont été remis par MM. les Curés d'Ermenonville et du Plessis-Belleville, sur les Paroisses desquels elle demeure depuis son mariage (*sic*) en y donnant tous les jours l'exemple des bonnes mœurs et de la bienfaisance.

« Si j'avois encore besoin d'autres témoignages, j'invoquerois celui de Rousseau lui-même dans une de ses lettres à M. Duclos.

« Elle a fait, dit-il en parlant de son épouse, elle a « fait ma consolation dans mes malheurs, elle me les « a fait bénir.

« Et maintenant, pour prix de 20 ans d'attachement « et de soins, je la laisse seule, sans protection, dans un « pays où elle en auroit si grand besoin ; mais j'espère que « tous ceux qui m'ont aimé lui transporteront les senti- « mens qu'ils ont eus pour moi : elle en est digne ; c'est « un cœur tout semblable au mien... » .

« Athènes éleva la famille d'Aristide aux dépens de la République : que fera la Nation Françoise pour la veuve de J.-J. Rousseau? Je ne vous dirai pas qu'elle est vertueuse et indigente, qu'elle est accablée du poids de sa douleur et de ses années : vous êtes justes, vous êtes humains, et vous avez à cœur la gloire de la Nation.

« Vous penserez peut-être qu'il convient que la Veuve de ce grand Homme soit nourrie aux frais du trésor public ! mais il ne m'est pas permis d'oublier qu'elle a mis elle-même des bornes à votre bienfaisance : elle ne peut accepter que la somme de 600 livres. »

Cette manière noble de parler d'un grand Homme à qui la révolution est si redevable, et cette manière intéressante de justifier la femme qui porte ce nom révéré, ont été accueillies par les applaudissemens de l'Assemblée Nationale; et dès ce moment, on a vu que la veuve de Rousseau alloit être mise sur la liste des pensions que paye la Nation Françoise.

Mais il étoit réservé à M. d'Eymar, député de Forcalquier, de faire ajouter à cet hommage, rendu à un grand homme, un hommage plus éclatant encore. Déjà depuis plusieurs jours, M. d'Eymar avoit distribué parmi les membres de l'Assemblée Nationale une motion imprimée, et un projet de décret sur l'auteur d'Emile et du Contrat Social. Dans la motion, M. d'Eymar peignoit, avec sensibilité et avec energie, les titres de Rousseau à la reconnoissance de la France et du genre humain. Dans le projet de décret, il demandoit à l'Assemblée Nationale de lui élever une statue.

M. d'Eymar est monté à la tribune, après que M. Barrère de Vieuzac en est descendu, et voici ce qu'il a dit (1) :

« Messieurs,

« Qu'il me soit permis, en appuyant la motion de M. Barrère pour la veuve de J.-J. Rousseau, de vous rappeler celle que j'ai faite moi-même pour vous engager à honorer la mémoire de l'Auteur d'*Emile* et

(1) Le discours qui suit est reproduit dans le 14e vol. de l'édition Poinçot.

du *Contrat social.* Je ne répéterai point ce que vous avez pu lire dan une feuille imprimée que j'ai fait parvenir à tous les Membres de l'Assemblée; je ne me permettrai, dans ce moment, qu'une seule réflexion.

« Lorsque Rousseau, décrété par le Parlement de Paris, rejetté même par sa Patrie qui lui refusoit un asyle, étoit réduit à traîner en Pays étranger la vie errante d'un proscrit, il écrivoit ces propres paroles :

« Oui, je ne crains point de le dire, s'il existoit en « Europe un seul Gouvernement éclairé, un Gouverne- « ment dont les vues fussent vraiment utiles et saines, il « eût rendu des honneurs publics à l'auteur d'*Emile,* il lui « eût élevé des statues. Je connoissois trop les hommes « pour attendre d'eux de la reconnoissance; je ne les « connoissois pas assez, je l'avoue, pour en attendre ce « qu'ils ont fait. »

« C'est ainsi que, dans l'amertume de son cœur, devoit se replier sur lui-même un homme injustement persécuté. Il devoit chercher, dans la conscience de ses intentions le dédommagement de notre ingratitude, la noble fierté de ses sentimens devoit l'élever au-dessus de l'injustice dont il étoit la victime, lorsque sous le despotisme personne n'osoit élever la voix pour réclamer contre cette persécution.

« Aujourd'hui, MM., que grâce à vous, il existe en France un Gouvernement tel que Rousseau eût désiré de l'avoir pour Juge, c'est devant ceux mêmes qui ont établi ce Gouvernement que je sollicite avec confiance la réparation qui est due à la mémoire de J.-J. Rousseau.

« Oui, MM., j'ose l'espérer; dans le moment où la plus étonnante et la plus complette des révolutions s'opère en France, par la seule force de la vérité et de la raison, lorsque, dans cette grande et périlleuse entreprise, vous n'avez d'autre appui que l'opinion publique, quelle reconnoissance ne devez vous point à celui qui, en éclairant la volonté souveraine de la Nation dont vous êtes les organes, vous a mis dans les mains les armes victorieuses avec lesquelles vous avez combattu le Despotisme, et assuré pour jamais nos droits et notre liberté. Je demande, MM., au nom de l'honneur National, qu'après avoir donné un grand exemple au Monde, cette gloire soit encore réservée à la France, d'avoir, dès l'aurore de sa liberté, rendu les justes hommages qui sont dus à la vertu et au génie; d'avoir, à l'exemple des peuples anciens, honoré d'une manière digne d'elle et digne de lui l'Homme immortel qui fut son bienfaiteur, ou plutôt celui du genre humain.

« Voici, MM., mon projet de décret, amendé sur la motion de M. Barrère, et sur les observations qui m'ont été faites par quelques membres de l'Assemblée.

« L'assemblée nationale, voulant rendre un hommage « solennel à la mémoire de J.-J. Rousseau, et lui don- « ner, dans la personne de sa veuve, un témoignage de « la reconnoissance que lui doit la Nation Françoise, a « décrété et décrète :

« Art. I. Il sera élevé, à l'auteur d'*Emile* et du « *Contrat social*, une statue portant cette inscription :

LA NATION FRANÇOISE LIBRE
A JEAN-JACQUES ROUSSEAU.

« Et sur le piedestal sera gravée la devise :

Vitam impendere vero.

« II. Marie-Thérèse Le Vasseur, veuve de J.-J. Rous- « seau, sera nourrie aux dépens de l'État; à cet effet, « il lui sera payé annuellement, des fonds du trésor « public, une somme de douze cents livres. »

Ce projet de décret a été adopté aux acclamations unanimes de l'Assemblée Nationale. Il doit être bien doux d'en avoir fait la motion ! Sans doute, il est même glorieux d'avoir ainsi associé son nom à la gloire d'un grand Homme; de l'avoir gravé, en quelque sorte, sur la statue qu'une Nation libre lui élève. M. d'Eymar fut, dans la chambre de la Noblesse, un de ces membres de la minorité qui y parla comme on parle dans l'Assemblée Nationale; et c'est ainsi que les droits des hommes et des Nations devoient être sentis par celui qui avoit dévoué, dans son cœur, un culte au génie qui en fut un des premiers révélateurs... (*Journal de Paris*, n° 357).

REPERTOIRE

DES PASSAGES PLUS PARTICULIÈREMENT RELATIFS AUX ŒUVRES DE J.-J. ROUSSEAU

INDEX DES NOMS CITÉS